KB069316

백제 멸망의 진실

양 종 국

주류성

백제 멸망의 진실

저　　　　자 : 양종국
저 작 권 자 : (재) 백제문화개발연구원
발　　　행 : 도서출판 주류성
발　 행　 인 : 최 병 식
편　 집　 인 : 서 동 인
초판1쇄발행일 : 2004년 7월 20일
초판3쇄발행일 : 2006년 8월 18일
등　 록　 일 : 1992년 3월 19일 제 21-325호
주　　　　소 : 서울특별시 서초구 서초동 1305-5 창람(蒼藍)빌딩

T　 E　 L : 02-3481-1024(대표전화)
F　 A　 X : 02-3482-0656
HOMEPAGE : www.juluesung.co.kr
E - M A I L : juluesung@yahoo.co.kr

값 9,000원

잘못된 책은 교환해 드립니다.
ISBN 89-87096-35-1 93910

본 역사문고는 국사편찬위원회를 통한 국고보조금으로 진행되는
3개년 계획 출판사업입니다.

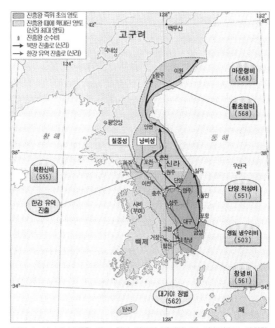

지도 1. 나·제 동맹을 깨고 한강 하류의 백제영토를 기습적으로 탈취한
진흥왕 시대 신라의 영역확장 지도(6세기 중기)

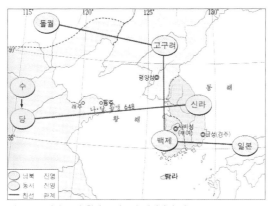

지도 2. 7세기 중기 한반도 삼국의 대외관계 지도

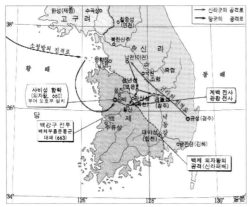

지도 3. 나·당 연합군의 백제에 대한 공격(7세기 중기)

지도 4. 백제의 부흥운동(7세기 중기)

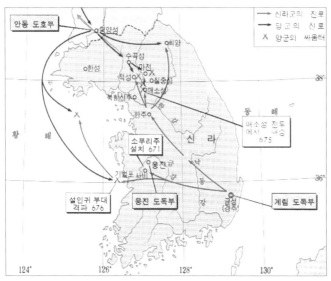

지도 5. 신라와 당나라의
전투상황(7세기 중기)

사진 6. 부여 전경

사진 7. 낙화암과 백마강 절경

사진 8. 논산시 부적면 신풍리 수락산 언덕에 위치한 계백장군의 무덤으로 전해오는 봉분의 모습. 현재 성역화 작업이 추진 중이다.

사진 9. 660년 8월 15일에 「대당평백제국비명」이 새겨진 정림사지5층석탑과 탑신의 비문

사진 10. 부소산 삼충사에 모셔져 있는 계백장군의 영정

사진 11. 663년경 부여의 부소산에 세워진 「당유인원기공비」.
현재는 국립부여박물관 경내로 이전해 놓았다.

사진 12. 흑치상지가 부흥
운동을 일으킨 임존성

사진 13. 백제부흥운동을 주도적으로 이끈 복신의 초상화.
부여 은산의 별신당에 모셔져 있다.

사진 14. 복신의 초상화가 모셔져 있는 부여 은산의 별신당

사진 15. 665년 8월 부여륭과 신라 문무왕이 화친의 맹약을 맺은 공주 취리산 원경

사진 16. 웅진도독부 터로 전해오는 공주의 소정이펄. 1945년 해방되던 해에 큰 장마가 져서 그 자리가 드러났다가 이후 다시 묻혔다는 소문도 있다. 그러나 이 자리는 웅진도독부터라기 보다 당나라 장군 유인원이 이끄는 중국 수군(水軍)의 주둔장소로 보아야 하리라는 것이 필자의 생각이며, 부여륭 중심의 웅진도독부는 현재의 공산성 안에 자리잡고 있지 않았을까 판단된다

사진 17. 낙양의 북망산에서 출토된「부여륭 묘지명」. 부여 능산리 능원의 의자왕 봉분 옆에 마련되어 있는 부여륭 봉분 안에는 낙양시에서 기증받은 묘지석 복각품이 안치되어 있다.

사진 18. 낙양의 북망산에서 출토된「흑치상지 묘지명」.

사진 19. 계백장군 동상 앞에서 거행되
는 오천결사대 충혼 위령제

사진 20. 부소산 궁녀사에서 치러지는 궁녀제 광경

사진 21. 부소산 삼충사에서
치러지는 삼충제 제향 광경

사진 22. 의자왕과 부여륭의 영혼
을 위로하기 2000년 9월 30일 부
여 능산리 능원에 마련한 두 사람의
단(壇)과 봉분 모습

백제 멸망의 진실

머리말

오래 전부터 의자왕과 백제의 멸망이라는 역사적 사건에 관심을 갖고 있었다. 부여에서 태어나 부소산성과 낙화암에 얽힌 비애를 들으며 자랐고, 백제의 고도에 위치한 공주대학교에서 제자들을 가르치고 있는 지금 역시 백제의 품속에서 늘 백제를 느끼며 생활하고 있으니, 의자왕과 관련된 백제사 연구에 필자가 뛰어든 것은 어쩌면 자연스러운 일인지도 모른다.

아주 어린 시절, 고향인 부여군 구룡면 현암리에서 겨울 밤마다 듣던 부엉이 소리는 아득한 그리움으로 남아 있다. 그 때 수없이 오르내리며 가재를 잡기도 했던 마을 뒤의 망신산은 백제 말기 그곳으로 유배 온 이름 모를 충신에 대한 전설이 얽혀 있고, 정상에는 말(馬) 무덤으로 알려진 조그마한 봉분이 있어 어린 필자에게 신비감을 느끼도록 해주었다. 조금 성장하여 부여읍 동남리에서 몇 년 동안 살게 되었을 때에는 부소산성과 백마강의 울타리 속에서 궁남지와 정림사지 5층석탑의 주변이 필자의 놀이터였으며, 이 때의 기억도 간직되어 있다. 본서에는 이러한 어린 시절의 그리움까지 담겨 있다고 할 수 있다.

다만, 역사연구에서 무엇보다 중요한 것은 사료의 객관적인 해석과 활용이기 때문에 필자는 이 부분에 가장 많은 신경을 썼고, 개인적인 감정이나 주관적인 판단이 본서에 반영되는 일이 없도록 집필과정에서 주의를 게을리하지 않았다.

본서의 내용은, '의자왕 즉위 이전의 백제', '의자왕 시대의 백제', '웅진도독부 시기의 백제', '백제 멸망 후 후손들의 모습' 등 네 부분으로 구분할 수 있는데, 그 가운데에는 기존의 연구성과와 다른 주장이 많이 담겨 있다. 그렇지만, 이러한 주장은 필자의 사적인 견해가 아니라 역사학 연구방법론에 입각한 사료분석의 결과라는 것을 밝혀놓는 바이다. 사료의 활용은 연구자 각자의 몫이라고 할 수 있으나 사료마다 중요도와 신뢰성에 차이가 있는 것은 분명하므로, 모든 연구자들이 이 부분을 놓쳐서는 안 되리라고 본다. 본서의 내용에 새로운 주장이 많다는 것은 기존의 연구들이 이러한 사료 이용법에서 본서와 다른 시각을 지니고 있었다는 것으로 풀이해 볼 수 있겠다. 그렇다면 본서는 기존 연구의 문제점들에 대한 비판적 성격의 글이라고 할 수도 있겠으나, 필자 입장에서는 이러한 성격보다 연구방법론 상에서 사료의 분석과 적용을 좀더 신중하고 정확하게 하려다 보니 나오게 된 결과물이라는 점을 강조하고 싶다.

독자들이 본서를 통해 의자왕과 백제사에 대해 좀더 올바른 지식을 지니고, 연구자들의 연구내용 또한 한 단계 더 발전할 수 있는 계기가 마련되었으면 좋겠다는 생각도 품어 보지만, 한편으로 그 반대의 역효과를 가져오면 어떻게 하나 불안스러운 면도 없지 않다. 독자와 연구자 여러분의 현명한 판단에 맡길 수밖에 없을 것 같다.

본서를 집필하는 과정에서 많은 분들로부터 성원과 지도를 받았다. 이러한 분들의 도움이 없었다면 본서의 출판은 불가능하였을지도 모른다.

　자식의 어쭙지않은 학문 활동을 지켜보며 그래도 늘 격려를 보내주고 계신 부모님과 우리 가족, 본서의 집필계획에 찬성하여 물심양면으로 지원을 아끼지 않은 백제문화개발연구원의 조부영 원장님과 신병순 사무국장님, 백제사 연구의 불타는 의욕을 필자에게 감염시켜 준 공주대학교 이남석 교수님과 자료수집 과정에서 몸으로 함께 뛰며 고생해 준 서정석 선생님, 백제문화연구소 소장으로 계시면서 백제사 관련 학술대회에서 필자에게 발표기회를 갖도록 해준 윤용혁 교수님, 산유화가의 전수과정에 대한 숨은 이야기를 필자에게 자세히 들려주신 부여국악원의 박홍남 원장님, 부여서씨의 현황에 대해 말씀해주신 부여군 개발위원회의 서명선 위원장님, 여러 종류의 사진 및 필요한 관련 자료들을 흔쾌히 제공해 주신 부여군청과 부여문화원, 부여국립박물관의 군수님과 원장님, 관장님을 비롯한 관계자 여러분, 본서의 출판을 맡아 교정작업과 도면배치까지 신경써주신 도서출판 주류성의 최병식 사장님과 직원일동에게 이 자리를 통해 감사의 인사를 드리고 싶다.

2004년 5월
금강변 공주대학교내 현암재에서
양 종 국

차 례

19 ✛ **백제 멸망에 대한 평가 문제**

19 ✛ 1. 패망한 왕조의 마지막 군주에 대한 재평가의 필요성

21 ✛ 2. 의자왕과 백제 멸망의 평가에 대한 새로운 접근

25 ✛ **의자왕 즉위 이전 백제의 국내외 정치상황**

25 ✛ 1. 중국을 중심으로 한 한반도 삼국의 국제관계 형성
25 ✛ 1) 중국의 힘과 권위
28 ✛ 2) 한반도 삼국의 국제관계 형성

37 ✛ 2. 삼국 간의 화(和) · 전(戰) 반복과 동아시아 국제관계의 활용
37 ✛ 1) 한반도 내 삼국 간의 화 · 전 반복
40 ✛ 2) 삼국의 동아시아 국제관계 활용

47 ✛ **의자왕의 통치와 백제의 대내외적인 발전**

47 ✛ 1. 의자왕 관련 자료의 문제점과 의자왕의 실상

47 ✤ 1) 의자왕의 역사상의 위치와 개인적인 성품

51 ✤ 2) 부여륭을 통해 본 의자왕의 실상

57 ✤ 2. 7세기 중엽 의자왕의 정치와 동아시아 국제관계의 변화

57 ✤ 1) 의자왕 초기의 통치활동과 정치기반

65 ✤ 2) 의자왕의 정치와 동아시아 국제관계의 변화

69 ✤ 3) 의자왕의 신라에 대한 강경책 및 중국과의 결별

74 ✤ 3. 655년 집권체제의 재확립과 의자왕에 대한 평가문제

74 ✤ 1) 655년 이후 의자왕의 정치개혁과 집권체제의 재확립

78 ✤ 2) 의자왕 말기의 정치에 대한 평가와 백제의 실상

82 ✤ 4. 의자왕 정권의 붕괴와 의자왕 관련 기사의 분석

82 ✤ 1) 나·당 연합군에 대한 백제의 대응 및 의자왕 정권의 붕괴

90 ✤ 2) 의자왕 관련 기사의 분석과 역사적 진실

101 ✤ 3) '천명'과 '재이' 기사의 출현배경 및 우리의 입장

111 ✤ 부여륭의 백강구전투 참여와 웅진도독부체제의 성격

111 ✤ 1. 부여륭 관련자료의 문제점과 실상

차 례

111   1) 부여륭 관련 자료의 문제점

114   2) 부여륭에 관한 사료의 분석과 실상 파악

123   2. 백제인의 부흥운동과 당나라의 기미정책

123   1) 계백장군과 황산벌 전투에 대한 새로운 평가

130   2) 백제인의 부흥운동과 당나라의 기미정책

140   3) 기미정책의 본질과 백제의 존재

144   3. 부여륭의 백강구전투 참여와 풍왕세력의 쇠퇴

144   1) 백제부흥운동기 부여륭의 활동 내용

150   2) 백강구 전투의 중요성과 백강구의 위치비정 문제

159   3) 부여륭의 백강구전투 참가와 풍왕세력의 쇠퇴

164   4) 부여륭의 웅진도독으로서의 위상확립

169   4. 웅진도독부체제의 성격과 백제의 멸망

169   1) 웅진도독부와 공주에 대한 새로운 인식

173   2) 웅진도독부의 이중적 성격과 동아시아 질서의 재정립

183   3) 나 · 당 전쟁과 백제의 멸망

189   4) 백제멸망의 원인과 결과

197   **산유화가와 의자왕의 후예들**

198 ✢ 1. 백제의 패망과 인생의 무상함을 노래한 산유화가
198 ✢ 1) 산유화가의 연원(淵源)과 전파 경로 문제
205 ✢ 2) 산유화가의 내용분류와 부여지방 산유화가의 역사적 의의

214 ✢ 2. 후백제 견훤의 등장과 비운의 땅 황산벌
214 ✢ 1) 견훤의 출신과 성장 배경
221 ✢ 2) 후백제 건국과 비운의 땅 황산벌

234 ✢ 3. 의자왕의 후예 부여서씨의 오늘
234 ✢ 1) 사료 상에 나타난 의자왕의 후손들
249 ✢ 2)『부여서씨세보』와 부여서씨의 오늘

259 ✢ 백제멸망의 역사적 의미

259 ✢ 1. 노파심과 제언

260 ✢ 2. 백제멸망의 역사적 의미

265 ✢ 각주

백제 멸망에 대한 평가 문제

1. 패망한 왕조의 마지막 군주에 대한 재평가의 필요성

몇 년 전 의자왕(義慈王)의 영토(靈土)를 중국에서 우리나라 부여로 모셔와 능산리 능원에 단(壇)을 만들어 봉안하고 제사지내는 모습을 본 적이 있다. 1,340여년만의 귀국이었다. 부여에서 태어나 말 그대로 백제(百濟)의 후손이라 할 수 있는 필자는 이 장면을 보며 여러 가지 생각에 잠겼던 기억이 난다.

역사 기록에 백제의 마지막 왕으로 나타나 있는 의자왕의 통치 및 백제의 멸망에 관해서는 그동안 여러 학자들이 연구를 해왔고, 그에 따라 많은 내용이 우리에게 알려져 있다. 그러나 그 내용을 보면 패망한 왕조의 마지막 기록이 지닐 수밖에 없는 한계를 극복하기 위한 충분한 문제의식과 진실 파악이 이루어졌다고 말하기는 어려울 것 같다. 즉, 의자왕의 정치를 부정적인 것으로만 바라보고 백제의 입장을 지나치게 과소평가하기만 하는 『삼국사기(三國史記)』와 같은 원사료의 내용이 오늘날까지도 거의 그대로 답습되고 있는 듯한 느낌이다.

본서의 집필은 바로 이러한 원사료의 한계와 문제점을 극복하여 의자왕의 정치와 백제 멸망에 대한 진실을 밝혀보려는 필요성에서부터 출발하였다.

패망한 왕조의 마지막 임금에 대한 역사적인 평가는 가혹하게 마련이다. 왕조 멸망의 근본적인 책임이 그에게 주어지며, 반대로 이 때 목숨을 바쳐 최후의 항전을 한 백성이나 충성스러운 신하의 존재는 더욱 부각된다. 그리하여 패망한 군주는 실제보다 더 나쁜 이미지가 형성되거나 왜곡되어 후대인들에게 기억되는 일이 왕조사에서는 흔히 나타나게 되었다.

이와 같은 이유로, 우리는 패망한 군주에 대한 후대의 역사기록을 대할 때 신중을 기해야 하며, 그 당시의 상황을 객관적으로 재구성하여 역사의 진실을 규명하는 작업에 최선의 노력을 다하지 않으면 안 된다. 의자왕의 경우도 여기에서 예외일 수 없다. 다시 말해 백제 멸망의 역사와 의자왕에 대한 올바른 평가를 위해서는 관계사료의 충분한 수집과 분석은 물론이고 기왕의 선입관이나 기록내용에 대한 문제점을 진단하는 일이 매우 중요하다는 것이다.

대외적으로 당나라가 고구려를 공격하기 위해 먼저 백제를 멸망시켰다는 단순한 설명이나, 대내적으로 의자왕의 폭정과 문란을 백제 멸망의 이유로 내세우는 태도는 역사적인 시각으로 볼 때 많은 문제가 있는 것으로 판단된다. 의자왕과 백제의 멸망에 대한 재평가의 필요성은 이러한 점에서도 느껴볼 수가 있다.

2. 의자왕과 백제 멸망의 평가에 대한 새로운 접근

그동안 의자왕과 백제 멸망에 대한 다양한 성격의 글과 전문적인 연구서적을 읽어 보았는데, 필자가 기존의 시각들 속에서 느낀 문제점을 정리하면 다음과 같은 네 가지로 분류될 수 있을 것 같다.

첫째, 백제 멸망 당시 국제정세의 변화가 백제에 미친 영향에 대하여 충분한 고려가 부족하다는 점이다.

둘째, 의자왕의 활동과 업적 및 그의 인격적 성향에 대한 관심과 배려가 너무 없다는 점이다. 특히 의자왕 정권이 붕괴된 후 웅진도독부 체제 하의 백제를 이끌었던 의자왕의 아들 부여륭(扶餘隆)에 관한 연구는 백제사에서 차지하는 그의 중요성이 적지 않음에도 기본적인 사실 몇 가지 외에 밝혀진 것이 거의 없다.

셋째, 기존의 역사기록이나 설화 등에 나와 있는 일방적인 평가 내용을 별다른 여과 없이 그대로 수용하는 문제점을 나타내고 있다는 점이다.

넷째, 위에 지적한 문제점들의 결과라고도 할 수 있는 바, 백제 멸망을 바라보는 시각의 폭이 백제 내부 문제로 고정됨으로써 너무 협소하고, 또 일방적인 주장을 가지고 논의를 전개한다는 인상을 지우기가 어렵다는 점이다. 이는 폭넓은 시각과 균형 잡힌 자세로 역사의 진상을 분석하여 실체를 밝혀야 한다는 오늘날의 역사학 연구방법론에 비추어 볼 때 바람직한 연구태도라고는 할 수 없다.

본서에서는 이상과 같은 문제점을 나름대로 분석하여 의자왕과 백제 멸망에 대한 기존연구의 미비점을 보충하고, 혹시 잘못된 부분이 있다면 이를 시정해 역사의 진실을 밝혀본다는 입장에서 다음과 같이 네 부분으로 내용과 시기를 나누어 문제를 풀어나가려 한다.

먼저 의자왕이 즉위하기 이전 백제가 처해 있던 국내외의 정치상황을 살펴본 후, 의자왕이 재위할 당시의 통치행위와 백제의 대내외적인 발전모습을 검토해 보고, 이어서 의자왕의 정권이 붕괴되면서 전개된 백제부흥운동과 그의 아들 부여륭을 중심으로 한 웅진도독부체제의 성격을 분석한 뒤, 마지막으로 백제 멸망 이후 백제 또는 의자왕의 후예로 볼 수 있는 사람들의 활동모습에 대해 다루어 보겠다.

모든 왕조는 흥망성쇠를 겪었기 때문에, 왕조사에서는 어떻게 흥성했는가 못지않게 어떻게 쇠망했는가의 문제도 중요하다. 의자왕과 백제 멸망에 대한 역사기록을 살펴보면, 의자왕이 한 나라의 왕으로 즉위하여 20년간 그 왕조를 이끌기 위해 고뇌하며 보여준 통치능력에는 한계도 있었지만 인정받을 만한 부분 역시 많았던 것으로 나타난다. 우리가 의자왕의 정치와 백제 멸망의 역사적 의미에 대해 새롭게 다루어 보아야 할 필요성을 느끼는 이유 또한 여기에 있다. 본서의 제목을 『백제 멸망의 진실』이라고 정한 것은 바로 이러한 이유에서이다.

따라서 본서의 작업이 목적한 바대로 이루어진다면, 의자왕과 백제

멸망이 지닐 수 있는 역사적인 의미도 예전과 같은 비판 일변도의 시각에서 벗어나 좀더 다양한 의미부여가 가능하게 되지 않을까 생각한다.

의자왕 즉위 이전 백제의 국내외 정치상황

의자왕의 통치 내용을 이해하기 위해서는 그가 즉위하기 이전에 백제가 처해 있던 대내외적인 정치상황이 먼저 검토되어야만 한다. 이는 의자왕의 시대가 출현하는 시대적인 배경인 동시에 의자왕 정권의 성격을 형성시켜 주는 중요한 선행 조건이 되기 때문이다.

따라서 여기에서는 6세기를 거쳐 7세기에 이르기까지 백제가 당면하고 있던 여러 가지 국내외 문제에 대하여 설명하기로 한다.

1. 중국을 중심으로 한 한반도 삼국의 국제관계 형성

1) 중국의 힘과 권위

의자왕이 집권했던 7세기 중엽의 동아시아 국제관계를 이해하기 위해서는 먼저 그 이전에 형성되어 내려온 중국과 우리나라 삼국 사이의 관계에 대한 이해가 있어야 할 것이다. 하지만 본서에서는 동아시아 국제관계의 복잡한 전개상황을 전부 다룰 수 없으므로, 백제에 초점을 맞추어 전체적인 흐름과 틀만을 제시해 보기로 한다.

532년 김해의 금관가야(金官伽倻)가 신라에게 병합된 뒤, 금관가야로부터 가야연맹체의 주도권을 이어받은 고령(경북)의 대가야(大伽倻)도 562년 역시 신라에게 정복됨으로써 한반도에는 고구려·백제·신라의 삼국이 정립(鼎立)하여 싸우는 삼국시대가 본격적으로 전개되기에 이른다. 필자의 주요 관심은 바로 이 삼국과 중국과의 관계에 있다.

삼국은 이미 오래 전부터 영토소유권 확보를 둘러싸고 필요한 경우에 동맹을 맺거나 또는 무력으로 문제를 해결하려 하여 전쟁이 끊임없이 반복된 역사를 갖고 있었다. 그리고 한편으로는 일찍부터 중국과의 교류를 통해 스스로의 위상도 높이고 입지도 강화시키려 노력하였는데, 이러한 속에서 자신들의 문제가 쉽게 풀리지 않을 때에는 중국에게 정치적인 개입 및 때로는 군사요청까지 하는 모습을 보여주었다.

한반도 내의 분쟁해결을 위해 삼국이 중국에게 정치적인 개입과 군사요청을 하고 있는 내용을 보면, 당시의 동아시아 세계는 중국의 힘과 권위를 중심으로 하여 형성되었음을 알게 된다. 중국 역시 이러한 국제질서에 위협을 주는 행위에 대해서는 정치적으로 사신을 파견해 간섭하고, 그래도 안되면 군사행동을 통해 강압적인 질서유지를 도모하였다. 한반도 삼국에 대한 중국의 정책은 영토소유권 자체를 빼앗는 것이 아니라, 한반도 내에 친중국(親中國) 정권이 계속 유지되도록 만들어 놓으려 했던 것이 궁극적인 목적이었다고 할 수 있다.

중국이 이러한 정치이념을 제도화하여 주변국가에게 적용시키면서 등장한 것이 바로 조공(朝貢)과 책봉(册封)의 국제관계였다. 책봉제도는 원래 중국의 황제가 그 일족과 공신들을 왕(王)이나 후(侯)에 봉하는 것이었는데, 이러한 국내체제를 국제관계로까지 확대시킨 것이다. 조공과 책봉 관계가 동아시아에서 일원화된 국제질서로 자리잡게 된 것은 수(隋)나라가 중국을 통일한 이후이지만, 그 이전에도 이미 오래 전부터 중국과 한반도 사이에는 그러한 관계가 형성되어 내려온 역사를 갖고 있었다.

그러면, 이러한 조공과 책봉 관계가 당시의 국제사회에서 어떠한 성격을 지니며 운용되고 있었는지 수나라의 예를 통해 살펴보자.

『수서(隋書)』 백제전에 보면, 수나라가 남조(南朝)의 마지막 왕조인 진(陳)을 공격할 때 수나라 전선(戰船) 한 척이 제주도로 표류해 온 일이 있었다. 그런데 백제가 이것을 돌려보내 주면서 사신을 파견해 평진(平陳 : 진을 평정함)의 일을 축하하자 수 문제(文帝)는 이를 가상히 여겨 백제는 바닷길이 매우 험난하니 매년 입공(入貢)하지 않아도 된다고 말하고 있다. 이 모습을 통하여, 조공은 원칙적으로 매년 행해야 하는 의무가 있었음을 알 수 있다.

한편, 『수서』 고구려전에 의하면, 고구려는 수 문제로부터 책봉을 받았으나 584년까지만 해마다 조공을 하고, 그 다음 해부터는 진(陳)에게 조공하며 수에 대한 조공은 중단하였다. 그리하여 진을 멸망시킨 뒤 수 문제는 고구려가 번부(藩附)로서의 성의를 다하지 않는다고 책망하면서 번신(藩臣)의 절개와 조정(朝政)의 법전(法典)을 위반하면 관속(官

屬)을 다시 선발하고 그들을 파견하여 안무(按撫)하게 할 것이라고 위협했다고 한다. 즉, 고구려왕이 수나라로부터 책봉을 받는 것은 그것에 의해 영토도 수나라에 속한 영토가 되고 왕도 그 신하가 되는 것이라 받아들여졌기 때문에, 조공 중단은 곧 신하가 절개를 지키지 않는 것이고, 따라서 중국 황제는 이를 토벌해야 하는 것으로 인식되었음을 보여준다.

결국 이상의 내용을 통하여 보면, 조공과 책봉의 국제관계는 명목상의 것만이 아니라 실제로도 중국을 중심으로 하는 질서체제이며 구체적인 정치구조였다는 것을 알 수 있다.

그러나 현실적으로 동아시아 국제사회에서 이러한 질서가 어느 정도나 제대로 통용되었을까 하는 문제는 또 별개의 사안이다. 현실에서는 중국이 이것을 항상 관철시키려 했다 해도 국내외적으로 여러 가지 문제나 한계가 있을 수 있고, 한반도 삼국 역시 각자 자기 나라의 이익을 계산하며 이 조공과 책봉관계를 복잡하게 활용하려 했을 것이 당연하다. 때문에 이념적인 측면에서 나타나는 원칙상의 성격과 현실적인 성격 사이에는 늘 거리가 있을 수밖에 없다는 사실도 잊지 말아야 할 것 같다.

2) 한반도 삼국의 국제관계 형성

한반도 삼국은 중국 중심의 국제질서를 수용하고 있었다 하여 무조건 중국의 권위 앞에 복종한 것이 아니라, 자신들의 국가이익을 우선시하

며 필요한 경우에는 중국의 간섭을 벗어나 독자적인 행동을 하는 경우
도 적지 않았다. 그리하여 삼국시대 한반도와 중국과의 관계는 삼국이
모두 정치적 · 경제적 · 문화적으로 중국과 밀접하게 연결되어 있었으
면서도, 내부적으로 삼국간의 관계가 어떠했는가 또는 각국의 통치자
나 지배계급의 성격이 어떠했는가 아니면 각국이 정치적 · 경제적 · 사
회적 · 문화적으로 어떠한 상황에 처해 있는가 하는 요인에 따라서 중
국에 대한 태도나 중국과의 교류가 여러 가지 변화를 보이며 시기마다
다르게 나타날 수 있었다.

이하에서는 7세기 이전에 백제를 중심으로 형성된 한반도 삼국의 정
세변화가 중국에게는 어떠한 변수로 작용하여 동아시아 국제질서의 형
성에 영향을 주었는가 하는 큰 흐름만을 검토해 보겠다.

먼저, 전체적인 윤곽을 알아보기 위해 6세기 전반에 걸쳐 두드러지게
나타나는 변화 내용을 정리하면 〈그림 1〉과 같이 요약되는 바, 이를 중
심으로 중국과 삼국 간에 형성되었던 국제관계의 내용을 7세기 이전으
로 시기를 한정하여 좀더 자세히 살펴보도록 하자.

백제가 중국과 최초로 접촉한 시기는 『진서(晉書)』 마한전(馬韓傳)에
'함녕 3년(277)에 다시 왔다(咸寧三年復來)'라고 한 기사를 받아들여
277년으로 보는 견해가 많다.[1] 이 기사는 마한전에 들어 있어서 백제를
직접적인 언급 대상으로 삼고 있지는 않는데, 이 무렵의 백제는 고이왕
대(古爾王代 : 234~286)로서 마한 지역에서 고대국가의 기반을 갖추
고 영향력을 확대해 나가던 시기이기 때문에 마한전의 이 기록은 곧 백

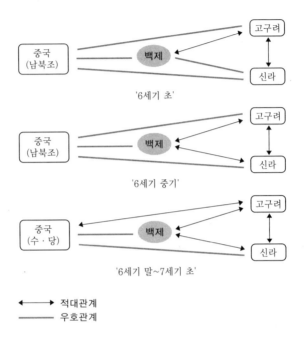

'6세기 초'

'6세기 중기'

'6세기 말~7세기 초'

◄─────► 적대관계
───── 우호관계

그림 1. 6세기 한반도 삼국과 중국의 국제관계 변화내용 기준도

제에 관한 것으로 받아들여도 좋으리라 본다.

다만, 『진서』 마한전의 사신(使臣) 파견 시기에 관한 설명을 보면, 그 순서가 태강(太康) 원년(280), 2년(281), 7년(286), 8년(287), 10년(289), 태희(太熙) 원년(290)에 이어서 '함녕 3년에 다시 왔다. 다음 해에 속국이 될 것을 또 청했다(咸寧三年復來 明年又請內附)'고 하여 '다시 왔다(復來)' '또 청했다(又請)'의 표현과 같이 앞 시기인 태희 원년 뒤에 일어난 일로 기록해 놓고 있다. 『진서』대로라면 이 함녕 3년의 일은 적어도 290년 이후에 있었던 것이 되기 때문에 연호(年號)와 실제의 시기가 맞지 않는다. 『진서』의 편찬자가 태희 이후의 연호 중에서 영녕(永寧 : 301)이나 태녕(太寧 : 323~325) 또는 함화(咸和 : 326~334), 함강(咸康 : 335~342) 등과 같은 연호를 사용하려다 그와 비슷한 함녕으로 표현하는 오류를 범한 것인지, 아니면 편찬과정에서 함녕 3년의 실제시기를 잘 모르거나 착각해서 뒤에 위치시켰는지 자세한 내용은 알 수 없다. 그러나 『진서』의 전체적인 내용배치는 태강 원년(280)을 최초의 사신파견 시기로 설정해 놓고 있는 만큼, 우리는 후자보다 전자의 가능성이 더 큰 것으로 받아들여야 할 것 같다.

백제는 이후 중국과 계속 접촉하면서 동진(東晋)의 함안(咸安) 2년(372) 춘정월에 조공사절을 파견했을 때는 동진에서도 그 해 6월에 사신을 보내 백제왕을 '진동장군령낙랑태수(鎭東將軍領樂浪太守)'로 책봉함으로써, 이 때부터 두 나라 사이에 정식으로 조공과 책봉 관계가 형성된 것으로 『진서』간문제기(簡文帝紀)의 함안 2년 춘정월조와 6월조에 나와 있다. 『삼국사기』백제 근초고왕(近肖古王) 본기 26년조를 보면, 당시 백제왕으로 있던 근초고왕은 371년에 고구려 평양성(平壤城)으로 쳐들어가 고국원왕(故國原王)을 전사시키는 위업을 달성했는데, 그 다음 해에는 동진으로부터 위에 소개한 작위(爵位)를 책봉받음으로써 백제의 국제적인 지위를 확고히 다져놓았던 것이다. 그리고 이

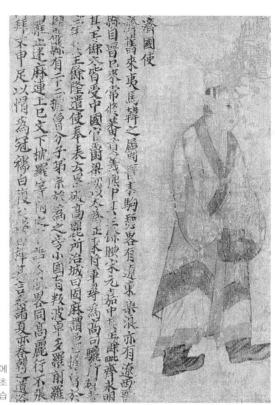

『양직공도(梁職貢圖)』에
보이는 6세기 초
백제 사신의 모습

러한 조공과 책봉을 중심으로 한 중국과의 관계는 이후에도 중국에서
의 왕조변화나 통치자의 교체 등과 같은 요인에 영향을 받기는 했지만
그것이 완전히 단절된 적은 없었고 〈그림 1〉에 제시해 놓았듯이 7세기
초까지 계속 이어졌다.

·한편, 고구려는 『삼국사기』 고구려 대무신왕(大武神王) 본기 15년(32) 12월조에 '사신을 한(漢)에 파견하여 조공하니 광무제(光武帝)는 그 왕호(王號)를 다시 쓰게 하였다'라고 한 내용이나 『삼국지(三國志)』 위서(魏書)의 고구려전에 '(후)한 광무제 8년(32) 고구려왕이 사신을 보내 조공하면서 비로소 왕의 칭호를 사용하게 되었다'라고 한 기록들을 볼 때 이미 32년에는 중국과 조공 및 책봉 관계를 맺은 것으로 나타나는 바, 시기적으로 백제보다 훨씬 빨랐음을 알 수 있다.

중국과 국경을 접하고 있는 지리적인 특성상 고구려는 일찍부터 중국 민족과 접촉하며 그들과의 투쟁 속에서 성장할 수밖에 없었다. 고구려와 중국이 조공 및 책봉 관계를 일찍부터 맺게 된 배경에는 그들 사이의 적대적인 분위기를 해소하여 국제질서를 바로잡아 보려는 노력이 담겨있던 것으로 보이기도 한다. 예를 들어, 342년 고구려의 수도 환도성(丸都城)이 전연(前燕)의 군대에게 점령당했을 때 고국원왕의 모친 주씨(周氏)가 사로잡혀 오랫동안 전연에 인질로 있었는데, 355년 12월에 오면 고국원왕이 전연에 사신을 보내 인질을 잡히고 조공하기로 한 후 어머니를 돌려 보내줄 것을 청하자 전연에서도 그것을 허락한 동시에 고구려왕을 '정동대장군영주자사(征東大將軍營州刺史)'로 삼고 예전과 같이 '낙랑공왕(樂浪公王)'에 봉했다는 내용이 『삼국사기』 고구려 고국원왕 본기 12년 11월조부터 25년 12월조에 걸쳐서 나온다. 여기에는 고구려와 중국 사이에 맺어진 조공과 책봉 관계의 성격이 잘 나타나 있다고 하겠다.

양소전(楊昭全)과 하동매(何彤梅)는 조공관계의 사상적 기초를 유가(儒家)의 왕도정치(王道政治)에서 찾으면서, 그 형성배경을 세 가지로 나누고 있다. 첫째는 사대모화(事大慕華) 사상을 가지고 자발적으로 이루어지는 경우, 둘째는 무력정벌에 의해 타율적으로 이루어지는 경우, 셋째는 위의 양자가 반반씩 섞여서 이루어지는 경우이다.[2] 7세기 초까지의 백제가 첫째 경우에 해당한다면, 고구려에서는 둘째와 셋째 경우를 모두 찾아볼 수가 있다. 따라서 고구려와 중국은 필요에 따라 조공과 책봉 관계를 수시로 맺어 왔지만, 한편으로는 왕조변화나 통치자의 교체 등에 의해 상황이 바뀌거나 필요성이 없어지는 경우 관계가 악화되어 전쟁으로 치달음으로써 화(和)·전(戰) 반복 양상을 보여주고 있다. 백제와 고구려의 다른 점이 여기에 있다고 본다.

고구려와 중국과의 관계를 전체적으로 살펴보면, 3세기 초에서 5세기 초에 걸친 위(魏)·진(晉) 시기까지는 투쟁이 중심을 이루던 시대, 5세기 중기에서 6세기 중기의 남북조(南北朝) 시기는 우호관계가 중심을 차지하던 시대, 6세기 말에서 7세기 초의 수(隋)·당(唐) 통일제국 시기는 다시 투쟁관계가 두드러지게 나타난다. 〈그림 1〉에는 6세기를 거치며 우호에서 투쟁으로 변하고 있는 양국의 관계변화 내용이 표시되어 있다.

신라가 중국과 최초로 만난 것은, 『진서(晉書)』 진한전(辰韓傳)에 태강(太康) 원년(280) 진한왕(辰韓王)이 사신을 보내 토산물을 바치고 2년(281)과 7년(286)에도 다시 조공했다는 기록이 보이듯이, 백제와 같은 시기로 드러나 있다. 『진서』에는 진한왕이라는 이름으로 중국과의 교류내용을 설명하고 있지만, 280년은 신라의 왕계(王系)로 볼 때 미추왕대(味鄒王代: 262~284)로서 당시 진한 소국(小國)의 맹주는 신라의 모체인 사로국(斯盧國)이었으므로 여기에서의 진한왕은 신라왕을 가리키는 것으로 보아도 좋겠다.

신라는 이후 377년과 382년 전진(前秦)에 조공을 했다는 기록이 나오는데, 『자치통감(資治通鑑)』 진기(晉紀) 26, 효무제(孝武帝) 태원(太元) 2년(377) 조를 보면 고구려와 함께 사신을 보내고 있다. 또 『삼국사기』 신라 법흥왕 본기 8년조와 『양서(梁書)』 무제(武帝) 본기 및 신라전의 보통(普通) 2년조에 의하면, 신라가 521년 남조의 양(梁) 나라에 사신을 보내 토산물을 바칠 때에는 백제 사신을 따라 함께 간 것으로 나와 있다. 『양서』 신라전의 기록에는 '그 나라는 작아서 스스로 사신이 왕래하며 안부를 물을 수가 없다' 라거나, '언어가 백제의 통역을 기다린 이후에야 통한다' 라는 내용도 들어 있다. 다시 말해 신라는 6세기 초까지도 중국과 정식으로 국제관계를 맺을 만큼 발전하지 못했으며, 이러한 속에서 백제나 고구려의 도움으로 중국과 접촉해 왔음을 알게 된다.

그러나 6세기 중엽에 들어와 국력이 크게 발전하면서는 신라도 중국과의 교류가 빈번해지게 되었다. 『삼국사기』 신라 진흥왕 본기를 보면, 진흥왕 10년인 549년의 기록에는 신라의 입학승(入學僧) 각덕(覺德)과 함께 양나라에서 사신을 파견하여 불사리(佛舍利)를 보내왔다는 내용이 있고, 564년 북제(北齊)에 사신을 파견해 조공했을 때에는 이에 대

해 565년 2월 북제가 조서(詔書)를 내려 신라왕을 '사지절동이교위낙
랑군공신라왕(使持節東夷校尉樂浪郡公新羅王)'으로 책봉하고 있다. 또
그 해 9월에는 남조의 진(陳)에서 사신과 승려를 파견해 와서 수교하고
불교의 경론(經論) 1천7백여 권을 보내왔다는 내용도 보인다. 여하튼,
신라와 중국이 조공과 책봉의 국제관계를 정식으로 체결한 것은 백제
나 고구려보다 한참 뒤인 565년부터였음을 알 수 있다. 그리고 이 때
형성된 조공과 책봉 관계는 중국에서의 왕조변화나 통치자의 교체 등
과 같은 상황 속에서도 끊어지지 않고 백제처럼 계속 유지되어 나간 것
으로 나타난다.

그러면, 한반도 삼국이 모두 중국과 우호관계를 맺고 있던 남북조시
대에 삼국과 중국과의 교류내용을 알아보기 위하여 삼국이 중국에 사
신을 파견한 회수를 정리하면 〈표 1〉과 같이 된다.[3]

표 1. 남북조시대 한반도 삼국과 중국과의 교류내용 표

북조	북위	동위	북제	북주	소계	남조	송	제	양	진	소계	총계
고구려	79	15	6	1	101	고구려	22	5	11	6	44	145
백 제	1		2	2	5	백 제	12	4	7	4	27	32
신 라	2		3		5	신 라			1	6	7	12

총계를 보면, 고구려와 중국과의 교류가 특히 활발했음을 알 수 있는
데, 소계에 나타나듯이 삼국 모두 북조와 남조의 여러 왕조들에게 사신
을 파견했으면서도 고구려는 주로 북조에 편향되어 있고, 백제는 남조

에 치중된 모습을 드러내고 있다. 신라의 교류 회수는 양국에 비해 너무 적어서 그 성격을 말하는 것 자체가 힘들지만, 그래도 표에서 어느 정도 드러나듯이 남북조시대 후기에 오면 백제처럼 남조와의 연결이 강했던 것으로 판단된다.

2. 삼국 간의 화(和)·전(戰) 반복과 동아시아 국제관계의 활용

1) 한반도 내 삼국 간의 화·전 반복

삼국과 중국 사이에 상기한 바와 같은 국제관계가 형성되기까지는 한반도 내에서 삼국간의 외교문제나 삼국 각자의 국내 문제가 여러 가지 영향을 미친 것으로 보인다. 반대로 중국과의 관계가 또 삼국 간의 국가문제나 각국의 국내문제에 영향을 주기도 하였다. 그러면, 이러한 삼국 간의 관계는 어떻게 형성되어 내려왔는가 하는 문제를 검토해 봐야 할 것이다.

먼저 앞의 〈그림 1〉에서 다루고 있지 않은 5세기 말까지의 상황을 『삼국사기』 백제본기와 신라본기, 고구려본기를 통해 살펴보면, 삼국 형성 초기부터 백제와 신라는 간혹 화친의 모습도 보이지만 대개는 국경에서의 군사적 충돌이 많았던 것으로 나타난다. 고구려는 중국과의 문제 때문에 초기에는 백제나 신라와의 접촉이 별로 없다가 시간이 흐를수록 많은 접촉이 이루어졌는데, 고구려의 고국원왕이 371년 백제와의 싸움에서 전사하고 475년에는 백제의 수도 한성(漢城)이 고구려군에게 파괴되고 개로왕(蓋鹵王)이 살해될 정도로 백제와 고구려 사이에는 격렬한 싸움이 이어졌다.

그러나 고구려와 신라 사이에서는 고구려와 백제의 경우만큼 심각한 전투가 벌어진 일이 없었고, 또 백제와 달리 신라는 고구려와 화친을 맺기도 하여 화·전이 교차하는 모습을 보여주고 있다. 특히 392년부터 424년까지 신라는 고구려에 볼모를 보내고 사신을 파견하며 친밀한 관계를 유지해 나갔는데, 이러한 화친 속에는 고구려의 직접적인 위협이나 신라와 백제 사이에 놓여있는 어려움을 고구려와의 관계개선을 통해 타개해 보고자 했던 신라의 대외적인 노력과 함께 당시 석씨를 대신하여 왕위에 오른 김씨계 내물왕이 고구려를 배경으로 왕권을 강화해 보고자 했던 대내적인 노력도 담겨있다고 보아야 하겠다. 물론 고구려의 입장에서도 백제의 힘을 약화시키고 고립시키기 위해서는 신라를 백제로부터 이탈하도록 하는 것이 바람직하였을 것이기에, 이러한 이해관계의 일치가 양국의 화친을 가능하게 했던 것으로 보인다.

고구려에 대한 신라의 경각심이 강화된 것은 427년 고구려가 평양(平壤)으로 천도한 후 남하(南下)정책을 적극적으로 추진하면서부터였다. 백제와 마찬가지로 고구려와의 충돌을 피할 수 없게 된 신라는 결국 고구려의 남하에 대한 공동대처의 필요성에서 433년 백제와 군사동맹을 맺게 되며, 이 동맹은 553년 한강유역 기습탈취라는 신라의 배신행위로 깨질 때까지 120년간 지속되었다. 〈그림 1〉의 '6세기 초' 내용은 백제와 신라 동맹시기의 상황을 나타낸 것이다.

『삼국사기』 백제 개로왕 본기 18년조에 의하면, 백제는 신라와의 군사동맹 외에 472년에는 북위(北魏)에 사신을 보내 고구려의 침략으로 인한 조공사절 파견의 어려움과 고구려가 북위 사신을 살해한 사실 등을 고발하며 군사원조를 요청하는 외교방법도 동원한 것을 알 수 있다. 다만 당시에는 고구려와 북위 사이에 교류가 이루어지고 있어서 북위의 태도는 미온적이었고, 그리하여 요구가 무산된 것을 원망한 백제는 이후 북위에 대한 조공을 끊고 남조 송(宋)과의 관계만을 유지하였다. 한반도 삼국과 중국과의 관계가 한반도 내부 문제에 영향을 줌은 물론, 한반도 내부 문제가 삼국과 중국과의 관계설정에도 적지 않은 영향을 미치고 있음을 볼 수 있다. 중국과 한반도 삼국 사이에 맺어진 조공과 책봉 관계는 외형상 주종관계이지만, 내면적으로는 중국과 한반도 세력간의 힘의 균형을 위한 외교전쟁으로서의 성격도 지니고 있었다고 보아야 할 것이다.

백제와 신라의 동맹관계는 551년 양국 군대가 북진하여 고구려로부터 실지(失地)를 수복한 뒤, 백제는 한성(漢城) 등 한강 하류의 6군(郡)을 차지하고 신라는 한강 상류지역 10군을 소유하기로 하면서 절정에 달하였다. 그러나 553년 7월에 오면 신라의 진흥왕이 한강 하류지역을 기습적으로 점령하고, 이에 대해 백제는 554년 7월 가야군과 합세하여 신라를 공격했다가 성왕(聖王)이 관산성(管山城 : 충북 옥천) 전투에서 전사하는 사건이 발생한다. 그리하여 동맹은 깨지고 양국은 적대관계로 변함으로써 백제는 이후 잃어버린 땅을 되찾기 위해 신라를 최대의 적으로 생각하며 수시로 침략하게 되었다. 그리고 이러한 결과 이 때부터 고구려·백제·신라가 서로 대립하는 삼국의 항쟁기로 접어들게 되었다고 여겨지는 바, 〈그림 1〉의 '6세기 중기' 및 '6세기 말~7세기 초'의 내용은 이러한 상황을 표시해 놓은 것이다.

2) 삼국의 동아시아 국제관계 활용

6세기 중기에서 말기에 이르는 기간 동안에는 고구려와 신라가 연합하여 백제와 대립한 것으로 보는 시각도 있다. 당시 대내적인 내분(內紛)과 서북부 국경 지대에서의 돌궐(突厥)의 위협을 우선적으로 해결해야 할 급박한 상황에 처해 있던 고구려가 현실적인 필요에서 이미 상실한 한강 유역을 포기하고 신라와 평화관계를 맺으려 모색하였을 가능성도 있다는 데에서 나온 시각으로 보인다. 내부정비와 서북방 위협에 먼저 대처해야만 했던 고구려의 입장에서 보면, 남방의 국경수비 문제를 해결하는 방법으로서 그동안 적대시해온 남쪽지역의 두 세력, 즉 백제와 신라를 서로 싸우게 하여 그들의 위협을 줄여나가는 것보다 더 좋은 방법은 없었을 것이다. 따라서 백제와 신라가 적대관계로 변하는 것은 고구려로서도 '불감청 고소원(不敢請 固所願)'이었으리라 본다.

문제는 한강 유역 16개의 군을 백제와 신라의 동맹군에게 빼앗긴 고구려가 대규모의 영토상실이라는 현실적으로 매우 민감한 사건을 그대로 인정하며 신라에게 그것을 모두 양보하고 새로운 연합을 도모한다는 것 자체가 쉬운 일은 아니라는 데에 있다. 가능성만으로는 설명이

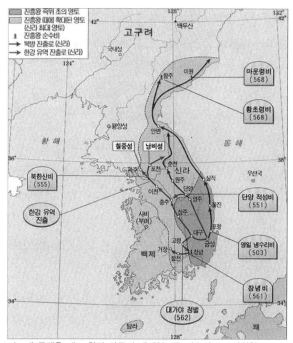

나·제 동맹을 깨고 한강 하류의 백제영토를 기습적으로 탈취한
진흥왕 시대 신라의 영역확장 지도(6세기 중기)

안되는 만큼 그 주장을 뒷받침해 줄 분명한 근거 제시가 있어야 하고,
그렇지 않다면 이는 견강부회의 견해로 머물 수밖에 없다.

　오래 전에 『삼국유사』의 진흥왕조와 「마운령비문(磨雲嶺碑文)」의 내
용이 방증자료로 제시된 적은 있지만,[4] 「마운령비문」의 경우에 주목이
되는 '사방에서 경계를 맡기어 백성의 땅을 넓게 획득했고, 이웃 나라

의자왕 즉위 이전 백제의 국내외 정치상황　41

가 믿음을 맹세하여 화해의 사신이 왕래하였다 …' 라는 기록은 신라 중심의 의례적인 수식어로 볼 수도 있기 때문에, 여기에서 고구려와 신라의 연합 가능성을 찾아내기는 힘들 것 같다.

한편 『삼국유사』 기이 1, 진흥왕조에는 다음과 같은 내용이 있다.

> 승성(承聖) 3년(554) 9월 백제 군사가 진성(珍城)을 침범하여 남녀 39,000명과 말 8,000필을 빼앗아 갔다. 이보다 먼저 백제가 신라와 군사를 합쳐서 고구려를 치려고 했는데, 진흥왕이 말하기를 「나라의 흥망은 하늘(天)에 달려 있다. 만일 하늘이 고구려를 미워하지 않는다면 내가 어찌 감히 (고구려가 망하기를) 바라겠는가」라고 하고는 이 말을 고구려에 전하게 하니, 고구려는 이 말에 감동되어 신라와 통호(通好)하였다. 백제는 그것을 원망하여 쳐들어 온 것이다.

그러나 이 기록도 551년부터 554년까지 실제로 있었던 백제와 신라 양국 간의 영토소유권을 둘러싼 다툼, 즉 551년에 양국의 군대가 공동으로 고구려로부터 한강 유역을 수복한 내용이나 553년 7월 신라가 백제 소유의 한강 하류 6군을 기습 탈취한 사실, 그리고 이에 대한 보복으로 554년 7월 백제 성왕이 관산성에서 신라군과 싸우다 전사한 사건 등과는 서로 맞지 않는 모순을 담고 있다.

당시의 상황으로 볼 때, 554년 7월 성왕이 전사할 정도의 심각한 타격을 입은 백제가 곧이어 9월에 신라를 다시 공격했다는 내용 자체가 현실적으로 믿기 어렵다. 혹시 9월에 백제가 신라를 공격했다 해도, 그 이유를 친고구려적(親高句麗的)인 성향의 진흥왕이 고구려를 함께 공격하자는 백제의 제안을 거절한 데에 대한 앙갚음으로 돌리고 있는 『삼국유사』의 내용은 현실감이 너무 없다. 이로써 보면 『삼국유사』의 이 기록 역시 사료로서의 가치는 매우 낮은 것으로 평가된다.

그러므로 6세기 중기에서 말기에 이르는 기간 동안 고구려와 신라가 연합하게 되었다는 주장은 새로운 사료의 뒷받침이 없는 한 설득력을 갖기 힘들기 때문에, 본서에서는 이 기간 역시 삼국의 항쟁기로 편입시켜놓았다.

백제와 신라의 동맹군에게 한강 유역 대부분의 영토를 빼앗긴 고구려가 이들 양국에게 좋은 감정을 가질 수는 없을 것이다. 오히려 이전부터 자리잡아 온 이들 사이의 적대감정이 더 강화되는 계기로 작용했다고 보아야 자연스럽다. 다만 이 무렵의 고구려는 국내문제와 서북방 국경지대의 위협을 먼저 해결해야 할 상황에 있었기 때문에, 백제나 신라와의 실질적인 군사 충돌은 없었던 것으로 나타난다. 그러나 사실이 그렇다 해도 당시 삼국 간의 관계는 역시 대립관계의 큰 틀 속에 놓여 있었다고 보아야 무리가 없을 것 같다. 고구려에서 영양왕(嬰陽王)이 즉위한 6세기 말에서 7세기 초에 들어오면 다시 고구려의 한강 유역에 대한 공격이 본격화되는데, 이러한 고구려의 활동은 그동안 잠재되어 있던 삼국 간의 대립관계가 다시 표면으로 부상하여 나타나게 된 현상이라고 해석해야만 전후의 시대 흐름이 자연스럽게 연결된다.

한편, 삼국의 항쟁기에는 국가간의 문제를 중국에 의존하여 해결하려

는 경향이 보다 강해진 것으로 나타난다. 백제와 신라는 서로 싸우면서
도 동시에 고구려를 견제하기 위해 수나라와 당나라에 모두 사신을 파
견하고 있다. 백제는 598년 수 문제(文帝)에게 사신을 보내 수나라가
고구려를 공격하면 자신들이 안내를 맡겠다고 제안했다가 별다른 성과
없이 오히려 고구려의 침략만 유발시킨 적이 있는데, 607년 다시 수 양
제(煬帝)에게 고구려 토벌을 요청해 결국 허락을 받아냈고, 611년에는
고구려를 공격할 시기까지 물으며 서로 돕기로 약속하였다.[5] 신라 역시
『삼국사기』 신라 진평왕 본기 33년(611) 조에 보면, 수나라에게 걸사표
(乞師表)를 바쳐 허락을 받아내고 있다. 당나라가 건국된 뒤에는 625년
신라가 먼저 사신을 파견해 고구려의 위협을 호소하였고, 626년에는
백제와 신라가 모두 사신을 보내 고구려 문제를 해결해줄 것을 요구하
여 당나라가 조정에 나선 모습도 『삼국사기』 신라 진평왕 본기 47년 11
월조 및 고구려 영류왕 본기 9년조에 보인다.

 백제와 신라가 이 때 대중국(對中國) 외교를 활발히 펼친 것은 결국
중국의 힘을 이용하여 고구려의 남진을 막고 자국의 안전과 이익을 도
모하기 위함이었다고 판단된다. 그런데 612년 수나라가 고구려를 공격
할 때 '(백제는) 안으로 가만히 고구려와 통하였다'라는 기록이나 '(백
제는) 말로는 (수나라) 군대를 돕는다고 하면서도 사실은 두 마음(兩端)
을 지니고 있었다'라는 기록이 『삼국사기』 고구려 영양왕 본기 23년조
와 『수서(隋書)』 백제전 등에 전해오듯이,[6] 백제는 수나라와의 약속을
액면 그대로 이행하지 않고 자국의 이익을 계산하며 나름대로 독자적

인 행보를 걸었던 것으로도 나타난다. 백제의 이와 같은 이중적인 태도는 한반도 삼국이 중국과 맺은 조공 및 책봉 관계를 실제로 어떻게 활용하였는지 보여주는 대표적인 예라고 할 수 있을 것이다.

지금까지 7세기 이전 한반도 삼국과 중국과의 관계를 개괄적으로 살펴보았는데, 다음과 같이 정리될 수가 있겠다.

백제와 고구려와 신라 삼국 간의 관계는 시대적인 상황 변화가 있을 때마다 화·전 반복을 보이며 수시로 다르게 나타나는데, 이러한 속에서도 6세기 중기에 백제와 신라의 동맹관계가 깨지면서 백제가 신라를 최대의 적으로 생각하게 된 사실은 주목된다. 중국과의 관계를 보면, 백제는 처음 교류를 맺은 이후 7세기 초까지 그 관계를 변함없이 지속시켜 나갔다. 다만, 남북조시대 북위(北魏)에 대한 조공 단절이나 수나라의 고구려 공격 때 양면적인 모습을 보였듯이 중국을 맹목적으로 따른 것이 아니라 자국의 국내사정과 이익을 우선시하였기 때문에, 국제관계가 복잡하게 활용되고 있었던 사실은 기억해야 하겠다. 신라의 경우 역시 시기나 빈번한 정도의 차이는 있지만 백제와 같은 대중국(對中國) 교류의 모습을 보여주고 있다. 고구려 또한 남북조시대에는 중국과 정치적으로 밀접한 교류를 맺고 있는 모습이 눈에 띄나, 국경이 직접 맞대어 있는 양국의 특성상 군사적인 충돌이 자주 일어나 관계가 악화된 때도 적지 않았다. 특히 6세기 말에서 7세기 초에 걸쳐 중국에 수·당 통일제국이 등장하면서는 양국 사이에 수 차례에 걸쳐 크고 작은 전쟁이 일어나 적대적인 분위기가 짙어지기도 했다. 따라서 고구려는

화 · 전을 반복하는 속에서 중국과의 관계를 이어온 것으로 나타나고
있어 백제나 신라와는 차별성이 있다.

의자왕의 통치와 백제의 대내외적인 발전

 의자왕의 정치와 관련이 있는 역사기록들을 살펴보면, 의자왕이 한 나라의 왕으로서 보여준 통치능력에는 한계도 있었지만 인정받을 만한 부분 역시 많았던 것으로 나타난다. 즉, 그가 다스리던 20년 동안에도 백제는 대내외적으로 많은 발전이 있었음을 발견하게 된다.
 여기에서는 의자왕이 즉위하면서 백제의 여러 가지 현실 문제를 풀어 나가기 위해 애쓰던 모습 및 그의 통치 내용에 대한 평가 문제, 그리고 의자왕의 역사적 공과(功過)에 대한 객관적인 분석을 통해 의자왕에게 덧씌워져 내려온 왜곡의 껍데기를 벗겨내고 진실을 밝히는 작업에 힘을 기울여 보려고 한다.

1. 의자왕 관련 자료의 문제점과 의자왕의 실상

1) 의자왕의 역사상의 위치와 개인적인 성품
의자왕에 관한 자료의 현존상태는 그가 남긴 말 한 마디를 찾아보기 힘들 정도로 매우 빈약하다. 때문에 그의 개인적인 성품이나 평소의 생각 또는 정치활동에 대해 이해하려 할 때 겪게 되는 어려움도 한두 가지가 아니다. 그동안 제한된 자료를 어떻게 활용할 것인가의 문제가 연구자들의 일차적인 과제로 되어 왔는데, 이하에서는 의자왕 관련 자료가 지니고 있는 문제점 및 이러한 자료를 통해 확인될 수 있는 의자왕의 실상은 어떠한 것인가에 대한 내용을 다루어 보려고 한다.

먼저 의자왕이 백제 및 당시의 동아시아 국제사회에서 차지하는 위치와 역할에 대해 살펴본 뒤에 세부적인 문제로 들어가겠다.

앞에서 지적했듯이 554년 이후 백제 최대의 적으로 떠오른 것은 신라였다. 627년 7월 무왕(武王)이 신라에게 빼앗긴 땅을 회복하기 위해 군사를 크게 일으켜 웅진(熊津), 즉 지금의 공주에 주둔시켰다가 신라가 이 사실을 당나라에 알리자 멈춘 일이 『삼국사기』 백제 무왕 본기 28년 7월조에 보인다. 여기에서 드러나듯이 백제의 신라에 대한 공격은 실지(失地) 회복이 주된 목적이었다. 그러나 백제의 공격이 여러 가지 이유로 기대하는 만큼의 성과를 거두지 못함으로써 백제와 신라 사이에 맺어진 적대관계는 의자왕 시대까지 이어질 수밖에 없었다.

그리하여 의자왕은 즉위하면서 자신의 정권을 안정시켜야 하는 대내적인 문제와 함께 대외적으로는 이전 시기부터 계속되어 온 신라와의 전쟁을 성공적으로 이끌어 나가야 하는 또 하나의 과제를 떠안게 되었으며, 이러한 과제를 그는 나름대로 잘 처리하였다. 다만, 의자왕의 대내외적인 활동은 백제와 신라의 범위를 넘어 동아시아 국제사회 전체에 상당한 영향을 미쳤다. 그리하여 중국과의 교류를 끊임없이 지속시켜온 예전과 달리 이 때는 신라만이 아니라 당나라로부터도 직접 군사 공격을 받는 상황으로까지 변하게 되었는 바, 결과적으로 볼 때 자신이 원하지는 않았다 해도 백제를 패망으로 몰고 간 역사적인 책임은 의자왕이 떠안을 수밖에 없게 되었다.

백제사 및 7세기 중엽의 동아시아 역사에서 상기한 바와 같은 위치를 차지하는 의자왕은 무왕의 원자(元子)로 태어나 632년 태자에 봉해졌다가 9년 정도 지난 641년 3월 무왕이 죽으면서 백제의 31대 왕이자 정식으로 즉위한 군주로서는 백제사에서 마지막으로 20년 동안 백제를 통치하였다. 그러나 의자왕 개인에 대한 기록은 극히 한정된 것만이 전해올 뿐만 아니라, 그 중에는 또 정복자나 정복자의 시각을 그대로 받아들인 후대인들이 의도적으로 써놓은 유언비어 성격의 사실성이 부족한 글들이 많다. 이러한 글은 일단 제외하고 신뢰도가 높은 것만을 찾아보면, 『삼국사기』 의자왕 본기의 서문에서 의자왕이 용맹스럽고 담이 크며 결단성이 있었다는 것과 어버이를 효도로 섬기고 형제와 우애롭게 지내 당시에 해동증자(海東曾子)라 불리었다고 소개한 내용은 믿을 만하다.

『삼국사기』 외에 1920년 낙양(洛陽)에서 출토된 「부여륭 묘지명(扶餘隆 墓誌銘)」에서도 의자왕을 평하여 과단성이 있고 침착해 명성이 자자하였으며 성품이 고고하였다고 설명해 놓고 있다.[7] 이 묘지명을 쓴 사람은 확인되지 않고 있지만 의자왕을 측근에서 섬겼거나 그의 통치를

낙양의 북망산에서 출토된
「부여륭 묘지명」

직접 또는 간접으로 경험한 백제 유민(遺民), 아니면 중국인이라 해도 최소한 부여륭과 가깝게 지내며 의자왕에 대해 많은 이야기를 들은 사람이 썼을 것이기 때문에 신뢰도가 그만큼 높다 하겠다. 따라서 출처가 다른 이들 두 사료의 내용이 일치하는 것을 볼 때 의자왕의 성격에 대한 『삼국사기』의 기록은 사실로 믿어진다.

의자왕이 효제(孝悌)로 이름이 높아 해동증자라 불렸다는 내용 역시 의자왕과 별다른 관계를 맺고 있지 않은 중국인들이 그것을 인정하며 칭송하는 글을 남기고 있는 만큼 사실성이 큰 것으로 받아들여진다. 『구당서(舊唐書)』 백제전에 보면, '의자(義慈)는 부모를 섬기매 효행으로써 하여 이름이 알려졌고, 형제와도 우애가 깊어 당시인들이 해동(海東)의 증(曾)·민(閔)이라 불렀다'라고 칭송하는 내용이 기록되어 있다. 여기에서 증·민은 춘추시대(春秋時代)에 살았던 증삼(曾參)과 민손(閔損)을 말한다. 증삼은 가난한 생활 속에서도 어머니를 지극한 정성으로 모셨고, 민손은 어머니가 일찍 돌아가셔서 계모의 구박을 받으며 자랐으면서도 끝까지 그 계모를 위해 주었기 때문에, 모두 중국의 대표적인 효자로 손꼽히고 있는 사람들이다. 또 시대가 조금 지나서 마영이(馬永易)나 임동(林同)과 같은 송대(宋代)의 사람들은 효시(孝詩)를 써서 의자왕을 찬양하고 있다.[8]

결국, 이상의 내용을 통하여 용맹과 결단, 효제로 표현되고 있는 의자왕의 성품은 사실 그대로임을 알 수 있겠는데, 이러한 의자왕의 개인적인 성품은 그의 평소 생활에 많은 영향을 미친 것으로 나타난다. 『삼국사기』에서 그의 활동모습을 살펴보면, 그 안에 그의 성품이 그대로 반영되어 있음을 느낄 수 있다.

2) 부여륭을 통해 본 의자왕의 실상

의자왕이 즉위할 때의 나이는 최소한으로 계산해도 40세 전후는 되었을 것 같다. 그의 나이에 관한 자세한 기록은 없지만, 그의 아들 부여륭(扶餘隆)이 682년에 68세로 죽었다는 내용을 담고 있는 「부여륭 묘지명」을 통해 유추할 수 있다. 이 묘지명으로 인하여 부여륭이 615년에 태어났고 682년에 중국에서 죽었다는 사실은 분명해졌는데, 이 외의 내용은 사료마다 설명이 다르게 나타나는 경우가 많아서 연구자들 사이에 다양한 주장이 제기되고 있는 형편이다.

그러나 쟁점들을 검토해보면 의외로 간단히 풀릴 수 있는 문제도 적지 않다. 예를 들어 무왕 38년(637)의 역사기록으로서『구당서』태종본기의 정관(貞觀) 11년(637) 12월조에 '백제왕견기태자륭래조(百濟王遣其太子隆來朝)'라고 한 경우, 이 때의 태자는 의자(義慈)였지 륭(隆)이 아니었고 륭은 그 의자의 아들이었기 때문에 사실과 맞지 않아 여러 가지 해석이 나오고 있다. 기록상의 '태자'에 초점을 맞추어 이 때 파견된 인물은 태자인 의자로 받아들여야 한다는 주장과 '륭'이라는 이름에 주목하여 부여륭으로 보아야 한다는 견해가 팽팽히 맞서고 있는 것이다.

그런데, 이 경우는 사실 '…기태자자륭(其太子子隆)…'이란 표현이었으면 아무런 문제가 안될 부분이 연구자들을 괴롭히고 있음을 알 수 있다. '태자자륭(太子子隆)'이라고 같은 '자(子)'라는 글자를 두 번 써야 하는 경우 한번을 빠트릴 위험성은 다른 어떤 실수 가능성보다도 크다. 따라서 문제는 탈자(脫字)로 인해 발생했다고 받아들이는 것이 가장 합리적이다. 당시 부여륭의 나이는 23세였기 때문에 중국에 조공사신으로 파견될 수 있는 조건은 충분히 갖추고 있었다.

부여륭에 관해 구체적으로 살피는 일은 본서의 뒤로 미루고, 여기에서는 의자왕의 나이와 연결시켜 볼 수 있는 내용으로서 현재 큰 쟁점이 되고 있는 부여륭의 태자로서의 신분 문제와 자식으로서의 서열 문제만을 언급해 보기로 한다.

『삼국사기』에서는 644년에 부여륭이 태자로 책봉되었다는 사실과 함께 의자왕 정권이 무너진 660년에는 륭이 아닌 효(孝)를 태자로 기록해 놓았다. 이에 비해 「대당평백제국비명(大唐平百濟國碑銘)」·「유인원기 공비(劉仁願紀功碑)」·『구당서』·『신당서(新唐書)』·『자치통감(資治通鑑)』·『일본서기(日本書紀)』 등 중국과 일본의 역사서 및 『삼국유사』에서는 660년 당시의 태자도 모두 륭으로 기록해 놓고 있다. 이러한 사료 상의 차이를 어떻게 받아들이는가에 따라 백제 말기의 '효태자설(孝太子說)'과 '륭태자설(隆太子說)' 및 효는 의자왕의 첫 번째 왕자이고 륭은 세 번째 왕자였다는 설과 륭이 첫 번째 왕자였다는 설 등 백가쟁명식 주장이 출현하여 혼란을 부채질하고 있다. 문제의 근본은 결국 사료의 취사선택 및 그 해석에 있다고 할 수 있다. 따라서 해당 사료의 성격을 정확히 이해한다면 이 문제 역시 어렵지 않게 풀릴 것이라 본다.

우선, 위에서 소개한 역사서 중 『일본서기』를 제외한 나머지는 모두 정복자의 시각이 담겨있는 사료이다. 그렇다면 『일본서기』는 다른 사료보다 객관성을 지닌 것으로 볼 수 있겠다. 일본은 뒤의 〈표 2〉에 보이듯이 의자왕 시대에도 백제와 활발히 교류하였기 때문에 백제의 일에 대하여 많은 것을 알고 있었을 터인데, 알고 있는 사실을 왜곡시켜 기록해야 할 특별한 이유가 발견되지 않는 한 『일본서기』의 내용은 진실에 가깝다고 보아야 할 것이다.

다음, 편찬시기 별로는 「대당평백제국비명」·「유인원기공비」·『일본서기」·『구당서』·『신당서』·『자치통감』·『삼국사기』·『삼국유사』의 순서로 된다. 이중 「대당평백제국비명」과 「유인원기공비」는 백제가 정복당하던 7세기 중엽 백제의 말기적 상황을 직접 목격한 경험자들에 의해 쓰여진 것으로서 역사가 승리자의 기록이라는 말을 그대로 보여주는 자료이다. 따라서 이들 사료에 대한 접근은 신중할 필요가 있다. 다만 비명(碑銘)의 제작 목적이 자신들의 행위의 정당성과 공적을 내세워 인정받으려는 것이므로, 실제상황이 종료된 상태에서 왕이나 왕자들의 신분 및 서열과 같은 모든 사람이 다 알고 있는 기본적인 사실까지 감추거나 왜곡시켜 스스로의 신뢰성을 떨어트려야 할 이유는 없기 때문에, 이 부분에 대한 기록은 사실로 믿어도 좋으리라 본다. 『일본서기』는 이들 비명(碑銘)보다 60년 뒤에, 그리고 『구당서』, 『신당서』, 『자치통감』 등은 300년에서 400년 정도 뒤에 쓰여졌는데 모두 같은 내용이다. 500년 정도 지나서 쓰여진 『삼국사기』만이 유일하게 내용상의 차이를 보이고 있다.

『삼국사기』를 쓸 때 어느 자료를 참고하여 효를 태자로 기록했는지 알 수는 없지만, 중국이나 일본 측 자료가 아닌 것은 분명한 만큼 신라 쪽 자료이거나 아니면 그 때까지 구전되어 오던 내용을 채택했을 가능성도 있다. 뒤에서 자세히 언급할 예정인데, 부여륭은 의자왕 정권 붕괴 후 당나라와 손잡고 웅진도독(熊津都督)으로 취임하여 신라를 여러 가지로 힘들게 만든 인물이었다. 때문에 신라의 그에 대한 감정은 좋을 리가 없고, 그리하여 그의 위상을 의도적으로 깎아내리려 했을 가능성

또한 생각해 볼 수 있다.

하나의 예로서, 665년 당나라의 강요로 부여륭과 신라의 문무왕(文武王)이 웅진 취리산(就利山)에서 화친의 맹약을 체결할 당시 유인궤(劉仁軌)가 지은 맹세문 전문(全文)이 『삼국사기』 신라 문무왕 본기 5년 8월조와 『구당서』 백제전에 전해 오는데, 두 자료를 비교해 보면 『삼국사기』는 『구당서』의 내용을 그대로 옮겨놓은 것임을 알 수 있다. 그러면서도 『구당서』에 분명히 '고립전백제태자사가정경부여륭위웅진도독(故立前百濟太子司稼正卿扶餘隆爲熊津都督)'이라 되어 있는 부분을 『삼국사기』에서는 '태자(太子)' 대신 '대(大)' 자를 넣어 '고립전백제대사가정경부여륭위웅진도독(故立前百濟大司稼正卿扶餘隆爲熊津都督)'으로 기록함으로써 부여륭의 지위를 낮추어 놓고 있는 바, 이는 다분히 의도적인 왜곡행위로 여겨진다. 그렇다면, 신라의 자료를 참고하는 경우 진실로부터 멀어질 위험성은 다른 경우보다 크다고 하겠다. 『삼국사기』보다 130년 이상 더 지나서 나온 『삼국유사』가 기이 1, 태종(太宗) 춘추공(春秋公) 조에서 '륭태자설'을 지지하며 '효태자설'의 잘못을 지적하고 있는 것은 『삼국사기』의 이 부분에 대한 기록을 더욱·믿기 어렵게 만든다.

그러므로, 부여륭은 의자왕의 적장자(嫡長子)였으며 의자왕의 항복 직전까지 태자로 있었다고 보아야만 무리가 없다. 『구당서』 소정방전에서는 부여륭의 아들인 문사(文思)를 적손(嫡孫)이라 표현하고 있어서 부여륭이 의자왕의 적장자였음을 보다 분명하게 보여준다. 자세한 소개는 뒤에 할 예정인데 나·당 연합군의 승전 축하연에서 부여륭이 의자왕과 함께 나란히 당하(堂下)에 앉아 수모를 겪은 일이나 중국으로 끌려갔던 부여륭이 당 고종(高宗)에 의해 웅진도독으로 임명되어 백제 지역의 경영책임을 맡고 다시 파견되었던 일 등과 같은 이유도 부여륭의 백제에서의 위치 때문이었다고 사료된다.

여하튼 그는 615년에 태어났으므로 시기를 아주 빠르게 잡아서 의자왕이 15세에 그를 낳았다고 가정해도 즉위할 때의 의자왕 나이는 41세가 되며, 백제가 망할 때는 최소한 60세가 되는 것이다. 『삼국사기』흑치상지(黑齒常之) 전에서 의자왕을 '노왕(老王)'으로 표현한 이유나, 당나라로 끌려간 뒤 얼마 안 있어 그가 죽은 일, 그리고 당 고종이 그에게 '금자광록대부위위경(金紫光祿大夫衛尉卿)'을 증직(贈職)하고 그의 옛 신하들이 가서 문상하는 것을 허락해주었다는 기록이 『구당서』백제전에 보이는 이유 등은 역시 그의 나이와 연결시켜 생각해 볼 수 있겠다.

지금까지의 내용을 정리하면, 의자왕은 무왕 밑에서 40세 이후까지 태자로서 정치 수업을 받은 뒤, 60세가 넘을 때까지 20년 동안 왕으로서 직접 정치를 담당한 것이 된다. 무왕은 잘 알려져 있듯이 안으로는 강력한 왕권을 확립하고, 밖으로는 그가 죽었을 때 당 태종(太宗)이 소복(素服)하고 곡(哭)을 했다는 기록이 『구당서』백제전에 보일 정도로 중국과의 교류를 돈독히 했으면서도 수나라의 고구려 원정 시에는 두 마음(兩端)을 품고 있다는 말을 들을 정도로 국제관계의 흐름에 신경쓰면서 자국의 이익을 우선시하는 태도를 취하기도 했다. 동시에 신라에 대해서는 실지(失地) 회복을 목적으로 군사 활동을 멈추지 않았는데, 이러한 분위기는 태자인 의자왕에게 많은 영향을 주었을 것이라 여겨진다. 이미 살펴본 의자왕의 나이와 성품으로 볼 때 무왕의 통치내용 속에는 일정한 부분 의자왕의 역할이나 도움이 들어있을 것이라 보아도 틀리지 않을 것 같다.

결론적으로 말하면, 의자왕은 준비된 대통령이라는 예전의 유행어처럼 불혹(不惑)의 나이인 40세 이후 인생의 완숙기에 준비된 왕으로서 즉위하였고, 그리하여 이후 그의 통치행위는 일사불란하게 진행될 수 있었다고 본다.

2. 7세기 중엽 의자왕의 정치와 동아시아 국제관계의 변화

1) 의자왕 초기의 통치활동과 정치기반

20년간에 걸친 의자왕의 정치활동 내용을 전체적으로 보여주는 자료는 『삼국사기』의 백제 의자왕 본기 밖에 없다. 그 본기는 마지막 부분의 논찬(論贊)에서 드러나듯이 승리자의 시각에서 극히 개략적으로 쓰여져 사료로서의 한계가 큰데, 현재로서는 가능한 한 조심하며 이를 이용하되 다른 사료에 나타나는 기록들을 동원하여 부족한 부분을 보충해야 할 것 같다.

먼저 의자왕 집권 당시 한반도 삼국과 중국과의 관계를 〈그림 1〉처럼

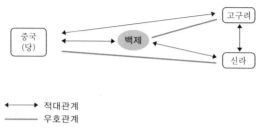

```
                                        ┌──────┐
                              ┌────────▶│ 고구려 │
              ┌──────┐    ┌─────────┐   └──────┘
              │ 중국 │◀──▶│  백제   │      ▲
              │ (당) │    └─────────┘      │
              └──────┘         │           ▼
                               └──────▶┌──────┐
                                       │ 신라 │
                                       └──────┘
```

◀──▶ 적대관계
─── 우호관계

그림 2. 7세기 중기 한반도 삼국과 중국과의 국제관계 형성도

도표화하면 〈그림 2〉와 같이 정리될 수 있는데, 이하에서는 이 그림을 참고로 하면서 의자왕의 정치와 그로 인해 새롭게 형성된 동아시아 국제관계의 내용을 알아보기로 하겠다.

의자왕은 즉위하면서 곧바로 중국의 당 태종에 의해 '주국대방군왕백제왕(柱國帶方郡王百濟王)'으로 책봉되어 정통성을 확보한 뒤, 안으로는 정권안정에 힘쓰고 밖으로는 중국과의 교류를 지속시키는 한편 신라에 대해서는 강경책을 구사하는 동시에 일본이나 고구려와는 화친을 도모하는 다각적인 방안을 마련하여 추진해 나갔다.

즉위한 다음 해인 642년 2월에 왕이 주(州)와 군(郡)을 순무하고 사형수를 제외한 모든 죄수를 석방해 주었다는 『삼국사기』 의자왕 본기의 내용은 집권 초기 통치자의 교체과정에서 흔들릴 수 있는 민심과 정권을 안정시키고 자신의 존재를 확실하게 인식시키기 위한 대내적인 활동모습으로 볼 수 있다. 또 644년에는 왕자 부여륭을 태자로 삼고 죄수를 크게 풀어주었다는 기사도 보이는데, 이러한 조치 역시 왕권을 안정시키기 위한 정치활동의 기본적인 수순으로 받아들여진다.

의자왕의 대외정치에 관한 내용은 우리나라와 중국, 일본 등의 역사 자료를 검색하여 정리하는 경우 〈표 2〉와 같이 된다.

표 2. 의자왕의 대외정치 내용 검색표

즉위 년	중국에 대한 조공	신라에 대한 공격	고구려와의 연합	일본으로의 사신 파견	일본과의 정식 수교
1(641)	O				
2(642)	O	O O	O	O	
3(643)	O	O	O	O	
4(644)	O	X			
5(645)	O	O O		O	
6(646)				O	
7(647)		O			
8(648)		O O			
9(649)		O			
10(650)		X			
11(651)	O			O	
12(652)	O			O	
13(653)				O	O
14(654)				O	
15(655)		O	O	O	
16(656)				O	
17(657)				△	
18(658)				△	
19(659)		O			
20(660)	X	X		O	

O : 백제가 주체적으로 행한 경우

X : 백제가 침략당한 경우

△ : 백제에 파견된 일본의 서해사(西海使)가 일본으로 귀국한 경우

표를 중심으로 하여 보면, 의자왕은 즉위한 641년부터 645년까지 중국의 당나라에게 해마다 조공을 하고, 신라에 대해서는 642년 7월과 8월 및 643년, 645년에 군사적인 공격을 감행하고 있다. 특히 642년 8월의 싸움에서는 신라의 대야성(大耶城)을 공략하고 성주(城主)로 있던 김춘추(金春秋)의 사위 김품석(金品釋)과 그 아내를 죽이는 전과를 세워 신라와의 관계가 더욱 악화되는 계기를 만들기도 했다. 『삼국사기』 신라 선덕왕(善德王) 본기 11년(642) 8월조에 나오듯이, 사위와 딸의 전사소식을 전해들은 김춘추가 기둥에 기대어 서서 종일토록 눈도 깜짝하지 않고 사람이나 물건이 앞으로 지나가도 알지 못하다가 얼마 후에 '슬프다. 사나이 대장부로서 어찌 백제를 멸망시키지 못한단 말이냐'라고 한탄했다는 내용 및 백제에 대한 복수를 위해 김춘추 스스로가 그동안 적대국가로 대치해 오던 고구려에까지 들어가 군사원조를 요청하고 있는 모습 등은 백제와 신라가 이 사건을 계기로 타협이 불가능한 전쟁의 단계로 진입하게 되었음을 보여 준다.

한편 고구려에서는 642년 10월에 연개소문(淵蓋蘇文)이 정변을 일으켜 군국의 대권을 장악했는데, 의자왕은 이러한 연개소문 정권과 연합하여 신라를 공격한 것으로 나타나고 있다. 다시 말해 백제와 고구려는 이 때에 이르러 과거의 적대감정을 떨쳐버리고 새로이 우호관계를 형성한 것이다. 이러한 관계변화 속에는 후술하겠지만 영토소유권 문제를 둘러싸고 두 나라가 신라에 대해 공통적으로 지니고 있던 원한 감정이 깊숙이 자리잡고 있었다.

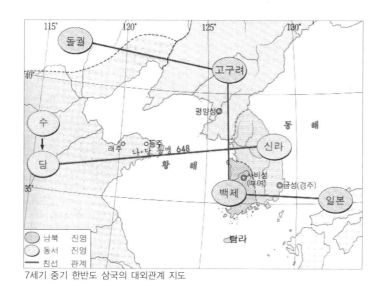

7세기 중기 한반도 삼국의 대외관계 지도

　일본에서는 의자왕이 즉위한 641년에 서명(舒明)천황이 죽고 황극(皇極)천황이 즉위했는데, 의자왕은 즉위 다음 해인 642년에 조의사신[弔使]을 일본에 파견했으며 이후에도 표에 보이듯이 사신 파견은 계속되었다. 이들 사신 파견 기록은 모두 『일본서기』에서 찾아볼 수 있는 내용들이다. 백제가 신라를 공격하거나 반대로 신라의 침략을 받고 있는 해를 제외하면 모든 시기에 사신의 왕래 기록이 나올 정도로 의자왕은 일본과의 교류를 중시했다. 특히 『삼국사기』 의자왕 본기에는 653년에 '왜국과 통호(通好)했다'는 기사가 나오고 있어서, 이 때에 이르면 사신 파견의 수준에서 더 나아가 백제와 일본 양국이 정식으로 국가간의 수교를 체결했음을 알게 해준다.

그리고 이렇게 하여 새롭게 형성된 한반도 삼국간의 관계가 다시 중국과의 관계에 영향을 미침으로써, 의자왕이 집권 초기에 부단히 노력했던 중국과의 우호관계 증진은 실현되지 못하고 백제와 당은 갈수록 사이가 나빠져 끝내는 적대적인 관계로 변모하였으니, 〈그림 2〉에 표시해 놓은 중국과 한반도 삼국간의 관계는 이러한 결과로 나타나게 된 것이다.

의자왕 초기의 통치활동이 왕 자신에 의해 새롭게 마련된 집권체제를 바탕으로 한 것인지, 아니면 아버지인 무왕 때의 세력기반을 그대로 이어받아 그 위에서 행해진 것인지 분명히 밝히기는 어렵다. 그러나 이 문제는 의자왕 정권의 성격을 이해하기 위한 하나의 중요한 논쟁점으로서 그 동안에도 여러 학자들이 언급해 왔기 때문에, 그 논의 내용을 비교해보는 속에서 나름대로의 해법을 찾아보겠다.

『삼국사기』 의자왕 본기의 내용을 살펴보면, 의자왕 15년(655)부터 태자궁(太子宮)을 극히 화려하게 수리했다는 내용과 함께 괴변기사가 나타나기 시작하고, 다음 해에는 의자왕이 궁인(宮人)과 더불어 음황(淫荒)하고 탐락(耽樂)하며 음주(飮酒)를 그치지 않았다는 것과 이를 극간하는 충신 성충(成忠)을 옥에 가두었다는 등 신하들과 갈등을 겪고 있는 기록이 등장함으로써, 의자왕의 정치는 655년을 기준으로 이전과 분명히 다르게 묘사되고 있다. 따라서 이와 같은 의자왕의 정치를 어떻게 이해할 것인가 하는 문제를 둘러싸고 여러 주장이 나오게 되었다.

대다수의 학자들은 이 문제를 해결하기 위한 열쇠로서 『일본서기』 황극천황 원년(642) 조에 '금년 정월 국주(國主)의 모(母)가 죽었다. 또 제왕자아(弟王子兒) 교기(翹岐) 및 그 모매여자(母妹女子) 4인, 내좌평(內佐平) 기미(岐味)와 고명(高名)한 40여 인이 섬으로 쫓겨났다' 라고 한 백제 정변기사의 편년을 주목하고 있다. 그런데 이 기사는 내용상 많은 문제를 담고 있어서, 이것을 어떻게 받아들여야 하는가가 첨예한 논쟁을 불러일으키고 있다. 주요 쟁점은 이를 『일본서기』의 편년 그대로 황극천황 원년으로 받아들여야 하느냐, 아니면 황극천황과 제명(齊明)천황은 같은 인물이므로 제명천황 원년(655)의 기사로 옮겨서 볼 수 있지 않느냐의 문제이다. 예를 들어, 이도학 교수는 사택지적(沙宅智積)의 죽음이나 교기(翹岐)의 대사(大使)로서의 신분문제 등에서 나타나는 기록상의 모순 및 의자왕 초기에는 정변의 분위기가 조성되지 않았다는 점 등을 들어 제명천황 원년의 기사로 옮겨서 볼 수 있다는 입장이고, 김수태 교수는 이에 대해 반박하면서 『일본서기』의 편년 그대로 황극천황 원년으로 보아야 한다는 주장을 한다.

이상과 같이 연구자에 따라 다르게 받아들여질 수 있는 『일본서기』 황극천황 원년조의 기사를 이해하기 위하여 『삼국사기』 의자왕 본기의 내용을 전체적으로 일관해 보면, 655년 이후 의자왕의 정치를 문란하고 문제가 많았던 것으로 묘사해 놓은 것은 후술하겠지만 승자(勝者)들에 의한 역사왜곡의 전형적인 수법으로 간주된다. 사실 의자왕은 이 때 정계를 새로이 개편하여 정치 분위기를 쇄신하려 한 것으로 받아들여지는데, 『삼국사기』에는 이것이 왜곡된 형태로 묘사되어 있는 것이다. 그렇다면 『일본서기』 황극천황 원년의 기사도 제명천황 원년으로 옮겨 보는 것이 불가능한 일만은 아니라고 생각된다. 동시에, 의자왕 초기의 정치는 역시 무왕 때에 갖추어진 정치기반 위에서 수행된 것이고, 의자 왕이 정계개편을 통해 자신의 집권체제를 새로이 마련하여 정치를 이 끌어나간 것은 655년 이후의 일로 보아야 하겠다.

그러나, 이상과 같은 사실이 인정된다고 하여 의자왕의 개인적인 생활이나 대내적인 정치모습 또는 대외적인 활동방향이 655년을 기준으로 갑자기 달라졌다고 판단해서는 안 될 것 같다. 오히려 집권 초기에 보여준 강한 정치적인 의욕 및 여러 가지 시책들은 이후에도 변함없이 이어졌고, 그렇기 때문에 그동안 대내외적으로 복잡한 상황전개 속에서 자신의 통치행위가 제대로 효력을 발휘하지 못하자 새로운 정치 분위기를 조성하여 그 한계를 극복해 보려는 바램을 가지고 655년부터 정계개편이 단행되었다고 해석해야 자연스럽다. 655년 8월 의자왕이 고구려 및 말갈(靺鞨)과 함께 신라의 30여 성(城)을 공파(攻破)했다는 『삼국사기』 의자왕 본기의 기록은 이러한 의미에서 주목되어야 할 것이다.

결국 의자왕의 정치는 655년을 기준으로 변모한 것이 아니라 초기의 정치가 더욱 강화된 형태로 진전되었다고 볼 수 있겠는데, 이하에서는 이러한 문제와 이로 인해 새롭게 전개되어 나간 동아시아 국제관계의 변화모습을 살펴보도록 하겠다.

2) 의자왕의 정치와 동아시아 국제관계의 변화

의자왕의 정치가 대내적으로 성공을 거두고 있었다는 증거는 여러 곳에서 찾을 수 있다.

즉위 8년째 되는 648년 3월 백제 장군 의직(義直)이 신라 서쪽 변경의 10여 성을 함락시키는 등 전쟁이 한창일 때, 『삼국사기』 김유신전에 보면 신라의 김유신이 진덕여왕(眞德女王)에게 대야성의 원수를 갚자는 건의를 하자 여왕은 '작은 나라가 큰 나라를 침범했다가 위험하게 되면 어찌하려는가(以小觸大 危將奈何)'라고 대답하여 신라를 작은 나라(小), 백제를 큰 나라(大)로 표현하고 있다. 또 『삼국사기』 신라 진덕왕 본기 2년 3월조에는 이 무렵 중국의 도움을 요청하기 위해 당나라에 파견된 김춘추가 당 태종에게 백제는 강활(强猾)하다고 말하는 내용도 보인다. 648년경의 백제를 '큰 나라' 또는 '강활하다' 등으로 표현하는 이들 예는 그 대화 당시의 상황논리나 대화주체가 신라의 최고 권력자들이었다는 점을 생각할 때 단순한 수사적 표현이라기보다 의자왕의 대내 정치가 실제로 성공을 거두고 있었음을 시사해주는 것이라 보아도 좋겠다.

한편, 백제가 나·당 연합군에게 정복당할 때의 호구수(戶口數)로서 『구당서』 백제전과 『자치통감』 고종(高宗) 현경(顯慶) 5년 8월조, 『삼국사기』 백제본기에는 76만 호(戶), 「대당평백제국비명」에는 24만 호 620만 구(口)가 기록되어 있는데, 「대당평백제국비명」의 내용은 호구의 비율로 보아 모순이 있다. 구수(口數)에 비해 호수(戶數)가 너무 적어 아마도 호수를 기록할 때 실수가 있지 않았나 싶은데, 구수를 생각하면 『구당서』나 『삼국사기』처럼 최소한 70만 호 이상은 되어야 균형이 맞는다. 이에 비해 『삼국유사』 변한과 백제조에는 백제의 전성기 때 15만2천3백 호였다는 기록이 전해오지만, 이는 의자왕 때의 기록도 아니고 내용상 구체성이 결여되어 사료로서의 신뢰도도 떨어지기 때문에 채택하기 어렵다. 따라서 의자왕 말기의 호수는 일단 『구당서』와 『삼국사기』의 기사를 받아들여 76만 호로 보아야 무리가 없고, 구수는 「대당평백제국비명」의 620만 구로 생각해야 할 것 같다. 물론 백제의 옛 땅에 해당하는 전라남북도와 충청남도의 2000년 기준 총 호구수가 197만9천5백75호, 610만30 구인 것을 감안하면 620만 구라는 수치도 그대로 받아들이기에는 너무 크다. 그러나 분명한 것은 이와 같은 기록이 전할만큼 백제 말기의 호구수가 충실했다는 것이고, 이는 곧 의자왕의 내치(內治)가 백제 멸망 당시까지 성공을 거두고 있었음을 대변해 준다는 것이다. 이러한 의자왕의 성공적인 내치가 있었기에 신라의 표현대로 의자왕 시대의 백제는 신라와의 관계에서 강국으로 표현될 정도의 면모를 보이며 다시 태어나게 되었다고 본다.

의자왕은 정치적으로 대내적인 문제보다 대외적인 문제 때문에 어려움을 겪었던 것으로 나타난다. 그리하여 대외 문제가 의자왕의 정치성격을 결정지어 주었다 해도 과언이 아닐 정도로 그는 대외정책에 보다 많은 관심과 노력을 기울였다.

의자왕의 대외정책에서 최대의 관심사는 신라와의 전쟁이었다. 그의 외치(外治)는 대신라전(對新羅戰)에 초점이 맞추어져 있었고 시종일관 그것을 지속시켜 나간 것이 특징인데, 그 원인과 결과는 모두 당시의 동아시아 국제관계가 새롭게 형성되는데 영향을 주었다.

앞서 지적했듯이 의자왕은 신라에 대한 공격을 효과적으로 수행하기 위해 643년에는 적대관계를 유지해오던 고구려와 화친하는 쪽으로 외교방향을 전환하였다. 의자왕의 군사적인 공격으로 신라가 어느 정도의 고통을 겪게 되었는지는 신라 역시 그동안 적대관계에 있던 고구려에게 군사원조를 요청한 일이나, 이것이 여의치 않자 중국으로 눈을 돌려 당나라에 대해 숙위외교(宿衛外交)를 채택하고 있는 것에서 엿볼 수 있다.

642년 8월 대야성 전투에서 사위와 딸을 잃은 김춘추는 그 해 겨울 자신이 직접 적국인 고구려에 들어가 구원병을 청하였지만, 고구려가 파병조건으로 원래 자신들의 땅이었던 죽령(竹嶺) 서북지방을 돌려줄 것을 요구하였기 때문에 일이 성사되지 않았다. 백제는 물론 고구려도 영토소유권 문제를 둘러싸고 신라와의 사이에 원한 감정이 깊숙이 자리잡고 있었던 것이다. 고구려와의 교섭이 실패로 끝나면서 신라는 중국에 의지할 수밖에 없었다. 그리하여 643년 9월에는 당나라에 사신을 파견하여 고구려와 백제가 연합해 신라를 공취(攻取)하려 한다는 사실을 호소하며 구원을 요청했는데, 당 태종도 이에 응하여 644년 사농승(司農丞) 상리현장(相里玄奬)에게 국서(國書)를 주어 고구려로 보내서는 고구려와 백제 두 나라가 신라를 공격하는 행위를 멈출 것과 그렇지 않으면 명년에 군사를 내어 고구려를 공격할 것이라는 협박성 통지를 하였다.

그러나 고구려의 연개소문은 실지(失地) 문제가 해결되지 않는 한 싸움을 멈추지 않겠다고 반발하였고 백제 의자왕도 이를 받아들이지 않음으로써, 실제로 645년 5월 당 태종이 고구려를 공격하고 신라가 군사 3만을 내어 이를 원조하는 틈을 타 백제는 신라의 7성(城)을 쳐서 빼앗았다.[9] 『구당서』 백제전에서는 백제의 이러한 행동에 대해 두 마음을 품고 있는 것이라 평하고도 있지만, 당나라가 신라의 입장을 지지한 이 사건을 계기로 고구려와 백제는 중국과의 거리가 멀어졌다. 반면 신라는 647년에 김춘추를 일본으로 파견한 적도 있으나 별다른 성과를 거둔 것 같지 않고, 648년 겨울에 오면 김춘추가 자신의 아들 문주(文注)와 함께 당나라로 건너가 그 아들을 태종 곁에서 숙위(宿衛)하도록 하는 숙위외교를 성사시켰으며, 고종이 즉위한 다음 해인 650년에는 진덕여왕이 직접 비단에 태평송(太平頌)을 써서 김춘추의 아들 법민(法敏)으로 하여금 바치게 하는 등 중국과의 거리를 좁혀 나갔다.

의자왕의 통치시기인 641년에서 660년 사이에 한반도 삼국이 중국에 조공한 회수를 찾아보면, 〈표 3〉과 같이 신라는 18번, 고구려는 8번, 백제는 7번으로 나타난다. 〈표 1〉에서 살펴보았던 예전과는 상황이 완전히 달라지고 있다. 즉, 신라의 경우는 중국에 대한 의존도가 갈수록 높아지고 있는 반면에 고구려와 백제는 집권 초기나 중국의 황제가 교체되고 있는 시기에 조공 기록이 집중되어 있고 평상시에는 거의 찾아

표 3. 의자왕 시대 한반도 삼국의 중국에 대한 조공 회수

국 명	고 구 려	백 제	신 라
조공 회수	8	7	18

볼 수 없을 정도로 의존도가 낮아지고 있다. 이러한 현상은 한반도 삼국과 중국과의 관계가 과거의 틀에서 벗어나 새로운 단계로 진입하였음을 보여주는 것이라고 해석할 수도 있겠다. 다시 말해 삼국은 과거와 같은 중국 중심의 국제관계 속에 계속 머물러 있었던 것이 아니라, 이제는 자신들의 이익을 고려하여 신라처럼 중국과의 관계를 더욱 강화시킬 수도 있고, 그것이 여의치 않을 때는 고구려나 백제와 같이 새로운 문제 해결책으로서 중국 중심의 국제관계에서 벗어나 나름대로의 독자적인 노선을 마련하여 시행하는 등 다양한 방법을 구사하는 것으로 발전하게 되었다고 여겨진다.

그러면 이하에서는 의자왕의 정치에서 이러한 면이 어떻게 구체화되고 있는지 살펴보도록 하겠다.

3) 의자왕의 신라에 대한 강경책 및 중국과의 결별

의자왕은 즉위하면서 곧바로 중국에 대한 조공과 신라에 대한 공격, 고구려와의 화친이라는 다각적 구도의 외교활동을 펼쳐 나갔다. 그러나 644년 당 태종이 사농승 상리현장을 파견해 신라에 대한 의자왕의 강경책을 문제 삼자 의자왕은 글을 보내 사과했다고 『삼국사기』 의자

왕 본기 4년조에 나오는데, 이 사건은 의자왕으로 하여금 대외정책 기본노선을 변경하지 않으면 안될 상황에 놓이게 만들었다. 문제는 중국과의 관계를 돈독히 해나가기 위하여 신라에 대한 강경책을 포기하느냐, 아니면 당 태종의 요구를 무시하고 신라공격을 강행해 나가느냐에 있었을 것이다.

『삼국사기』에는 기록이 없지만 『책부원귀(冊府元龜)』의 외신부(外臣部) 조공 제3에 보면 645년 1월에도 의자왕은 당나라에 조공한 것으로 나와 있다. 이 때의 조공은 의자왕이 글을 보내 사과했다고 한 위 『삼국사기』 내용의 실제 모습이라 여겨지는데, 아마도 단순한 조공 행위라기보다 중국의 마음을 달래면서 신라에 대한 자신의 입장을 밝히고 이해를 얻으려는 노력의 일환이 아니었을까 생각된다. 『책부원귀』의 기록은 백제태자 부여강신(扶餘康信)을 파견한 것으로 되어 있는데, 이에 대한 검토는 뒤에서 부여륭 관련 자료의 문제점을 다룰 때 하기로 하고 여기에서는 당시의 상황을 좀더 자세히 살펴보겠다.

일본에 소장되어 있는 『문관사림(文館詞林)』에는 바로 이 때 당 태종이 의자왕에게 보낸 글을 후대인이 필사(筆寫)한 「당태종여백제의자왕서(唐太宗與百濟義慈王書)」가 담겨 있다. 그 기사 속에는 의자왕이 스스로 고구려와 손을 잡지 않았다고 밝혔다는 내용과 부여강신이 전하는 말로서 '왕의 뜻은 진실로 군대를 보내어 황제의 군대와 함께 고구려의 연개소문을 공격하기를 바라는 것입니다' 라고 했다는 내용이 들어 있는데, 이는 조심스럽게 받아들여야 할 것 같다. 당시 백제는 고구려와 연합하여 신라를 공격하는 모습으로 나타나고 있어서, 당나라의 고구려 공격에 협조하겠다는 의자왕의 말은 실현성을 염두에 둔 것이었다고 보기 어렵다. 아마도 이 경우는 본심이라기보다 당 태종의 마음을 달래기 위한 방편이 아니었을까 여겨진다.

『삼국사기』의 고구려 보장왕 본기 4년(645) 5월조에 보면, 당나라가 고구려를 공격할 때 백제가 금휴개(金髹鎧)를 바치고 현금(玄金)으로 문개(文鎧)를 만들어 군사에게 입히고 싸우게 했다는 기사가 있다. 이 내용을 백제가 군사협조 차원에서 5월에 당나라에게 무기류를 제공했다고 해석하기도 하는데, 이보다는 바로 전 1월에 부여강신이 당에 조공품으로 가져간 것을 당 태종과 군사들이 입고 싸운 것으로 받아들여야 하지 않을까 생각한다. 사실 당 태종이 고구려를 공격하는 5월에 의자왕은 당에 협조하기보다 신라의 성(城) 7개를 기습적으로 빼앗는 등 두 마음을 품고 있다는 평을 듣게 되는 행동을 하고 있다. 또 그동안 해마다 파견되던 조공사신도 〈표 2〉에 보이듯이 이 때 이후로는 당 고종 즉위 2년째 되는 651년에 다시 재개될 때까지 6년 동안 중단된 것으로 나와 있다. 이러한 사실은 결국 1월에 있었던 중국에 대한 설득작업이 별 효과를 가져오지 못하자, 의자왕이 중국보다는 신라와의 문제를 중시하여 신라에 대한 강경책을 우선적으로 선택했음을 보여주는 것이다.

다만, 그렇다고 해서 이 때 의자왕이 중국과의 교섭을 완전히 단념했다고 보아서는 안 될 것 같다. 백제와 중국과의 완전한 외교단절은 고종 즉위 이후의 일로 나타난다.

당 태종은 649년에 죽고 태종의 후궁(後宮), 즉 아버지의 부인에 해당하는 측천무후(則天武后)를 황후로 삼아 중국사에서는 더욱 유명하게 된 고종이 뒤를 이어 즉위하였다. 의자왕은 이러한 정권교체라는 상황 변화를 이용하여 중국과의 관계 개선을 목적으로 조공중단 6년만인 651년에 다시 조공사신을 중국에 파견하였다. 그러나 당 고종의 반응은 태종 때와 마찬가지로 의자왕을 실망시켰다. 고종이 의자왕에게 보낸 국서(國書)의 내용은 백제가 빼앗은 신라의 성(城)을 신라가 사로잡아간 백제의 포로와 맞바꾸고 다시는 양국간에 전쟁을 일으키지 말라는 위협성 발언으로 의자왕이 받아들이기에는 힘든 것이었다.

당 고종 때까지 이어지고 있는 중국의 백제와 고구려에 대한 견제 및 신라에 대한 옹호자세는 그동안 신라가 중국을 상대로 꾸준히 펼쳐온 외교노력의 성공적인 결과, 다시 말해 중국을 상대로 한 삼국의 외교전쟁에서 신라가 승리한 것으로 볼 수 있게도 한다. 사실 신라의 사신이 고구려와 백제가 신라를 공격한다고 당 태종에게 호소하며 도움을 청했던 643년부터 중국은 신라에게 자신들의 백제에 대한 군사행동 가능성을 말해주고 있다. 당시 당 태종은 신라 사신에게 세 가지 계책을 말했다고 하는데, 첫째는 중국의 고구려에 대한 공격, 둘째는 중국의 붉은 기 수천 개를 신라에게 빌려주어 그 위세로 고구려와 백제군의 사기를 꺾는 것, 셋째는 중국의 수군(水軍)으로 백제를 공격하는 것 등이 당 태종이 제안한 내용으로 나타나 있다.[10] 또 『삼국사기』 신라 진덕왕 본기 2년 겨울조에 의하면, 648년 김춘추가 대고구려(對高句麗) 외교에 실패하고 중국에 건너가 백제의 위협을 호소했을 때도 당 태종은 군사를 내어 도울 것을 허락했다고 하는 바, 이는 신라의 대중국(對中國) 외교노력의 결과로 받아들일 수도 있다.

그러나 당시의 한반도 상황에서는 백제와 고구려가 근본적으로 신라에 대한 공격을 멈추지 않는 한 신라보다 몇 배의 외교노력을 기울였다 해도 결과는 마찬가지였으리라 본다. 고종이 의자왕에게 보낸 국서의 내용 중에도 드러나 있듯이[11] 중국의 입장에서는 한반도 삼국이 평화공존하는 속에서 중국을 중심으로 한 이상적인 국제질서가 확립되기를 원하였기 때문에, 수세에 몰린 신라의 편에 서서 중국의 뜻에 반하는 공세적 입장의 백제와 고구려를 중국이 견제하려 한 것은 당연한 귀결로 받아들여지기도 한다.

한반도 삼국간의 영토문제는 삼국이 서로 양보할 수 없는 첨예한 사안이었다. 때문에 이를 둘러싼 각축전도 그만큼 치열하였으며, 이는 중국의 힘으로도 해결하기 힘든 뜨거운 감자와 같은 것이었다. 따라서 중국이 이에 개입하여 신라에게 유리한 조건을 강요하자 백제와 고구려는 결국 중국과 등을 질 수밖에 없는 상황에서 서로의 연합을 강화해 나간 것으로 나타난다.

의자왕은 당 고종의 국서를 전달받은 바로 다음 해인 652년 1월에 다시 조공사신을 파견하고 있는데, 이 때에는 아마도 신라와의 사이에 과거부터 누적되어 온 여러 가지 억울한 사정을 전달하였을 것으로 여겨진다. 그러나 이후에는 백제가 나·당 연합군에게 정복당할 때까지 8년 동안 조공이 완전히 끊긴 것으로 나타나는 바, 이러한 사실을 통하여 백제의 호소가 당나라에게 받아들여지지 않았다는 것과 결국 의자왕은 중국과 결별하고 스스로 독자노선을 걷기 시작했다는 것을 알 수 있겠다. 653년 8월 일본과 수교한 것이나 655년 8월 고구려 및 말갈과 함께 신라의 30여 성(城)을 공격해 파괴하고 있는 것은 중국과 교류를 단절한 뒤 의자왕에 의해 진행된 새로운 활로 모색의 노력이라 보아도 좋을 것 같다.

3. 655년 집권체제의 재확립과 의자왕에 대한 평가 문제

1) 655년 이후 의자왕의 정치개혁과 집권체제의 재확립

의자왕이 중국의 간섭에서 벗어나 독자노선을 걷기 시작하면서, 그 위험성을 염려하거나 중국과의 조공 및 책봉 관계에 길들여져 있는 일부 관료들이 반발했으리라는 것은 쉽게 예상이 된다. 그리하여 이후 의자왕의 정치는 반발하는 관료들을 정계에서 퇴진시키고, 자신이 선택한 정치노선에 반대하지 않는 자들을 중심으로 새로운 집권체제를 구축하여 내부기반을 다진 뒤, 이를 발판으로 신라에 대한 전쟁의 강도를 더욱 높이려 했던 것으로 나타난다. 여기에서는 이에 대한 내용과 이러한 의자왕을 어떻게 평가해주어야 할 것인가의 문제를 다루어 보기로 한다.

655년 2월 태자궁(太子宮)을 극히 화려하게 수리하고 망해정(望海亭)을 궁전 남쪽에 세웠다는 『삼국사기』 의자왕 본기의 내용은 그의 사치스러운 생활태도를 대변해 주는 예로서 지적되기도 한다. 그러나 이러한 토목공사는 전제왕권을 기반으로 하고 있는 사회에서는 군주의 통치의지를 보여주는 방법으로 흔히 활용되는 모습이기도 하다. 따라서 이는 시각을 달리하면 군주권 강화와도 연결시킬 수 있는 것이라서 의자왕 자신의 새로운 정치적 의지의 표현으로 풀이해 볼 수도 있다. 그리고 657년 1월에는 왕서자(王庶子) 41명을 좌평(佐平)으로 삼고 식읍(食邑)을 주었다는 기록이 눈에 띄는데, 이 내용은 자신의 정치노선에 협조적인 인물들로 정계를 채우고 있는 모습을 보여주는 것이라 하겠다. 이 경우 왕서자는 일반명칭이므로 반드시 의자왕의 서자를 의미한다기보다 의자왕은 물론 이전 시대의 왕을 포함하는 모든 왕의 서자출신 및 그 주변 인물들까지를 포함한다고 보아야 할 것이다.

 657년 1월이면 의자왕이 즉위한 지 17년째로 접어드는 해이다. 만일 좌평에 임명되고 있는 왕서자들의 나이를 최소한으로 낮추어 10세 이상으로 잡고 이들이 의자왕의 서자라고 가정한다면, 이들은 모두 의자왕이 왕으로 즉위하여 7년째 되는 647년 이전에 태어난 것이 된다. 또한 시기를 빠르게 잡아서 의자왕이 15세 때부터 이들을 낳았다고 한다면, 이들은 대략 615년에서 647년에 이르는 33년 동안에 태어난 것으로 된다. 다시 말해 의자왕은 생식능력을 갖춘 이후 해마다 서자만 1~2명 정도씩은 낳은 것으로 되는데, 여기에 비슷한 수의 공주도 있었다고 보아야 하겠고 또 적자(嫡子)까지 감안한다면 의자왕은 결국 해마다 자식을 2~4명씩 낳은 것으로 결론이 난다. 다른 식으로 표현하면 의자왕은 왕으로 즉위한 지 7년째 되는 해에 이미 자식이 90명 정도에 이르렀다는 계산이 나오게 되는 바, 이는 현실적으로 받아들이기 어려운 숫자이다.

결국, 왕서자 41명을 좌평에 임명했다는 『삼국사기』의 기록은, 그 속에 편찬자의 어떤 숨은 의도가 있는 것인지 아니면 기사를 단순화시키는 과정에서 나타난 우연의 소산인지 알 수는 없지만, 의자왕의 정치가 정실에 치우쳤다거나 무분별하게 진행된 것으로 볼 수 있게도 해준다. 그러나 그것의 현실성 문제까지를 엄밀히 따져보면, 이 기록의 내면에는 역시 의자왕에 의해 당시 새롭게 전개되고 있던 조정 내부의 정계개편이라는 중요한 역사적 사실이 담겨있는 것으로 받아들여야 하지 않을까 생각한다.

한편, 『삼국사기』 의자왕 본기 16년(656) 3월조에는 의자왕의 문란한 생활에 대해 극간(極諫)하는 좌평 성충(成忠)을 옥에 가두었다는 기사가 있는데, 이 경우는 의자왕 자신의 새로운 정치노선에 반발하는 관료들을 퇴진시키고 있는 예로 보는 것이 자연스러울 것이다.

옥에 갇힌 성충이 몸이 쇠약해져 죽게 되었을 때 의자왕에게 남긴 말도 같은 책의 같은 조에 실려 있는데, 그 내용을 보면 전쟁이 일어나리라는 것을 경고하면서 만약 그렇게 되면 육로는 침현(沈峴)을 지키고 수군은 기벌포(伎伐浦 : 금강 하류)를 지켜야 한다고 했으나 의자왕은 이 말을 무시했다고 되어 있다. 그동안 있었던 백제와 신라 사이의 전쟁 양상으로 볼 때 양국의 전쟁터로 변할 가능성이 거의 없는 기벌포를 성충이 구태여 거론한 것은 의자왕의 반당적(反唐的) 정치노선에 대한 당나라의 응징성 공격을 염려한 때문으로 보인다. 따라서 성충은 단순히 사생활 문제가 아니라 의자왕의 정치노선이 지닌 미래의 위험성을 걱정하며, 그것을 반대하다가 의자왕과의 정견 차이로 옥에 갇히게 되었다고 보아야 하겠다.

부소산 삼충사에 모셔져 있는 성충의 영정

　의자왕 정권이 무너진 뒤 부여륭과 신라 문무왕 사이에 체결된 취리산의 맹세문에 백제는 험한 지리와 중국과의 거리가 먼 것을 믿고 천경(天經=天道)을 모만(侮慢)했다는 내용이 나오듯이,[12] 의자왕은 중국의 군사적 대응이 있으리라는 예상을 전혀 하고 있지 않았던 것 같다. 660년 나·당 연합군이 사비성(泗沘城) 앞까지 쳐들어 왔을 때, 의자왕이 비로소 '후회스럽구나! 성충의 말을 듣지 아니하여 이 지경에 이르렀도다'라고 했다는 『삼국사기』 의자왕 본기 20년조의 내용은 성충과 의자왕 사이에 가로놓여 있던 문제의 근본이 대외적인 정치노선을 둘러싼 견해 차이였음을 느껴볼 수 있게 해준다. 좌평 흥수(興首)가 죄를 지어 유배를 간 일도 성충과 같이 의자왕과의 정견 차이에서 기인했다고 본다.

당시 백제 조정에서 친당(親唐)-친신라(親新羅) 세력의 존재를 지적하며 그것을 왕권의 내분(內紛)으로 연결시키는 견해도 있지만, 성충과 흥수에게서 친당이나 친신라 경향을 느끼게 해주는 증거는 없다. 당나라나 신라의 편이 아니라 오히려 국가가 위기에 처했을 때는 그들도 적극적으로 해결방법을 찾으려 노력하는 모습을 보여주고 있다. 위에서 이미 소개했듯이 성충이 죽을 때 걱정하며 남긴 말이나, 660년 나·당 연합군의 침공으로 사태가 위급하여 의자왕이 고마미지현(古馬彌知縣)에 귀양가 있던 흥수에게 자문을 구했을 때 그가 적극적으로 대처방안을 강구해 알려온 것 등이 그 예이다.[13] 역시 그들은 국가의 앞날에 대한 위험성 등을 걱정하여 의자왕의 정치노선에 반대하던 세력으로 보아야 맞을 것 같다. 『일본서기』 황극 원년의 백제정변 기사를 제명 원년(655)으로 옮겨보는 것이 가능하다고 했던 앞에서의 지적도 지금까지 예시한 것처럼 이 때 백제는 의자왕에 의해 정계개편의 강한 회오리 바람 속에 놓여 있었기 때문이다.

2) 의자왕 말기의 정치에 대한 평가와 백제의 실상

의자왕은 655년 8월 고구려 및 말갈과 함께 신라를 침공한 뒤, 그 다음 공격은 4년 후인 659년 4월에 재개한 것으로 나와 있다. 아마도 이

4년이라는 기간은 의자왕이 새로운 집권체제를 확립하기 위해 중국에 대한 관심도 끊고 신라에 대한 공격도 멈춘 채 주로 관료들의 인사이동을 통해 정계를 개편하는 내치에 치중한 시기가 아니었나 싶다. 그런데 이러한 의자왕의 정치가 후에 그와 적대관계에 있던 정복자들에 의해 기록으로 정리될 때는 긍정적이기보다는 부정적인 모습으로 묘사될 것이 분명하기에, 여기에서 오늘날까지 전해지고 있는 바와 같은 의자왕의 655년 이후 정치에 대한 부정적인 역사상이 자리잡게 된 것이 아닐까 생각한다. 결국 의자왕 말기의 정치를 음황과 탐락, 음주의 연속으로 일관시키는 논법은 정복자에 의한 왜곡된 역사관의 소산으로 보아도 좋겠다.

의자왕이 집권 말기까지 의욕적으로 정치에 임하고 있었다는 사실은 백제가 나·당 연합군에게 정복당하기 바로 전해인 659년 4월에도 군대를 보내 신라의 독산성(獨山城)과 동잠성(桐岑城)을 공격하고 있는 『삼국사기』 의자왕 본기 19년 4월조의 기사에서 잘 드러난다. 삼국시대의 전쟁을 왕에 의한 통치행위의 일환으로 파악한다면,[14] 의자왕이 이 때 방어전이 아닌 공격전을 다시 수행하고 있는 것은 지난 4년간의 준비기간을 거쳐 내치에 성공한 후 새로운 자신감 위에서 대외정책을 다시 추진해 나가기 시작한 의욕적인 활동으로 받아들일 수 있다.

따라서 의자왕은 집권 초기부터 말기까지 강한 의욕을 가지고 대내외적인 정치를 수행해 온 것으로 나타난다. 대내적으로는 처음에 무왕의 정치기반을 이어받아 이용하다가 655년 이후 자신을 중심으로 한 새로운 집권체제를 확립시키는데 성공하였고, 대외적으로는 중국 중심의 국제질서에 얽매이지 않고 과감히 독자적인 정치노선을 채택함으로써 당시의 동아시아 국제관계가 새로운 모습으로 변모하는 촉매 역할도 담당하였다. 7세기 중엽 의자왕의 통치행위 속에는 중국과의 관계에 부담을 갖지 않을 만큼 자신감이 담겨있었던 것이다. 그리고 이러한 그의 활동내용은 앞에서 살펴본 그의 타고난 성품과도 그대로 일치한다.

다만, 의자왕의 이와 같은 정치노선은 신라로부터 강국이라는 소리를 들을 정도로 내치에서 성공적인 결과를 거두었으나, 동아시아 세계의 주도권을 쥐고 있던 중국에게는 그가 국제질서를 뒤흔드는 국제적인 문제아로 비치게 만들기도 하였다. 그리하여 659년 4월 백제가 신라를 공격하자 당 고종이 신라의 구원병 요청을 받아들여 660년 3월 당의 장군 소정방(蘇定方) 등에게 13만군을 거느리고 가 백제를 정벌하도록 명령을 내림으로써 중국은 한반도 문제에 군사적으로 직접 개입하게 되었다. 그 결과 예상 밖으로 나타난 나·당 연합군의 공세 앞에서 의자왕은 어쩔 수 없이 660년 7월 18일 항복하고 8월 2일 항복식을 거행하게 되었는 바, 이처럼 외치에서의 실패는 그가 백제를 몰락하도록 만든 비운의 주인공으로 역사에 남도록 하였으며, 후대인들로부터는 사실과 달리 많은 왜곡된 평가를 받는 결과를 가져오게 했던 것이다.

국제관계의 변화 외에 의자왕 후기의 정치에서 왕조 말기적 현상으로 볼 수 있는 내용, 즉 위정자가 정치를 돌보지 않아 농민경제가 파탄에 빠짐으로써 생활의 어려움으로 유민화(流民化) 현상이 나타났다거나 반란 또는 그 징후가 있었음을 직접적으로 보여주는 기록은 찾아보기 힘들다. 만일 백성들 사이에 이러한 움직임이 있었다면 의자왕이나 백제 말기의 사회분위기를 조금이라도 더 부정적으로 보이게 하려고 노력했을 정복자들이 그것을 빠트렸을 리가 없다. 의자왕 정치의 문제점이 하나 더 추가되도록 이용하였을 것이 분명한데, 이와 관련하여서는 유언비어성의 믿기 어려운 지적들만이 산발적으로 보일 뿐, 증거를 갖추고 있는 구체적인 기록은 없다. 오히려 계백(階伯) 장군과 같이 백제와 최후를 함께하겠다는 비장한 각오나 백제를 정복한 뒤 소정방이 나이 많은 의자왕을 가두고 노략질하자 이에 반발해 부흥운동을 일으켰다는 흑치상지(黑齒常之)의 예처럼 각지에서 일어난 백제부흥운동으로 정복자들이 곤란을 겪는 상황이 『삼국사기』의 계백전이나 흑치상지전 등에 기록되어 있다.

이상과 같은 내용은 역시 의자왕 정권의 붕괴 바로 전까지도 민심이 의자왕과 백제 편에 서있었음을 보여주는 것이라 하겠다. 의자왕은 그와 같은 백성들의 지지 위에서 659년에도 신라를 공격하는 등 적극적인 통치행위를 지속시켜 나갈 수가 있었다고 본다. 이 당시 백제의 인구수가 오늘날과 거의 비슷하게 나타날 정도로 충실하였던 것도 의자왕의 정치가 내부적으로 성공을 거두고 있었음을 대변해 주는 좋은 증거이다. 고구려 승려 도현(道顯)이 전하는 말과 같이 백제가 스스로 망했다(自亡)는 기록이나 견해도 있지만, 여기에는 의도적인 왜곡이 강하게 담겨있는 것 같다.[15] 만일 당나라의 간섭이 없었다면 어떠했을까?

백제는 망하는 쪽으로 나간 것이 아니라 발전을 거듭하면서 오히려 신라가 많은 어려움을 겪었을 것으로 여겨지기도 한다.

따라서 백제가 몰락의 길로 들어서게 된 것은 내부적인 문제가 아니라 국제관계의 변화라는 새로운 시대상황 속에서 신라와 손을 잡은 중국의 당이라는 거대한 외부세력의 개입 때문이었다고 보아야 할 것 같다.

4. 의자왕 정권의 붕괴와 의자왕 관련 기사의 분석

1) 나·당 연합군에 대한 백제의 대응 및 의자왕 정권의 붕괴

의자왕의 정치는 신라로부터 일찍이 강국이라는 소리를 들을 정도로 내치에서 성공적인 결과를 거두고 있었다. 그러나 대외정책에서는 당 태종이나 고종의 만류에도 불구하고 신라에 대한 강경책을 버리지 않고 지속시켜 나가면서 결국은 중국과의 관계까지 끊게 되어, 중국에게는 의자왕이 국제질서를 뒤흔드는 문제아로 비치게 만들었다.

그리하여 659년 4월 신라에 대한 백제의 군사공격이 있자 당 고종은 신라의 구원병 요청을 받아들여 소정방 등에게 13만 군대를 거느리고 가 백제를 정벌하도록 명령을 내렸고, 이렇게 하여 시작된 나·당 연합군의 공세 앞에서 의자왕은 어쩔 수 없이 항복하게 되었다. 그리고 그 결과 의자왕은 백제를 몰락하도록 만든 비운의 주인공으로 역사에 남게 되었을 뿐만 아니라 후대인들로부터는 사실과 달리 많은 왜곡된 평가를 받는 결과까지 가져오게 되었던 것이다.

이하에서는 의자왕 정권이 붕괴되어 가는 실제모습을 먼저 살펴본 다음, 그에 대한 왜곡된 평가의 뒤편에 자리잡고 있는 진실은 과연 무엇인가 하는 문제를 다루어 보겠다.

660년 6월 18일 산동반도 래주(萊州)를 출발한 소정방의 군대는 6월 21일 덕물도(德物島)에 도착하여 신라 태자 김법민(金法敏)과 만나 양국의 군대를 7월 10일 백제 남쪽에 집결시켜 함께 사비성을 함락시키자고 논의한 뒤, 7월 9일부터 기벌포와 황산벌에서 각기 백제를 공격하기 시작한 것으로 『삼국사기』 태종무열왕 본기에는 나와 있다. 나·당 연합군의 공격에 대한 백제의 대응을 보면, 당나라와의 우선적인 결전을 주장하는 좌평 의직(義直)과 신라와 먼저 싸울 것을 내세우는 달솔(達率) 상영(常永)의 의견충돌 및 백강(白江)과 탄현(炭峴) 등의 요충지를 집중 방어해야 한다는 좌평 흥수(興首)의 주장과 이에 반대하는 대신(大臣)들의 의견이 엇갈리는 가운데 신속한 대책이 마련되지 못하고 의자왕을 중심으로 한 조정 전체가 혼란을 겪고 있다. 사비성 함락 직전에는 의자왕이 성충의 말을 듣지 않아 이 지경에 놓이게 되었다고 탄식하는 모습도 보인다.

이상과 같은 대처 모습은 백제가 나·당 연합군의 공격을 사전에 예상하지 못했고, 따라서 이에 대한 준비도 이루어져 있지 않음을 알게 해 준다. 당나라 조정은 660년 백제를 습격하려는 계획이 사전에 누설되는 것을 막기 위해 659년에 파견된 일본의 네 번째 견당사절단(遣唐

使節團)을 661년까지 억류시켜 놓기도 하였다.[16] 나·당 양국이 백제에 대한 공격의 보안을 유지하기 위해 상당한 노력을 기울였음을 느낄 수 있다. 그리하여 김유신이 이끄는 신라의 5만 정예병을 저지하기 위해 황산벌에 급히 파견된 계백(階伯)의 5천 결사대는 중과부적(衆寡不敵)으로 계백의 전사 및 좌평 충상(忠常)과 상영(常永) 등 20여 명이 생포되는 것으로 끝날 수밖에 없었다. 13만 당군(唐軍)의 진격을 방어하기 위해 동원된 군대 역시 기벌포에서 대패하고 당군이 도성 근방 30리쯤 진격해 왔을 때는 다시 한번 힘을 다해 막으려 했으나 1만 여명의 사상자만 낸 것으로 『삼국사기』 의자왕 본기 20년조에는 나와 있다.[17] 군사적인 방법 외에 백제는 당나라 군대에게 상좌평(上佐平)이나 좌평 등을 보내 음식을 바치며 사죄하고 회군(回軍)해 줄 것을 간청하는 방법도 동원했던 것으로 나타난다. 그러나 결과는 7월 13일 의자왕이 웅진성(熊津城)으로 피난 가고 사비성은 함락되었으며, 이로부터 5일 뒤에는 의자왕 역시 항복함으로써 공격 개시 9일 만에 사태는 빠르게 종결되었다.

8월 2일에 치러진 나·당 연합군의 승전 축하연 및 백제의 항복식에서는 의자왕과 그 아들 부여륭을 당하(堂下)에 앉히고, 의자왕으로 하여금 당상(堂上)의 신라왕과 소정방 및 여러 장수들에게 술을 부어 올리게 하여 백제의 좌평 등 많은 신하들이 눈물을 흘리지 않은 자가 없었다고 할 정도로 의자왕은 수모를 겪었다. 그런데 이보다 앞서 있었던 일로서 신라의 태자 김법민이 항복한 백제의 태자 부여륭을 말 앞에 꿇

어앉힌 채 얼굴에 침을 뱉으며 꾸짖기를,

전에 네 아비는 나의 누이동생을 참혹하게 죽여 옥중에 묻어 놓아 나로 하여금 20년
동안 마음을 아프게 하고 고민하게 했다. 오늘 네 목숨은 나의 손 안에 있다.

라고 하였으나 부여륭은 땅에 엎드려 아무 말을 못하였다는 내용이 『삼
국사기』 신라 태종무열왕 본기 7년 7월 13일조에 보인다. 전쟁이 끝난
후에 심각한 보복 분위기가 조성되어 있었던 것 같기도 하다. 따라서
이러한 분위기까지를 염두에 둔다면 의자왕이 당하고 있는 수모는 패
배자로서 의례적으로 치러야 할 절차 정도의 것으로 나타나 수모의 강
도가 많이 약해진 느낌이다. 신라와 당이 연합하여 백제를 상대로 군사
를 동원했다고 하지만, 주변 민족에 대해 기미정책(羈縻政策)으로 일관
한 당과 과거의 원한을 갚고 영토소유권을 확보하는 것이 목적이었던
신라와는 전쟁에 임하는 자세가 다를 수밖에 없었다. 전쟁이 끝난 뒤의
의자왕에 대한 대우문제는 아마도 당의 영향력이 작용하여 이와 같은
모습으로 나타나게 된 것이 아닐까 생각한다.
　의자왕의 경우, 의외의 모습은 항복할 당시부터 나타나고 있었다. 황
산벌 전투에서 죽음으로 항거한 계백 장군과 달리 의자왕은 끝까지 저
항하지 않고 사비성 함락 5일만인 7월 18일에 스스로 웅진성을 나와
항복하였다. 또 의자왕이 당나라로 끌려간 이후에도 뜻밖의 모습이 보
인다. 소정방은 8월 2일 상기했듯이 승전 축하연과 의자왕의 항복식을

가진 뒤, 9월 3일 의자왕과 왕족 및 그 신하 93명과 백성 1만 2천명을 데리고 당나라로 돌아갔다고 『삼국사기』 신라 태종무열왕 본기 7년 9월 3일조에 나온다.[18] 그런데 『자치통감』 당기 16, 고종 현경 5년 11월조에 의하면, 11월 1일에 고종은 낙양(洛陽)의 측천문루(則天門樓)에서 그들을 받아들인 뒤 의자왕 이하 모두를 풀어주었다고 한다. 『삼국사기』 의자왕 본기에도 '소정방이 사로잡은 포로를 당 고종에게 드리니, 고종은 그들을 나무라고는 용서해 주었다'는 기사가 있고, 『일본서기』 제명천황 6년 7월조에 소개되어 있는 「이길련박덕서(伊吉連博德書)」에도 당 고종이 11월 1일에 의자왕 이하 태자 륭(隆) 등 13인의 왕자 및 대좌평(大佐平) 사택천복(沙宅千福)과 국변성(國辨成) 이하 37인을 포함한 50여인을 조당(朝堂)에서 만나본 뒤 은칙(恩勅)을 내려 모두 풀어주었다고 나와 있다. 의자왕은 중국으로 끌려간 다음 노환(老患)과 실의(失意), 여행의 피로 등이 겹쳐서인지 며칠 뒤에 죽은 것으로 나타나고 있지만, 낙양에서 어느 정도 자유로운 생활을 인정받는 등 예상 밖의 대접을 받은 것은 분명한 사실로 받아들여진다.

　의자왕 스스로의 처신문제나 중국으로부터 받은 대우 등을 보면 백제와 당나라 사이의 전쟁이 가지는 의미나 성격은 백제와 신라의 전쟁과는 달랐음을 알 수 있다. 의자왕이 중국에 순순히 항복하고 있는 모습과 백제가 전쟁 중 당군 진영에 사람을 보내 회군할 것을 계속 요청했던 사실, 그리고 『삼국사기』 의자왕 본기나 흑치상지전에 보이듯이 부흥운동에 뛰어들었던 흑치상지가 유인궤를 찾아가 투항한 뒤 오히려 부흥운동의 진압에 나서거나 당나라에 가서 무인(武人)으로 활동하고 있는 내용 등은 백제에 대한 당나라의 공격이 국가의 사활(死活)을 결정하는 심각한 적대적 성격의 싸움은 아니었고, 따라서 당과 백제 양국 간에는 타협이나 조정의 여지도 자리잡고 있었음을 시사해준다.

그러면, 이와 같은 모습으로 나타나는 당과 백제의 전쟁 및 의자왕 정권의 붕괴가 지니는 역사적인 의미를 어떻게 평가해 주어야 할 것인가의 문제도 다시 생각해 볼 필요가 있을 것 같다.

이 문제를 다루기 위한 전제로서 먼저 당나라에 의한 백제정벌은 의자왕 정권의 몰락을 가져와 백제 멸망의 단서를 제공해 주기는 했지만 그것이 곧 백제의 멸망을 의미하는 것은 아니었고, 백제가 역사의 무대에서 완전히 멸망하여 사라진 것은 신라에 의해 웅진도독부가 해체되고 사비성에 소부리주(所夫里州)가 설치된 671년으로 볼 수도 있다는 사실을 지적해 놓고 싶다. 이러한 전제 위에서 사비성 함락 뒤 의자왕이 쉽게 항복한 이유도 찾아볼 수 있지 않을까 생각한다.

의자왕의 항복과 거의 동시에 시작된 부흥운동의 모습을 보면 백제는 여전히 저력이 남아 있었던 것으로 여겨지는데, 의자왕은 왜 쉽게 항복하였을까. 이에 대해서는 여러 가지 이유를 생각해 볼 수 있을 것이다. 첫째 당과 의자왕 사이에 어떤 밀약이나 묵계가 있었던 것이 아닐까 여겨지기도 하고,[19] 둘째 당과 백제 사이에 벌어진 전쟁의 성격에서 원인을 찾을 수도 있을 것이며, 셋째 당시의 상황이 의자왕으로 하여금 너무 큰 힘의 차이를 느끼게 하여 불가항력으로 모든 것을 포기하고 항복했을 수도 있다. 다만, 의자왕이 항복한 후에 중국으로 끌려간 것을 생각하면 첫째 이유는 가능성이 크지 않다고 보기 때문에 본서에서는 둘째와 셋째의 내용에서 이유를 찾고 싶다.

나·당 연합군의 기습적인 대 공세 앞에서 '노왕(老王)'이라 표현될 정도로 나이를 먹은 의자왕이 불가항력적인 힘의 차이를 느꼈기 때문에 모든 것을 포기하고 자신의 패배를 인정한 채 항복했으리라는 것에는 의문의 여지가 없다. 문제는 그가 계백(階伯) 장군처럼 죽음으로 항거하지 않고 왜 항복을 선택했는가에 있다고 하겠다. 배후에 무엇인가 중요한 이유가 있지 않았을까 여겨지는데, 그 이유를 찾기 위해서는 무엇보다도 먼저 당시에 벌어지고 있던 전쟁의 성격을 주목해 보아야 할 것 같다.

영토소유권 문제가 직접적으로 개입되어 있는 백제와 신라의 싸움은 국가와 국가 간의 사활이 걸린 전쟁으로서의 성격이 강하였다고 볼 수 있다. 그러나 당과 백제의 싸움은 국가 간의 전쟁이라기보다 정권 장악을 둘러싼 정쟁(政爭), 즉 정권쟁탈전 성격이 강했던 것으로 나타난다. 의자왕의 정권을 둘러싸고 의자왕은 그 정권을 지키려 하고 당나라는 그것을 빼앗으려는 싸움이었지 당이 근본적으로 백제를 완전히 멸망시켜 그 존재 자체를 없애려던 것은 아니었으며, 따라서 조공과 책봉의 주종관계를 정상화시켜 백제에서의 완전한 영향력 확보가 당의 궁극적인 목적이었다고 판단된다. 후에 부여륭을 웅진도독(熊津都督), 신라왕을 계림주대도독(鷄林州大都督)으로 삼아 두 나라를 명목상 평등한 관계로 위치지어 주면서 동시에 당의 주선으로 웅진 취리산(就利山)에서 동맹의 맹세를 맺게 하고 있는 역사적인 사실을 통하여 볼 때, 당나라의 의도는 중국 중심의 동아시아 국제질서를 회복하려던 것이었음을 알 수가 있다.

당나라의 백제에 대한 공격도 결국은 동아시아질서의 파괴범인 의자왕 정권에 대한 공격이었지 백제 자체에 대한 공격이었다고는 생각되지 않는다. 의자왕 또한 이러한 전쟁의 성격을 알고 있었기에 스스로 정쟁(政爭)에서의 패배를 인정하는 마음으로 쉽게 항복한 것이라 받아들여지기도 한다. 당 고종은 포로가 된 의자왕이나 부여륭 등을 중국으로 옮겨 거주하게 함으로써 백제지역에 대한 그들의 영향력을 끊어 놓았으면서도 중국 내부에서는 관직까지 하사하는 등 아량을 베푸는 모습을 보여주고 있는데, 이것 역시 당과 백제 사이의 싸움이 원한감정으로 인한 보복전이나 백제 자체의 멸망을 위한 것이 아니라 정권 쟁탈전으로서의 성격을 지닌 것이었음을 웅변해주는 증거라고 할 수 있겠다.

다시 말해, 당나라의 백제에 대한 공격은 영토소유권 확보가 아니라 정권 교체를 통한 친당정권(親唐政權) 구축이 목적이었다. 그리하여 의자왕 역시 정권을 빼앗긴다 해도 자신의 나라인 백제 자체가 완전히 망하는 것은 아니라는 사실을 알고 있었기에, 큰 부담없이 정쟁의 패배자임을 인정하는 정치적인 입장에서 항복한 것이 아닐까 생각한다.

다만, 백제인들에게는 나·당 연합군에 의한 의자왕 정권의 붕괴가 곧 백제의 멸망과 같은 위기상황으로 받아들여져 부흥운동을 전개한 것이라 생각된다. 백제인의 부흥운동은 백제지역에 정복군으로 주둔하여 초기에 위협적인 모습과 행동을 보여준 외부세력의 압력 및 간섭에 대한 저항운동으로 보아야 할 것 같다. 소정방이 의자왕을 가둔 뒤 군사를 내어 크게 노략질하자 항복했던 흑치상지가 도망하여 부흥운동을 일으켰다는 내용이나 복신(福信) 등이 유인원(劉仁願)에게 사신을 파견하여 본국으로 돌아가라는 전갈을 보냈다는 내용은 잘 알려져 있다. 그러나 이후 전개된 기미정책을 주요내용으로 하는 당의 백제지배는 부흥운동군의 정체성(正體性)을 약화시키는 방향으로 작용하여 부흥운동은 3년여 만에 진압된 것으로 나타난다.

2) 의자왕 관련 기사의 분석과 역사적 진실

'춘추필법(春秋筆法)'이라고 일컬어지는 직서(直書)와 포폄(褒貶)의 원칙이 중국의 역사서술 전통 속에 깊숙이 자리잡고 있음은 주지의 사실이다. 그런데, 이 원칙은 권력자의 통제를 벗어나 있어야 하는 것이었음에도, 그 담당자가 군신(君臣) 관계의 강한 틀 속에 놓여있을 수밖에 없다는 이율배반적인 상황을 처음부터 내포하고 있었기 때문에, 직서와 포폄의 기준은 현실적으로 정치권력이나 사회여론 등으로부터 자유로울 수가 없었다. 또 전한(前漢) 시대의 동중서(董仲舒)가 천인감응(天人感應)의 천명론(天命論) 속에서 전제군주를 규제해 보고자 주장했던 재이설(災異說)이 곧바로 예언적 성격으로 변모하고, 그것이 참위설(讖緯說)과 결합하여 후한대(後漢代) 이후 유행하면서 중국의 전통적인 역사서술 속에는 이 영향도 강하게 자리잡게 되었다.

　그리하여 중국의 각종 역사서들은 '춘추필법'의 원칙에 입각한 사실의 직서와 함께 권력작용에 의한 인위적인 곡필(曲筆), 그리고 천인감응설 속에서 자연현상을 임의로 왜곡하여 인간사에 갖다 붙임으로써 제국의 통치를 부정하거나 옹호하는 의도성 있는 기사 등 복잡한 내용을 담게 되었다. 중국의 역사서술과 일맥상통하는 우리의 『삼국사기』에서도 이와 똑같은 모습을 찾아볼 수가 있다. 결국 『삼국사기』를 비롯한 각종 역사서의 기사를 다룰 때 이러한 면을 조심하여 사료(史料)의 취사선택이 신중하게 이루어지지 않는다면 역사의 진실규명 작업은 효과적으로 수행되기 어려울 것이라 본다.

　의자왕 및 백제 멸망과 관련이 있는 기록은 극히 한정된 것만이 전해온다. 뿐만 아니라 그 중에는 또 정복자나 이들의 시각을 그대로 받아들인 후대인들이 의도적으로 나쁘게 기록해 놓은 사실성이 부족한 글들이 많다. 의자왕에 대한 평가가 정당성을 확보하기 위해서는 왜곡된 것으로 받아들여지는 이들 사료도 연구범위 내로 끌어들여 그 문제점에 대한 충분한 분석이 이루어져야만 한다. 이하에서는 바로 이러한 사료상의 문제를 주목해 보려고 하는 바, 의자왕이나 백제 멸망과 관련되어 있는 기사 중에서 왜곡된 것으로 받아들여지는 내용을 '천명(天命)'과 '재이(災異)'의 두 부분으로 성격을 나눈 뒤 그들이 지닌 문제점에 대하여 검토해 보기로 하겠다.

　역사상의 승리자들에 의해 역사가 왜곡될 때 전형적인 수법으로 동원

되는 천명론이 의자왕에 대한 평가나 백제 멸망을 다루는 기사 가운데에서도 직접 또는 간접으로 적용되고 있음을 보여주는 예로서 다음과 같은 내용들이 주목된다.

① 풀옷을 입고 사는 어리석은 백제(蠢茲卉服)는 … 거리도 장안에서 만리나 떨어져 있다. 이런 험한 지형지세를 믿고 감히 천상(天常 : 하늘의 이치)을 어지럽히면서 … 근래에는 명조(明詔 : 황제의 조칙)도 어겼으며, … 직신(直臣)을 밖으로 내쫓고 불부(捀婦)를 안으로 믿으며, 형벌은 충량(忠良)에게만 내리고, 총애하여 등용하는 것은 반드시 첨행(諂倖 : 아부하는 사람)을 우선으로 했으니, 아녀자(嬖梅, 啁軸)조차 원한을 품고 슬픔을 간직하게 되었다.(「대당평백제국비명」의 내용 중)

② 이 때 백제의 군신들은 사치를 일삼고 음탕한 생활에 빠져 국사를 돌보지 않으니, 백성(民)이 원망하고 신(神)이 노하여 재괴(災怪 : 괴이한 재변)가 번번이 나타났다. (김)유신이 왕에게 아뢰기를 "백제는 무도(無道)하여 그 죄가 걸(桀)·주(紂)보다도 심하니, 이는 참으로 순천조민(順天弔民 : 천리에 순응하고 백성을 불쌍히 여김)하여 죄를 벌(伐)하여야 할 때입니다"라고 하였다.(『삼국사기』 권 42, 김유신전 중, 영휘 6년 을묘 9월조)

③ 지난 날에 백제의 선왕(의자왕)은 역순(逆順)의 도리에 어두워 이웃과 우호를 돈독히 하지 않고 인친(姻親)과도 화목하게 지내지 않으면서, … 험한 지리와 중국과의 거리가 먼 것만을 믿고 천경(天經)을 모만(侮慢)하였으므로 황제께서 노하여 군

사를 내어 정벌하게 되었는데, 깃발이 가리키는 곳마다 한번 싸우면 크게 평정되었다.(『삼국사기』권 6, 신라본기 6, 문무왕 상, 5년 8월조의 「취리산 맹약문」중)

④ 고(구)려의 승려 도현(道顯)의 『일본세기』에 쓰여 있기를 「7월 … 춘추지(春秋智 : 김춘추)가 대장군 소정방의 손을 빌려 백제를 협격(挾擊)해 멸망시켰다. 혹(或)은 말하기를 "백제는 자망(自亡)하였다. 군대부인(君大夫人) 요녀(妖女)가 무도(無道)하여 국병(國柄)을 찬탈하고 현량(賢良)을 주살하였기 때문에 이 화를 불러왔다"고도 한다. 신중해야 하지 않겠는가? …」라고 되어 있다.(『일본서기』권 26, 제명천황 6년 7월조의 부주(附註) 내용 중)

⑤ 왕이 궁인(宮人)과 더불어 음황(淫荒)하고 탐락(耽樂)하며 음주(飮酒)를 그치지 않으므로 좌평 성충이 극간하니, 왕은 노하여 그를 옥중에 가두었다. 이로 인해 감히 말하는 자가 없게 되었다.(『삼국사기』권 28, 백제본기 6, 의자왕 16년 3월조)

⑥ 백제 말기에 이르러서는 소행이 도리에 어긋남이 많았다. 또 신라와 대대로 원수가 되어서 고구려와 화친하고는 신라를 침략하였는데, … 이에 당의 천자는 두 번 조서를 내려 그 원한을 풀도록 했으나, 겉으로는 따르면서 속으로는 어겨 대국에 죄를 지었으니 그 멸망은 역시 당연하다 하겠다.(『삼국사기』권 28, 백제본기 6, 의자왕 논찬조)

위의 기사에서 밑줄 친 부분은 모두 백제에 대해 부정적인 시각을 지니며 백제를 정복대상으로 삼고 있던 당나라나 신라 중심의 가치기준이 강하게 반영되어 있는 내용들이다. 이미 앞에서 집권 말기까지 의욕적으로 통치에 임하던 의자왕의 모습과 그 결과에 대하여 검토해 본 바 있는데, 위의 내용들은 그와 정반대로 의자왕의 정치 및 그에 의해 통치되던 백제 말기의 사회가 스스로 붕괴될 수밖에 없는 많은 문제점을 내포하고 있었다는 일방적인 주장을 담고 있다.

①~③은 천상(天常), 순천(順天), 천경(天經) 등 '천(天)'의 표현을 직접적으로 사용하고 있는 것에서도 알 수 있듯이 의자왕이 '천'을 거스르는 무도한 행위를 한 결과 백제가 망하게 되었다는 이른바 '천명사상'의 직설법을 그대로 보여준다. ④~⑥에는 '천'의 언급이 없지만, 문란하고 도리에 어긋난 의자왕의 통치행위 및 대국에 지은 죄 등을 내세우며 그것을 백제 멸망의 필연적인 이유로 제시하거나 또는 '자망(自亡)'을 강조하는데, 이와 같은 논법 속에도 위의 예들과 마찬가지의 '천명사상'이 저변에 깔려 있음을 느낄 수가 있다.

「대당평백제국비명」과 같이 정복자 자신이 곧 기록자이거나 『삼국사기』 김유신전처럼 그 기록의 주인공이기도 하고, 『삼국사기』의 의자왕 본기 논찬조와 같이 기록자가 당나라나 신라 등 정복자 편에 서서 패배자로서의 백제 문제를 다루고 있기 때문에, 패망의 모든 책임을 백제에게로 떠넘기는 행위는 당연히 나타날 수 있는 현상이라 하겠다. 다만 ④의 『일본서기』 제명천황 6년 7월조의 경우는 입장이 조금 다르다. 여기에 소개되어 있는 고구려 승려 도현의 『일본세기』 내용은 '혹은 말하기를' 이라는 대목을 전후하여 글의 성격에 차이가 있다. 즉, 앞 부분은 역사 사실 그대로의 기록이고 뒷 부분만이 당시 왜곡되어 나타난 주장에 대한 소개라고 할 수 있으며, 이 경우 '혹' 으로 표현되는 주체는 정복자나 정복자를 지지하는 인물들로 받아들여도 좋으리라 본다.

한편, 『일본서기』제명천황 6년 9월조에는,

> 백제가 (이름은 누락되어 알 수 없는) 달솔(達率)과 사미(沙彌) 각종(覺從) 등을 보내와 아뢰어 말하기를 「금년 7월 신라가 힘을 믿고 세력을 키워 이웃과 가까이 지내지 않으면서 당인(唐人)을 끌어들여 백제를 무너뜨렸습니다. 군신(君臣)은 모두 포로로 되었고 남아 있는 백성도 거의 없습니다」라고 하였다. 이에 서부은솔(西部恩率) 귀실복신(鬼室福信)은 매우 분개하여 임사기산(任射岐山)에 웅거하고 달솔 여자진(餘自進)은 중부(中部)의 구마노리성(久麻怒利城)에 웅거하여 각각 하나의 군영을 만든 뒤 흩어진 병졸들을 불러모았는데, 이전의 싸움에서 무기가 모두 없어졌기 때문에 몽둥이로 싸워 신라군을 파(破)하였다.

라고 하여 의자왕 정권의 몰락에 대한 백제인들의 반응을 기록해 놓고 있는데, 앞에 소개한 인용문들과 내용이 완전히 대조적이어서 주목된다. 즉, 의자왕에게 백제 멸망의 책임을 돌리는 것이 아니라 힘을 믿고 이웃과 가까이 지내지 않으면서 당나라를 끌어들인 신라에게 근본적인 책임이 있다고 생각하며, 그 신라에 대해 강한 적개심을 가지고 맨손으로 부흥운동에 나선 백제인들의 모습을 보여주고 있다.

따라서 이러한 종류의 기사는 무시한 채, 앞 인용문의 내용들만 액면 그대로 인정하는 행위는 왜곡된 역사관에 의해 쓰여진 승리자의 논법을 그대로 추종하는 것 밖에 되지 않는다. 역사의 진상을 규명하기 위해서는 원사료가 지니고 있는 한계와 그 문제점에 대한 인식을 분명히 하면서 보다 균형 잡힌 시각을 가지고 연구에 임해야 할 필요가 있다. 의자왕과 관련되어 있는 대부분의 현존 사료는 의자왕 정권 붕괴 후 정복자나 정복자의 시각을 따르는 사람들에 의해 쓰여진 것이기 때문에, 의자왕에 관한 진실은 왜곡의 바다 위에 떠있는 작은 섬과 같이 극히 단편적으로만 산재해 있을 가능성이 크다. 이와 같은 상황을 이해하지 못하고 사료상의 표면적인 내용을 그대로 받아들이는 경우 의자왕에 관한 연구는 왜곡의 악순환만 되풀이할 뿐이다.

그렇다면, 의자왕에게 적용되고 있다고 위에서 지적했던 바의 '천명사상'에는 어떠한 함정이 자리잡고 있을까. '천'에 대한 인식은 사상사적으로 중요한 의미가 있다고 보지만 그 실재성은 인정하기 힘든 것이 사실이다. 따라서 의자왕이 거역한 것으로 주장되어지는 '천'의 실체는 무엇일까 궁금해진다. 필자는 그에 대한 해답을 당 고종이 651년 의자왕에게 보낸 국서(國書)에서 찾고 싶은데, 『삼국사기』 의자왕 본기 11년조에 보이는 그 내용 속에는 '짐(朕)은 대천리물(代天理物 : 하늘을 대신해 만물을 다스림)한다'는 주장이 있다. 다시 말해 중국의 황제는 자신의 뜻이 곧 천명과 통한다고 자부하고 있는 것이다. 결국, 의자왕에게 적용되고 있는 '천명'이란 중국 황제의 권위나 명령과 통하는 것으로 볼 수 있겠다.

그러므로 중국의 뜻에 따르지 않은 의자왕의 행위는 곧 천명을 거역하여 군주로서 지켜야 할 도리를 잃어버린 것이 되며, 천명에 의해 응징되어야만 하는 것으로 해석될 수밖에 없었다. 의자왕의 정치가 많은 문제를 내포하고 있었던 것처럼 묘사되고 있는 것이나, 당시 사회가 각종 재이(災異)로 가득차 있었던 것으로 나타나 있는 기록들은 이러한 배경에서 출현하게 되었다고 여겨지므로, 이들 사료에 대한 접근은 이후에도 신중하게 이루어져야 할 것으로 본다.

다음으로 『삼국사기』 의자왕 본기에서 의자왕 집권 말기에 집중적으로 거론되고 있는 '재이' 기사로는 아래와 같은 내용들이 있다.

㋆ (655년) 5월 성마(騂馬 : 털이 붉은 말)가 북악(北岳)의 오함사(五含寺)에 들어와 절간을 돌며 울다가 수일(數日)만에 죽었다.(의자왕 15년 하5월조)

⑧ (659년) 2월 많은 여우가 궁중으로 들어오더니, 흰 여우 한 마리가 상좌평(上佐平)의 책상에 올라가 앉았다.(의자왕 19년 춘2월조)

⑨ (659년) 4월 태자궁의 암탉이 작은 참새와 교미를 하였다.(의자왕 19년 하4월조)

⑩ (659년) 5월 왕도(王都) 서남쪽 사비하(泗沘河)에 대어(大魚)가 나와 죽었는데, 길이가 3장(三丈 : 30척)이나 되었다.(의자왕 19년 5월조)

⑪ (659년) 8월 어떤 여자의 시체가 생초진(生草津)에 떠내려 왔는데, 길이가 18척이었다.(의자왕 19년 추8월조)

⑫ (659년) 9월 궁중의 홰나무(槐樹)가 우는데 사람의 곡성(哭聲)과 같았고, 밤에 귀신이 궁남로(宮南路)에서 곡하였다.(의자왕 19년 9월조)

⑬ (660년) 2월 왕도의 우물물이 핏빛으로 변하고, 서해 변에 작은 물고기가 나와 죽었는데 백성이 그것을 다 먹어내지 못했고, 사비하의 물이 붉기가 핏빛과 같았다.(의자왕 20년 춘2월조)

⑭ (660년) 4월 두꺼비 수만 마리가 나무 위에 모여들었고, 왕도의 시민들이 까닭없이 놀라 달아나는데 마치 잡으려는 사람이 있는 것처럼 놀라 쓰러져 죽은 사람이 백여 명이고 재물을 잃어버린 사람은 이루 헤아릴 수 없었다.(의자왕 20년 하4월조)

⑮ (660년) 5월 풍우(風雨)가 사납게 일어나고 천왕사(天王寺)와 도양사(道讓寺) 두 절의 탑에 벼락이 떨어졌으며, 또 백석사(白石寺)의 강당에도 벼락이 치고, 검은 구름이 용과 같이 일어나서 동서의 공중에서 서로 싸웠다.(의자왕 20년 5월조)

⑯ (660년) 6월 왕흥사(王興寺)의 중들이 모두 배가 큰물(大水)을 따라 절문(寺門)으로 들어오는 것과 같은 것을 보았고, 개 모양을 한 들 사슴 한 마리가 서쪽에서 사비하 언덕으로 와서 왕궁을 향해 짖다가 갑자기 간 곳을 모르게 사라졌는데, 왕도의

많은 개들이 길 위에 모여 혹은 짖기도 하고 혹은 울기도 하다가 조금 뒤에 흩어졌다. 어떤 귀신 하나가 궁중으로 들어와 큰 소리로 "백제는 망한다. 백제는 망한다"라고 부르짖고는 땅 속으로 들어가기에 왕이 괴이하게 여겨 사람을 시켜 땅을 파보게 하니 깊이 3척쯤 들어가서 거북이 한 마리가 있는데, 그 등에 글이 써있기를 "백제는 월륜과 같고 신라는 월신과 같다(百濟同月輪 新羅如月新)"라고 되어 있었다. 왕이 그 뜻을 무당에게 물어보았더니, 말하기를 "월륜(月輪)과 같다는 것은 찬 것이니 차면 곧 이지러지고, 월신(月新)과 같다는 것은 차지 않은 것이니 차지 않은 것은 곧 점점 차게 되는 것입니다"라고 하자 왕은 노하여 그를 죽였다. 어떤 사람이 말하기를 "월륜과 같다는 것은 왕성한 것이고 월신과 같다는 것은 쇠미한 것이니, 그 뜻은 국가(백제)는 왕성해지고 신라는 점차 쇠미해진다는 의미가 아니겠습니까?"라고 하자 왕은 기뻐하였다. (의자왕 20년 6월조)

불길한 징조로 가득 채워져 있는 위의 '재이'에 대한 기록들은 백제가 망하기까지 내부모순이 중요한 원인으로 자리잡고 있었다는 암시의 예로 내세워졌다고 판단된다. 부여와 서천의 금강 주변지역에는 이외에도 백제가 내적 모순에 의해 멸망을 맞을 수밖에 없었다는 내용을 담고 있는 설화가 적지 않게 전해온다. 그리고 이들 자료가 보여주고 있는 내용을 그대로 역사사실화 함으로써 의자왕의 무능과 횡포 및 부도덕성 등 내부모순을 백제 멸망의 직접적인 원인으로 강조하는 연구도 존재하듯이 재이의 기록이나 설화를 어떻게 받아들여야 하는가는 그것을 다루는 후대인들 각자의 몫으로 남아 있다.

다만, 문제는 이러한 재이 기사나 설화의 대부분이 허구성을 강하게 지닌 기록 또는 이야기라는 사실 자체를 부정할 수는 없는 만큼, 이들이 역사서나 사람의 입에 오르내리게 된 시대배경 및 그것이 유언비어의 수준을 벗어나 어느 정도의 현실성을 지닐 수 있는가의 문제를 간과해서는 안될 것이다. 앞서 살펴 본 인용문 ②의 『삼국사기』 김유신전에 '민(民)이 원망하고 신(神)이 노하여 재괴가 번번이 나타났다'라고 한 내용에서 느낄 수 있듯이 재이론 속에는 천인감응의 천명사상이 사실 강하게 자리잡고 있다. 그렇다면 이들 재이 기사 역시 ①~⑥의 인용 사료들이 지니고 있는 것과 똑 같은 형태의 문제점, 즉 정복자 중심의 역사관이 그 속에 강하게 담겨있다고 보아야 할 것 같다.

따라서 '재이'에 대한 기록이나 설화가 지닌 암시성은 인정하지만, 그 암시 속에 담겨 있는 실재를 찾아내기 위해서는 왜곡의 껍데기를 한 겹 벗겨내야만 하리라고 본다.

『삼국유사』 기이 1, 태종 춘추공조에 소개되어 있는 '타사암(墮死岩)'의 유래에 대한 내용을 보면,

『백제고기(百濟古記)』에는 「부여성(扶餘城) 북쪽 모퉁이에 큰 바위가 있는데 아래로 강물을 내려다 보고 있다. 전해오는 말에 "의자왕이 여러 후궁과 함께 (죽음을) 면하지 못할 것을 알고 서로 말하기를 '차라리 자살해 죽을지언정 남의 손에 죽지는 않겠다'라고 하고는 서로 이끌고 여기에 와서 강에 몸을 던져 죽었다'고 한다」는 내용이 있다. 때문에 세속에서는 타사암이라 부르고 있다 하는데, 이는 속설이

잘못 전해진 것이다. 단지 궁인만이 떨어져 죽은 것이고, 의자왕이 당나라에서 죽은 것은 『당사(唐史)』에도 명문(明文)이 있다.

라고 하여 저자인 일연(一然)이 『백제고기』의 잘못을 지적하고 있다. 또 『신라고전(新羅古傳)』에는 김유신이 당병(唐兵)을 초대해 독약을 먹여 죽인 뒤 모두 쓸어 묻었다는 상주(尙州) 지방의 당교(唐橋)에 대한 전설이 나오는데, 이에 대해서도 일연은 역사적인 전후사실을 들어 그 향전(鄕傳)이 근거가 없다는 것을 밝히고 있다. 이처럼 백제 멸망기에는 실재 사실과 많은 차이를 보이는 전설이나 유언비어가 나돌고 있었던 것으로 여겨진다. 분명한 역사사실조차 근거없는 뜬 소문과 결합하여 진실성을 결여하게 될 정도로 혼란스러웠던 것 같은데, 위에 소개한 각종 재이 기사들 역시 이러한 분위기 속에서 출현한 것으로 볼 수 있겠다. 그렇다면 허구적이거나 견강부회적인 성격을 강하게 지니고 있는 이들 기록의 사실 여부를 논하는 것 자체는 별 의미가 없고, 오히려 이러한 기사가 언제 누구에 의해서 왜 만들어졌을까의 문제에 관심을 기울여야 할 것으로 본다.

3) '천명'과 '재이' 기사의 출현배경 및 우리의 입장
요설(妖說)과 괴소문(怪所聞)으로 이루어져 있는 '천명'과 '재이' 기사의 출현배경을 정확히 밝혀내기는 어렵지만, 두 가지 가능성으로 압축해 볼 수는 있다.

첫째, 현존하는 이들 기록이 정복자의 입장에 동조하는 성격임을 감안한다면, 그것은 정복자들이 자신의 행위의 정당성을 주장하는 동시에 백제 멸망의 필연성을 강조하기 위한 목적에서 의도적으로 위조하거나 과장하여 남겨놓았을 수 있다는 가능성이다.

백제를 무력으로 정복한 입장에서 볼 때, 정치적 야욕의 소산으로 귀결될 수밖에 없는 전쟁이라는 군사 활동의 결과만을 가지고 백제의 멸망을 설명하면 결국은 자신들이 모든 역사적인 책임을 떠안는 것이 된다. 때문에 백제가 스스로 망할 수밖에 없는 문제를 내부적으로 지니고 있었다는 설명을 인위적으로 만들어 그것을 부각시켰을 가능성도 충분히 있다. 다시 말해 왕조 멸망의 원인을 그 왕조의 내부적인 모순 속에서 찾아 후속 왕조의 합법성과 정통성을 제공해주는 중국의 전통적인 역사서술 방법이 백제의 경우에도 그대로 적용됨으로써 의자왕의 실정(失政)을 강조하며 이것을 유교적인 천명사상이나 재이설과 결부시키게 되었고, 그리하여 결과적으로 의자왕에 대한 부정적인 서술 및 여러 가지 멸망조짐에 대한 유언비어들이 만들어져 기록으로 전해지게 되었을 수도 있다는 것이다. 당나라의 능주장사판병조(陵州長史判兵曹)로 있던 하수량(賀遂亮)이 의자왕 정권의 붕괴와 거의 동시에 작성한 것으로서 이미 위에 인용해 놓은 바 있는 ① 「대당평백제국비명」의 내용이나 유인궤가 지은 ③ 「취리산 맹약문」 등은 백제 역시 승리자들에 의해 이러한 논법이 가해지고 있었음을 보여준다.

둘째, 백제 멸망기에 실재로 각종 재이에 대한 소문이 떠돌아다녔기에 그것이 기록으로 남겨졌을 수도 있는데, 이러한 가능성이 첫째 경우보다 더 많았을 것 같다. 다만 문제는 이와 같은 상황이 벌어진 배경을 어떻게 이해해야 할 것인가에 있다고 하겠다.

천인감응설 속에서 '인(人)'의 잘못에 대한 '천(天)'의 경고 및 응징적 성격으로 인식될 수 있는 요설과 괴소문들이 그것을 믿는 민심을 뒤흔들어 왕조의 동요를 가져오게 만드는 좋은 수단으로 활용될 수 있다는 점은 의심의 여지가 없다. 그렇다면 신라와 같은 적대국가가 전략적인 필요에서 첩자를 이용해 백제사회 내부에 이들을 유포시켜 놓았을 가능성도 있겠고, 아니면 655년 이후 새롭게 전개된 의자왕의 정계 개편 작업에 찬성하지 않거나 여기에서 소외된 반대세력 또는 불만분자가 의자왕의 정치에 반감을 품고 퍼뜨린 유언비어일 수도 있을 것이다.

표현을 바꾸어 말하면, 첩보전 혹은 공작정치의 산물로서 요설과 괴소문이 난무했을 가능성도 있다는 것이다. 전쟁 중에 국가 차원에서 유언비어를 날조하여 유포시키고 있는 예는 오늘날에도 찾아볼 수가 있다. 얼마 전 미국과 이라크 사이에 전쟁이 한창 진행 중일 때 이라크 중부 카르발라에서 알리 아비드 민카슈라는 농부가 구식 AK-47소총으로 미군의 최신예 아파치헬기를 격추시켰다고 이라크 정부가 주장하며 그를 용감한 농부로 치켜세우고 항전을 촉구한 일이 있었다. 그리하여 그가 사는 마을에서는 '민카슈가 걸프 만에 낚시하러 간다는 정보를 입수하면서 미군이 함대의 철수를 결정했다'는 우스갯소리도 나돌았다고 하는데, 후에 그 당사자는 정부 관리들이 시켜서 거짓말을 하게 된 것이라고 인터뷰에서 밝혔다고 한다. 백제 무왕이 왕위에 오르기 전 신라의 선화공주를 부인으로 맞이하기 위해 몰래 신라로 가서 '서동요'를 유포시켰다는 『삼국유사』 기이 2, 무왕조의 내용은 그것의 실재성이나 역사적인 의미 등에 관한 탐구가 앞으로 더 있어야 하겠지만, 여기에서 알 수 있는 분명한 사실은 당시에도 필요한 경우에 헛소문이나 유언비어를 조작하여 혼란을 야기시키는 방법이 실제로 활용되고 있었다는 것이다.

삼국이 서로 첩자를 파견하거나 적진(敵陣)의 사람을 매수하여 정보를 입수하고 있는 모습은 여러 자료에서 확인이 가능하다.

고구려의 경우, 장수왕은 도림(道琳)이라는 중을 백제에 첩자로 들여보내 흉계를 꾸미게 함으로써 결국 백제의 수도 한성을 점령하고 개로왕을 죽이게 되었다는 내용이 『삼국사기』 백제 개로왕 본기 21년 9월조에 있고, 같은 책 김유신전에 의하면 보장왕 때에는 구원병을 요청하기 위해 고구려에 온 김춘추를 억류하여 김유신이 용사(勇士) 3천명을 출병시키려 하자 고구려 첩자인 중 덕창(德昌)이 이러한 사실을 고구려에 알려 왔다고도 하며,[20] 또 고구려가 백석(白石)이란 자를 신라에 첩자로 파견하여 김유신을 제거하려 했다는 일화도 『삼국유사』 기이 1, 김유신조에 전해온다.

백제의 경우는, 『삼국사기』 신라 태종무열왕 본기 7년 8월 2일조에 보면 의자왕이 항복한 후 신라가 모척(毛尺)과 검일(黔日)이라는 신라인을 처형하고 있는 기록이 눈에 띄는데, 대야성 전투시 백제를 도와

성이 함락되도록 했다는 것이 그들의 죄목이다. 신라인과의 내통 사실을 보여주는 이러한 예를 통해 백제 역시 첩보전이나 공작정치에 힘을 기울였음을 확인해 볼 수 있겠다.

신라는 부산현령(夫山縣令)으로 있다가 백제와의 전투에서 포로가 되어 좌평 임자(任子)의 집에 종으로 배당된 조미곤(租未坤)을 이용해 임자를 포섭한 뒤 백제 안팎의 사정을 알아내고 있는 모습이 『삼국사기』 김유신전에 보인다. 임자는 충직하게 일하는 조미곤을 신임하여 집밖을 자유로이 드나들게 했다고 한다. 하루는 조미곤이 신라로 도망해 김유신에게 백제의 형편을 낱낱이 고해 바쳤는데, 김유신은 다시 그를 백제로 보내 임자를 포섭하도록 하고 있다. 그리하여 백제로 돌아온 조미곤은 임자의 포섭에 성공하고는 또 신라로 돌아가 백제의 국내 사정을 자세히 보고함으로써 김유신은 백제의 내정을 꿰뚫어 보게 되었고, 그 결과 군사공격까지 결심하게 되었다는 것이다.

좌평 임자는 655년 이후 새롭게 전개되던 의자왕의 정치에 반대하거나 정계개편 작업에서 소외되어 불만을 갖게 된 인물로 볼 수 있을 것 같다. 신라의 김유신은 첩자를 활용하여 이러한 인물을 매수하고 있음이 눈에 띄는데, 백제 말기의 재이에 관한 각종 소문들 역시 이들 첩자나 첩자에게 매수된 내부인들이 유포시킨 공작정치의 산물이었을 가능성도 배제할 수는 없다. 백제에서 재괴가 빈번하게 나타나고 있다는 내용이 『삼국사기』 김유신전에 소개되어 있는 것도 시사하는 바가 크다고 하겠다.

백제 말기 의자왕에 대한 부정적인 서술과 각종 멸망의 조짐에 대한 기록을 어떻게 받아들여야 하는가는 후대인들의 몫이다. 현재는 이들 기록이 사실을 반영한다고 보는 분위기가 강한 것 같다. 그러나 현존하는 대개의 기록은 백제보다 정복자인 당나라나 신라의 편에 서서 쓰여진 것임을 주목할 필요가 있다. 즉, 의자왕 말기의 정치에 대한 사료상의 내용은 여러 가지 가능성을 생각하며 그 진위를 판단해야 하는데, 백제 멸망의 조짐으로 해석되는 각종 재이에 대한 『삼국사기』의 기사는 유언비어적인 성격이나 과장이 심하여 현실성을 결여하고 있는 것이 분명한 만큼 상기한 바와 같은 가능성 속에서 정복자 또는 적대세력이나 불만분자, 첩자 등에 의해 조작되었을 확률이 크다고 보아야 하겠다.

　백제의 멸망하면 우선적으로 떠오르는 것이 의자왕의 술(酒)로 인한 타락과 방탕한 생활 및 삼천궁녀의 한이 얽힌 낙화암의 고사일 것이다. 이들 고사는 많은 사람들 사이에서 자주 화제의 대상이 되고 있는데, 이들을 중심으로 하여 이루어지고 있는 의자왕의 정치와 백제 멸망에 대한 후대인들의 평가 문제도 여기에서 다루어 보고 싶다.

　고려의 김부식은 『삼국사기』에서 의자왕을 궁인과 더불어 음황하고 탐락하며 음주를 그치지 않은 인물로 묘사해 놓았고, 일연도 이후 『삼국유사』 기이 1, 태종 춘추공조에서 의자왕이 주색에 빠져 정사를 어지럽히고 나라를 위태롭게 했다고 지적한 바 있다. 『조선왕조실록』에서 백제와 관련되어 있는 기사를 찾아보면, 의자왕이 술을 좋아하며 충신의 말에 귀를 기울이지 않았기 때문에 백제가 망했다는 지적이 한결같이 거론되고 있는데, 이러한 인식은 『삼국사기』나 『삼국유사』와 같은 고려시대 역사서의 영향 위에서 형성된 것으로 보아야 하지 않을까 생각한다. 그리고 이와 같은 조선시대의 백제사 인식이 그대로 이어져 오늘날까지 전해 온 느낌이다.

그러나 고려시대 이전의 백제 멸망기에 쓰여진 것으로 볼 수 있는 의자왕에 관한 기사에서는 술과 관련된 문제를 지적하고 있는 예가 눈에 띄지 않는다. 「대당평백제국비명」·「유인원기공비」·「취리산 맹약문」·「부여륭 묘지명」·『일본서기』 등에서 의자왕의 문제점으로 지적되고 있는 내용을 찾아보면, '천(天)'을 거스르는 무도한 행위, 이웃 나라와의 불화, 충신을 핍박하고 아첨을 좋아한 일, 천자의 뜻을 거역한 일, 요녀가 국권을 찬탈하고 현량을 주살한 일 등이 전부이다. 물론 이들 기록은 전술했듯이 백제를 헐뜯으려는 정복자들의 일방적인 주장일 가능성이 크다. 따라서 만일 의자왕이 애초부터 술 때문에 많은 문제점을 지니고 있었다면 그 내용 또한 빠트리지 않고 지적되었을 것이다. 그런데 이들 초기의 기록에는 그러한 사실이 보이지 않다가 고려시대의 역사기록에 와서야 비로소 언급되기 시작하고 있다. 이로써 볼 때 술과 관련되어 전해오는 의자왕의 방탕한 생활에 대한 이야기는 사실과 다르며, 의자왕의 부정적인 인간상을 강조하려 한 후대인들이 개인적인 취향을 폄훼수단으로 이용하기 위해 의도적으로 부풀려 놓은 것임을 알 수 있다.

의자왕과 연결시켜 생각할 수 있는 낙화암과 삼천궁녀에 얽힌 이야기도 분명한 이해를 필요로 한다.

고려 말기에 활동한 이곡(李穀)이 부여를 회고하며 쓴 시에서 '천척 푸른 바위 낙화라 이름 했네(千尺翠岩名落花)'라고 표현하고 있듯이 낙화암이란 명칭은 이미 고려시대에 사용되고 있었다. 그러나 삼천궁녀에 대한 내용은 고려시대의 기록에서 찾아볼 수 없다. '삼천'이란 숫자가 들어간 첫 기록은 조선시대인 15세기 후기에 김흔(金訢)이 낙화암에 대한 시를 쓰며 '삼천궁녀들이 모래에 몸을 맡기니(三千歌舞委沙塵)'라는 표현으로 나타나고 있다. 이어서 16세기 초에 민제인(閔齊仁)도 「백마강부(白馬江賦)」에서 '구름같은 삼천궁녀 바라보고(望三千其如雲)'라는 표현을 쓰고 있다. 결국 낙화암과 관련시켜 삼천궁녀라는 표현을 쓰고 있는 예는 조선시대에 들어와서야 비로소 눈에 띄며, 그것도 시적(詩的)인 문장 속에서 나타나고 있음을 볼 수 있다.

중국의 문학작품에서는 많다는 의미의 극적인 표현을 위해 '삼천'이란 용어가 자주 등장한다. 예를 들어 당나라 이태백(李太白)의 시에서 '날라 흐르며 삼천 척을 곧바로 내려가네(飛流直下三千尺)'라는 표현은 매우 높은 곳에서 떨어지는 폭포의 모습, '백발이 삼천 장이다(白髮三千丈)'라는 표현은 하얗고 긴 머리털을 의미하며, 이익(李益)의 시에 보이는 '강 위에 삼천 마리의 기러기(江上三千雁)'는 강 위에 떠 있는 수많은 기러기의 시적인 표현으로 사용되고 있다. 양귀비(楊貴妃)를 노래한 백거이(白居易)의 「장한가(長恨歌)」에서도 '후궁에 미녀들 삼천이

넘건만 삼천 후궁이 받던 총애를 한 몸에 받는구나(後宮佳麗三千人 三千寵愛在一身)'라고 하여 많은 수의 여인을 나타내기 위해 '삼천'이란 용어가 쓰이고 있다.

타사암 전설에 대한 『삼국유사』의 소개에서도 나타나듯이 의자왕 정권이 붕괴되던 당시 낙화암에서 많은 수의 궁인이 뛰어내려 죽은 것은 사실로 여겨진다. 물론 그들의 수가 얼마나 되었는지 밝힐 수는 없지만, 이러한 슬픈 역사적 사실을 김흔이나 민제인 같은 조선시대 문인들이 시의 소재로 삼으면서 '삼천'이라는 중국의 문학적인 표현수법을 동원하여 극적인 효과를 꾀했다고 보아야 하겠다. 따라서 우리가 오늘날 일반적으로 사용하고 있는 '삼천궁녀'라는 말은 문학적인 표현에서 시작된 것이라는 사실과 함께 그것이 실제의 수를 염두에 두거나 사실 자체를 밝히기 위해 나오게 된 것이 아님을 인식할 필요가 있다.

요컨대, 의자왕의 생활을 술과 관련시켜 방탕하게 묘사하기 시작한 것은 고려시대부터였고, 삼천궁녀와 낙화암에 대한 이야기는 조선시대에 들어와서야 출현하고 있다. 과도한 음주와 삼천궁녀를 밑그림으로 하고 있는 의자왕의 생활상은 그의 집권 시기로부터 멀리 떨어진 고려시대나 조선시대의 사람들에 의해 그려져서 지금까지 전해오게 되었다는 것을 알 수가 있다. 따라서 그 내용이 지니는 역사성도 그만큼 떨어지기 때문에 그것의 사실 여부를 논하는 것 역시 큰 의미가 없다고 보아야 할 것이다.

부여륭의 백강구전투 참여와 웅진도독부체제의 성격

　의자왕의 정권이 붕괴된 후 의자왕과 함께 당나라로 끌려간 의자왕의 아들 부여륭이 백제의 옛 영광을 되찾기 위해 기울인 노력은 실로 눈물겨운 것이었다고 할 수 있다.

　여기에서는 의자왕이 나·당 연합군에게 항복하고 당 나라로 끌려간 뒤 일어난 백제부흥운동 및 웅진도독부(熊津都督府)의 실질적인 성격을 밝힘으로써 백제 멸망의 진실은 어디에 있었다고 보아야 할 것인가 하는 문제를 다루어 보겠다. 특히 백제부흥운동의 결과와 웅진도독부체제의 실질적인 성격을 밝히는 데에 관심을 집중시키려 한다.

1. 부여륭 관련자료의 문제점과 실상

1) 부여륭 관련 자료의 문제점

　1920년 중국 하남성 낙양의 북망산에서 출토되어 현재 하남 개봉도서관에 소장되어 있는 「부여륭 묘지명」 외에 부여륭에 관하여 자세한 정보를 담고 있는 다른 자료는 찾아볼 수가 없다. 게다가 얼마 되지 않으면서 단편적으로 흩어져 있는 자료들마저 동일한 사안에 대해 서로 다른 설명을 하고 있는 경우가 많다. 또한 오늘날의 연구자들 역시 부여륭 한 명을 가지고 여러 가지 다른 이야기를 내놓고 있는 실정이어서 그에 대한 이해를 더욱 어렵게 만들고 있다. 이하에서는 이러한 사료상의 기록과 연구자들의 연구내용이 지니고 있는 문제점의 실상을 밝혀서 보다 객관적인 부여륭의 모습을 찾는 데에 관심을 모아 보기로 하겠다.

부여륭에 관한 자료가 부족한 가운데에서도 「부여륭 묘지명」이 그런 대로 중요한 작용을 하여 묘지명 분석을 중심으로 한 몇 편의 글이 국내외에서 발표되었다. 그리고 그에 따라 묘지명 자체의 성격이나 부여륭의 웅진도독으로서의 활동 내용, 그가 죽은 시간과 장소, 나이 등 문헌자료에서 알기 힘들었거나 또는 잘못 기록되었던 내용을 바로 잡아 밝히는 소정의 성과도 거두게 되었다. 예를 들어, 『구당서』와 『신당서』의 백제전이나 『삼국사기』의 의자왕 본기 등에서는 부여륭이 677년 웅진도독 겸 대방군왕으로 임명되어 백제 땅에 파견되었으나 신라의 위세에 눌려 감히 들어가지 못하고 고구려 지역에 머물다가 그곳에서 죽은 것으로 되어 있는데, 그의 묘지명을 통해 그가 사실은 682년 68세의 나이로 중국 낙양의 자기 집에서 사망하였음을 알게 되었다.

그러나 기본적인 사실관계 몇 가지를 밝힌 것 외에 부여륭에 관한 심층적인 연구는 아직도 진행되고 있지 못한 것 같다. 이러한 상태에서 사료상의 서로 다른 내용을 둘러싸고 연구자들 사이에 각기 다르게 제시되고 있는 견해 차이 역시 좁혀지지 않고 있는 부분이 많이 눈에 띈다.

필자는 이미 앞에서 의자왕의 실상을 설명하기 위한 방편으로 부여륭에 관한 몇몇 문제점과 그 진상을 규명한 바 있다. 즉, 637년 중국에 사신으로 파견되어 간 인물은 누구였을까 하는 문제, 다시 말해 당시의 백제왕이었던 무왕(武王)의 태자 의자(義慈)였을까 아니면 그 의자의 아들 부여륭이었을까 하는 문제에 대해 살펴보면서 사료의 탈자(脫字) 가능성이 다른 어느 경우보다 크기 때문에 부여륭으로 보아야 한다는 사실을 지적했다. 그리고 현재 가장 큰 논쟁점으로 자리잡고 있는 부여륭의 태자로서의 신분문제와 자식으로서의 서열문제는 모든 관련 사료의 성격과 내용을 객관적으로 분석한 결과, 부여륭이 처음부터 끝까지 의자왕의 적장자로서 태자의 자리에 있었음도 자연스럽게 밝혀 놓았다.

따라서 의자왕이 즉위하고 4년째 되는 644년 태자의 자리에 오르게 되는 부여륭은 이미 무왕 시대인 637년 23세의 나이 때부터 사신으로 왕래하며 중국과 관계를 맺고 있음을 알 수 있었다.

부여륭의 실상을 파악하려 할 때 우리가 겪게 되는 어려움은 크게 두 가지이다. 하나는 양적인 측면에서 관련 자료의 수가 절대적으로 부족하다는 것이고, 또 하나는 이러한 수적인 빈곤 속에서도 동일한 사건을 다른 내용으로 설명하고 있는 사료들이 여기저기 자리잡고 있다는 것이다.

결국, 이렇게 사료적인 한계가 크고 문제점이 많을수록 우리는 남아 있는 사료에 대한 접근을 더욱 신중하게 해야 할 것으로 본다. 본서에서는 이 부분에 가장 많은 신경을 쓰려하는데, 사료의 신뢰도 문제는 해당 사료 기록자의 성격 문제, 사료가 만들어진 시기적인 차이 문제, 사료 내용의 현실성 문제, 사료가 만들어질 당시의 배경과 시대 상황 문제에 의해 결정되어야 할 것이다.

2) 부여륭에 관한 사료의 분석과 실상 파악

부여륭과 관련되어 있는 사료 중에서 필자는 다음과 같은 세 가지 내용을 주목해 보고자 한다.

첫째, 백제의 태자로서 645년 정월 중국에 조공사신으로 파견되었다고 『책부원귀』 외신부, 조공 제3에 나오는 부여강신(扶餘康信) 및 『당회요(唐會要)』 백제조에 소정방이 포로로 잡아갔다고 나오는 태자 숭(崇)은 누구일까.

둘째, 660년 백제의 사비성이 나·당 연합군에게 함락당할 때 부여륭은 사비성에서 최후의 항전에 참여했나 아니면 의자왕과 함께 웅진성으로 피난을 갔나.

셋째, 백강구 전투에서 나·당 연합군이 승리한 이후 부여륭을 웅진도독으로 삼았다고 기록해 놓고 있는 대부분의 사료들과 달리 『자치통감(資治通鑑)』에서는 시종일관 웅진도위(熊津都尉)로 삼았다고 하고 있는데, 그 이유와 진실은 무엇인가.

우선 첫째 문제를 해결하기 위해서는 『당회요』의 내용부터 살펴보아야 할 것 같다.

소정방이 포로로 잡아간 태자는 '륭'이 분명하지만 『당회요』에서는 이를 '숭'으로 기록하고 있다. 그렇다면 '륭'과 '숭'은 동일 인물이어야 하는데 『당회요』는 왜 '숭'으로 기록하고 있을까. 가능성은 두 가지이다. 하나는 '숭'이 태자가 아닌 의자왕의 여러 아들 중 한 명인데 『당회요』에서 착각하여 태자라고 잘못 표현해 놓았을 가능성이고, 또 하나는 '륭'을 어떤 이유에서인지 그대로 기록하지 못하고 이름을 바꾸어 놓았을 가능성이다.

이 중 앞의 가능성은 납득할만한 설명이 어려울 뿐만 아니라 여기에서 어떤 역사적인 사실성도 끄집어 낼 수가 없다. 그러나 뒤의 가능성은 『당회요』의 사료적인 성격을 감안할 때 현실성이 크다고 할 수 있을 것 같다. 『당회요』가 편찬된 시기는 송 왕조가 건국된 바로 다음 해인 961년이다. 그러나 이 책은 당나라 때 쓰여진 역사기록을 수집해서 모아놓은 성격이 강하기 때문에 책의 기사 속에는 당대적(唐代的)인 표현이 상당 부분 그대로 담겨 있을 수 있고, 그렇다면 당나라 제6대 황제인 현종(玄宗)의 이름이 '륭기(隆基)'였으므로 그 이름 글자인 '륭'자를 피하기 위해 피휘법(避諱法) 차원에서 '륭' 대신 '숭'으로 바꾸어 기록했을 가능성은 얼마든지 있는 것이다.

『책부원귀』의 내용도 『당회요』의 경우와 마찬가지로 생각해 보고 싶다. 부여강신이라는 이름은『책부원귀』와『문관사림(文館詞林)』에만 있고 다른 곳에서는 찾기 힘들다.『책부원귀』에서는 그를 백제 태자라고 기록해 놓았고,『문관사림』에서는 당 태종을 만나 의자왕의 말을 직접 전달한 것으로 나올 만큼 비중이 큰 활동을 하고 있다. 그럼에도 그 이름은 위의 두 사료에서 같은 사건을 서술할 때 각기 한 번씩만 보일 뿐인데, 이들 기록은 둘 다 당나라 때에 쓰여진 것을 그대로 옮겨왔다고 볼 수도 있는 것이어서 숨은 내막이 있는 듯한 인상을 받게 된다.

『책부원귀』는 당 이후의 왕조인 송 진종 때 편찬되었다. 따라서 이 곳에서는 피휘(避諱)의 부담 없이 부여륭의 이름이 곳곳에서 그대로 쓰이고 있다. 그러나 이 책은 당나라의 순수한 역사사실을 종류별로 나누어 기록한 것이어서『당회요』와 마찬가지로 그 안의 기사 중에는 당나라 때의 것이 그대로 수집되어 담겨 있는 것도 있을 수 있다.『문관사림』의 '당태종여백제의자왕서(唐太宗與百濟義慈王書)'는 당 현종이 태어나기 이전인 태종 때에 원본이 쓰여졌겠지만, 현재 전해오는 것은 후대의 필사본이다. 때문에 이 필사본이 쓰여질 당시에는 역시 피휘법이 적용되어 '륭'이란 글자를 쓸 수 없는 분위기였을 수도 있는 것이다.

『책부원귀』에서 백제태자 부여강신이 중국에 파견되어 온 것으로 기록해 놓고 있는 시기는 645년 정월이다. 그리고『문관사림』에서는 의자왕이 그를 644년 12월경에 파견한 것으로 나와 있다. 이는 부여륭이 644년 5월에 태자로 임명된 뒤 일어난 일이기 때문에 당시의 백제 태자는 분명히 부여륭이었다. 그렇다면 부여륭과 부여강신은 같은 사람이라는 결론이 나올 수밖에 없다.

『문관사림』에 보이듯이 당시 부여강신의 역할은 상당히 비중이 큰 것이어서 아무에게나 그것을 맡길 수 있는 형편이 아니었다. 그렇다면 그 역할의 담당자가 의자왕의 적장자로서 당시 태자로 있던 부여륭이었을 가능성은 더욱 커지게 된다. 따라서 『책부원귀』와 『문관사림』에 나와 있는 기사 역시 『당회요』의 경우처럼 당 현종의 이름 글자인 '륭'자를 피하기 위해 부여륭을 부여강신으로 바꾸어 기록한 것이라는 해석이 어느 정도 타당성을 얻을 수 있다. 이외에 또 다른 해석으로서 부여륭이 어떠한 이유에서인지 당시에 자신의 본명 대신 '강신'이란 이름을 사용했거나, 또는 '강신'이 부여륭의 자(字)였을 수도 있는데, 이에 대한 구체적인 논증은 어렵지만 여하튼 부여륭과 부여강신이 같은 인물인 것은 거의 틀림이 없다고 판단된다.

결국 이상의 내용을 받아들인다면, 태자가 되기 이전부터 중국에 왕래하던 부여륭은 태자가 된 이후에도 자신이 원해서였건 아니면 정치적인 필요에 의해서였건 중국에 사신으로 파견되어 당 태종을 직접 만나 백제의 현안 문제를 논하는 등, 중국과의 관계에서 매우 중요한 역할을 수행하고 있음을 느낄 수가 있다.

둘째 문제는 사비성이 함락당할 때의 상황에 대한 『삼국사기』의 기록이 『구당서』를 비롯한 중국 쪽 자료와 내용상으로 많은 차이를 보이고 있기 때문에 발생한 것이다. 따라서 각 사료의 성격만 정확히 이해한다면 이 문제는 쉽게 풀릴 수 있으리라 생각한다.

『삼국사기』에서 문제가 되는 기사 내용을 뽑아보면, 나·당 연합군이 사비성으로 진격해 오자 의자왕과 태자 효(孝)는 북쪽으로 피난을 갔으며, 성 안에는 의자왕의 둘째 아들 태(泰)와 태자의 아들 문사(文思), 왕자 륭(隆) 등이 남아 저항하다가 태가 스스로 왕이라 자처하자 문사와 륭 등은 이에 반발하여 당군(唐軍)에게 투항하였고, 그리하여 속수무책이 된 태도 결국은 항복했으며 의자왕과 효 또한 얼마 뒤 항복한 것으로 나와 있다. 그러나 이미 의자왕의 실상을 다룬 앞부분에서 부여륭의 태자로서의 지위 문제에 대한 사료들을 검토한 결과 『삼국사기』의 부여륭 관련기사는 중국 쪽 기록에 비해 신뢰도가 매우 낮다는 것을 밝힌 바 있다. 따라서 부여륭과 관련된 『삼국사기』의 위와 같은 내용도 중국 사료와의 비교를 통해 그 진상을 밝혀야만 하겠다.

『삼국사기』의 내용과 달리 『구당서』 소정방전에는, 의자왕과 태자 륭이 북쪽으로 피난간 뒤 사비성에 남은 둘째 아들 태가 왕을 자처하자 이에 불만을 품은 적손(嫡孫) 문사는 좌우를 거느리고 투항했고, 그리하여 결국 태도 항복했다고 나와 있다. 『신당서』의 소정방전이나 백제전에도 같은 내용이 실려 있다. 한편 「대당평백제국비명」에 보면 륭은 태자, 효는 외왕(外王)이라 되어 있는데, 『구당서』나 『신당서』의 백제전에는 효가 소왕(小王)이라 되어 있다. 륭은 한결같이 태자로 기록되고 있는데 비해 효의 경우는 외왕이나 소왕이란 명칭으로 사료에 따라 다르게 소개되고 있다. 아마도 태자 외의 비중이 큰 왕자들에게는 외왕이나 소왕이라 불리는 일정한 지위를 부여해 주지 않았나 싶은데, 중국에서 황제의 아들들에게 일종의 작위로서 주어지던 번왕(藩王)을 연상시키는 면이 있다. 『자치통감』도 『구당서』나 『신당서』와 같은 내용이지만, 문사의 경우는 적손이나 손자라는 표현보다 좀더 직접적으로 륭의 아들이라 기록해 놓고 있어 주목된다.

이상의 중국 사료들을 이용해 『삼국사기』의 내용을 바로잡는다면, 피난을 간 것은 의자왕과 태자 륭이었고 사비성에서는 의자왕의 둘째 아들 태와 손자인 문사 등이 항전하다가 태가 왕을 자처하면서 내분이 일어나 모두 항복하게 되었음을 알 수 있다. 그리고 문사는 『삼국사기』의 기록과 달리 태자 륭의 아들이었음이 분명하다. 또 효는 『삼국사기』에서 왜 태자로 기록해 놓았는지 알 수 없으나, 사실은 태자가 아니라 외왕 또는 소왕이라 불리는 지위에 있었다고 보아야 하겠다.

요컨대, 나·당 연합군의 공세가 급박해지면서 태자륭은 나이가 많은 의자왕을 모시고 피난을 갔고, 대신 동생 태와 아들 문사에게 사비성의 수비를 맡겼던 것 같다. 그런데 태가 왕으로 자처하여 문사와 갈등이 커지면서 두 사람은 반목 속에 모두 항전의 의지를 잃고 소정방에게 항복한 것으로 보인다. 그리고 상황이 이렇게 예상 밖으로 변하자 희망을 잃게 된 의자왕과 부여륭도 곧 항복을 선택하게 된 것이라 생각된다. 물론 이들이 이와 같이 쉽게 항복한 내면에는 전술했듯이 당시 당과 백제와의 전쟁이 국운을 건 싸움이라기보다 정권쟁탈전과 같은 성격이 강했다는 이유도 자리잡고 있었다고 보아야 하겠다. 그렇기 때문에 백제의 멸망이라는 중압감에서 벗어나 정권을 내놓는다는 보다 가벼운 마음에서 항복을 선택하였을 수도 있는 것이다.

셋째 문제는 사료의 가치평가나 사료의 내용분석 능력 여하에 의해서 역사사실의 본말이 뒤바뀌어 진실을 잃어버릴 수도 있다는 것을 알게 해주는 예이기에 더욱 관심을 끈다.

백강구(白江口)전투에서 나·당 연합군이 승리한 이후 부여륭은 웅진도독에 임명된 것으로 대부분의 사료에는 나와 있다. 그러나 『자치통감』만은 그러한 사실을 부정하며 부여륭이 웅진도위(熊津都尉)에 임명된 것이라 고집하고 있다. 『자치통감』 및 『자치통감고이(資治通鑑考異』 당기 17의 고종 인덕(麟德) 원년(664) 겨울 10월조에 보면, 당시 검교웅진도독(檢校熊津都督)이었던 유인궤의 상언(上言) 내용을 소개한 뒤에 부여륭을 웅진도위로 삼았다고 하여 웅진도독을 웅진도위라 고쳐 기술하면서 그 이유에 대해 설명하고 있다. 이들 책의 저자인 사마광이 내세우고 있는 이유는 다음과 같다. 즉, 실록(實錄)의 이 해 기록에는 부여륭이 웅진도독에 임명된 것으로 나와 있으나 당시 유인궤가 웅진도독이었는데 어찌 다시 륭을 웅진도독으로 삼을 수 있겠는가 의문을 제기하며, 실록의 다음 해 기록에는 웅진도위 부여륭이 김법민(신라의 문무왕)과 맹약을 맺었다고 기록되어 있으므로 이 기사를 따라 웅진도위에 임명되었다고 보아야 한다는 자신의 생각을 밝히고 있다.

『자치통감』의 이러한 내용은 결국 같은 계열의 책인 『통감기사본말(通鑑紀事本末)』의 같은 조에도 그대로 영향을 미쳐서 그곳에도 역시 부여륭이 웅진도위로 임명되었다고 나와 있다. 만일 우리가 사료에 대한 별다른 문제의식 없이 이들『자치통감』계열의 책들을 접하게 된다면 부여륭은 664년 10월 웅진도위에 임명되었다는 결론을 내릴 것이다.

그러나 다른 사료로 눈을 돌려보면, 사마광의 이 부분에 대한 역사해석은 사실과 거리가 아주 멀다는 것을 곧바로 느끼게 된다. 바로 다음해인 665년 8월에 부여륭은 유인궤의 주선으로 신라 문무왕과 웅진 취리산에서 화친의 맹약을 맺는데, 이 때 유인궤가 지은 맹세문 속에는 부여륭이 웅진도독에 임명된 사실을 분명하게 밝히고 있다. 사마광이 부여륭을 웅진도위라고 주장하기 위해 결정적인 근거로 삼고 있는 실록의 기사는 바로 이 사건을 다룬 것인데, 당시에 작성된 맹세문에서 부여륭을 웅진도독이라 직접 밝히고 있으니 이 실록의 기사가 잘못되었다는 것은 의심의 여지가 없다. 사마광은 잘못 기록된 사료를 증거로 채택하는 실수를 범한 것이다. 「부여륭 묘지명」에도 이 무렵 부여륭을 웅진도독으로 삼았다는 내용이 분명하게 쓰여 있다. 이들 사료는 신뢰도 면에서 그 어떤 사료보다도 앞서는 직접 사료이다. 때문에『자치통감』에서 부여륭이 웅진도위에 임명되었다고 주장하는 사마광의 태도는 역사의 진실을 뒤바꿔놓는 위험한 행동임을 알 수가 있다.

그렇다면, 중국사학사에서 저명한 역사가로 손꼽히는 사마광이 왜 이렇게 어처구니없는 실수를 했을까. 이에 대한 원인으로는 사마광 개인의 문제점을 지적하기에 앞서 중국의 송나라 때 새롭게 형성된 정치사회분위기에 대한 이해가 선행되어야 하리라고 본다.

중국인들이 오랜 옛날부터 지녀온 지역적·민족적·문화적·경제적 우월의식으로서의 중화사상은 주변민족과의 관계에서 서로 모순되는 두 가지 양면적인 모습을 보이며 전해내려 왔다. 당나라와 같이 중국이 군사적으로 주변민족보다 압도적인 우위에 있으면서 중화의 정치적 지도자인 천자(天子)가 그 덕화(德化)를 가까운 곳에서 먼 곳까지 미쳐 천하를 포괄한다는 세계주의적인 이념을 발휘할 수 있는 한 중화사상은 극히 관용적이고 개방적인 박애주의로 나타났다. 반대로 덕화의 중심 주체가 되어야 할 중국민족의 우위성이 부정되는 비정상적인 상태에서는 극히 편협한 보수적 배타주의의 경향을 나타냈다. 송대의 중국은 당말·오대 이래로 급속히 성장하고 있던 요·금·원 등 소위 정복왕조들과의 관계에서 시종 열세를 면하지 못했다. 따라서 중국 중심의 국제질서를 완성하고 주변 각국의 정치인·종교인·상인·유학생들을 수도 장안으로 적극 수용함으로써 주변민족에 대해 우위의 입장에서 포용적인 자세를 보여주던 당나라와 달리 송은 동등하거나 열세의 위치에 서서 주변민족에 대해 강한 배타의식을 보이게 되었다. 다시 말해 송대 사대부들의 주변민족에 대한 감정 속에는 배타의식이 강하게 자리잡은 것으로 나타나고 있다.

사마광이 『자치통감』을 쓰면서 부여륭이 웅진도독에 임명된 엄연한 역사적 사실을 외면한 채, 그에게 웅진도위로서의 지위를 부여해주어 그 위상을 낮추어 놓으려 한 이해하기 어려운 행위도 사실은 주변민족에게 배타적인 자세를 강하게 지니고 있던 송대 사대부들의 역사의식의 소산으로 여겨진다. 사마광은 위에서 소개했듯이 나름대로의 이유를 대고 있으나 이것도 사실은 역사왜곡의 한 형태로 받아들일 수 있다. 『자치통감』의 저자인 사마광은 중국사에서 유명한 역사학자로 손꼽히는데, 그 역시 자신이 속해 있던 정치사회의 분위기로부터 자유롭지 못하고 그 영향을 받고 있는 인간으로서의 한계를 느끼게 해 준다. 『자치통감』에서 그가 부여륭을 웅진도위로 기록해 놓고 있는 것은 송대의 사회분위기가 만들어 낸 역사왜곡의 한 형태로 보아야 하겠다.

결국, 부여륭은 태자가 되기 이전부터 중국에 왕래하며 중국의 정치분위기에 익숙해 있었기 때문에 의자왕의 정권이 붕괴되고 포로로 잡혀간 뒤에도 비교적 쉽게 적응할 수 있었고, 그리하여 나름대로는 이러한 상황을 잘 이용하여 잃어버린 자신의 지위와 백제의 옛 영광을 되찾으려 노력을 기울임으로써 웅진도독의 자리에까지 오를 수 있었던 것으로 판단된다. 사실 「부여륭 묘지명」에는 그의 이러한 노력 내용이 잘 나타나 있다.

2. 백제인의 부흥운동과 당나라의 기미정책

1) 계백장군과 황산벌 전투에 대한 새로운 평가

의자왕 정권의 붕괴를 전후하여 백제인들이 보여준 활동내용으로는 크게 세 가지가 주목된다. 첫 번째는 계백장군처럼 죽음으로 항거한 사람들이고, 두 번째는 복신이나 도침, 풍왕과 같이 살아서 나·당 연합군에게 무력으로 대항한 사람들이며, 세 번째는 부여륭과 같이 당과 손을 잡고 백제부흥을 도모한 사람들이다. 두 번째와 세 번째는 살아남아서 백제의 부흥을 꾀했다는 점에서는 같으나, 활동내용은 완전히 극과 극의 대조를 보이는 서로 다른 계통의 사람들이다. 세 부류의 사람들 중 여기에서는 나·당 연합군에게 무력으로 대항한 앞의 두 부류와 이들에 대한 신라의 대응 및

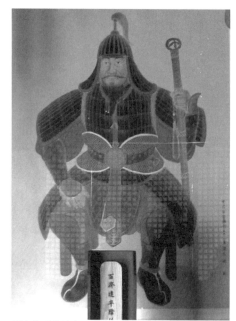

부소산 삼충사에 모셔져 있는 계백장군의 영정

당나라의 기미정책에 대해 살펴보기로 하고, 세 번째 부여륭의 경우는 다음 절에서 다루기로 한다.

계백장군의 황산벌전투에 대한 내용은 우리에게 많은 부분이 알려져 있는데, 이하에서는 그에 관한 평가에서 나타나고 있는 문제점을 지적해 보기로 하겠다.

『삼국사기』의 계백전에는 그가 결사대 5천명을 거느리고 황산벌에서

신라의 5만 대군을 맞아 전투를 벌이기 전에 부인과 자식을 죽이고 출전했다는 기록이 보이고 있어서 비장함을 더한다. 그리고 계백장군의 이러한 행위에 대해 이를 사실 그대로 받아들이며 조선시대의 사대부들은 다양한 평가를 내리고 있다.

예를 들어, 조선시대 초기의 성리학자인 권근(權近)은 전쟁터에 나가기도 전에 자신의 처자를 먼저 죽였다는 것은 도의에 어긋나고 잔인무도하며 병사들의 사기를 떨어뜨리게 만드는 행위라고 부정적인 평가를 내렸다. 이에 비해 서거정(徐居正)이나 최부(崔溥), 유성룡(柳成龍), 이민성(李民成), 안정복(安鼎福) 등 많은 사대부들은 권근과 달리 각각의 입장에서 계백의 행동을 칭송하며 충절의 표본으로 삼아야 한다는 의견을 내어 놓았다. 이러한 의견에 힘입어 조선시대에는 계백의 충절을 기리기 위해 사우(祠宇)와 서원(書院)도 세워지게 되었는데, 부여의 의열사, 삼충사, 팔충사와 논산의 충곡서원이 그것이다.

그러나 우리가 『삼국사기』의 계백전을 살펴보면, 그곳에 기록되어 있는 내용 중에는 사실 그대로 인정해주기 힘든 부분도 있다는 것을 느낄 수가 있다. 특히 계백장군이 스스로 처자를 죽이고 출전했다는 기록은 의자왕이나 부여륭의 예에서 나타나듯이 『삼국사기』가 백제 말기의 정치상황이나 주요 인물들에 대해 의도적으로 왜곡된 기록을 첨가해 놓고 있는 태도와 같은 선상에서 이루어진 내용으로 받아들여진다.

5천명으로 오(吳)나라 70만의 군사를 무찔렀다는 월(越)나라 구천(句踐)의 옛 고사를 들어가며 병사들을 독려하고 승리를 다짐하던 계백장군의 각오에서 장군 스스로 황산벌전투를 앞두고 매우 긴장했다는 것을 엿볼 수 있겠지만, 동시에 이러한 긴장이 전쟁 전부터 패배를 염두에 두는 나약함이나 처자가 노비로 되리라 확신하며 그들을 죽일 만큼 절망적인 것은 아니었음도 알게 해준다. 또 나ㆍ당 연합군이 공격해 올 당시 이에 대처하기 위해 백제 조정에서 있었던 논의 내용을 보아도 좌평 의직(義直)이나 달솔 상영(常永), 좌평 흥수(興首) 등이 각자의 의견을 내어놓으며 잘만 대처하면 적을 물리치고 나라를 지킬 수 있다고 승산을 점치는 모습이 나타나고 있다. 이로써 볼 때, 당시의 분위기는 계백장군이 처자를 죽일 정도로 완전히 절망적인 상태에 빠져있었던 것만은 아님을 짐작할 수 있다.

그러면, 계백장군이 스스로 자신의 부인과 자식을 죽였다는 기록이 『삼국사기』에 나타나고 있는 현실을 우리는 어떻게 받아들여야 할까. 『삼국사기』의 이 부분에 대한 기록을 직접 소개하면 다음과 같다.

(당과 신라의 연합군이 쳐들어 오자) 계백은 장군이 되어 결사용사(決死勇士) 5천 명을 뽑아 이를 막으려 하며 말하기를 "한 나라의 사람으로 당과 신라의 대군을 맞아 상대하게 되니 국가의 존망을 알지 못하겠다. 내 처자가 잡혀서 노비가 되어 살아서 능욕을 당하는 것보다 차라리 쾌히 죽는 것만 같지 못할 것이다" 라고 하고는 마침내 모두 살해했다.

이 기록대로 라면 계백장군은 가족의 입장을 염두에 두기보다는 자신의 판단에 의해 일방적으로, 그리고 부하나 주변 사람들에게 그 사실을 알리는 공개적인 방법으로 자신의 처자를 죽인 것이 된다. 그렇다면 이는 분명히 권근이 지적한 것처럼 도의에 어긋날 뿐 아니라 잔인무도하며 부하들의 사기도 진작시키기보다는 오히려 떨어뜨리는 결과를 가져올 가능성이 더 크다. 과연 계백장군이 이러한 방법을 선택했을까.

『삼국사기』의 편찬자인 김부식이 이 사건에 대한 기록을 너무 간략히 다루다 보니 오해의 소지를 만들었거나, 또는 사건기록을 보다 정확하게 하려는 의지가 부족했을 수도 있고, 아니면 진상을 제대로 파악하지 못하여 상황묘사를 잘못 했을 수도 있다. 그러나 이보다는 『삼국사기』가 신라의 입장을 강하게 반영하고 있는 책이라는 사실을 먼저 생각해야 할 것 같다. 이미 살펴 본 의자왕 본기의 각종 재이(災異)기사나 부여륭에 관한 왜곡된 기록에서 엿볼 수 있듯이 백제인의 입장에서 보면 매우 불리하면서도 사실과 거리가 먼 이야기들이 『삼국사기』 안에는 너무 많이 들어 있다. 그러므로 위에서 밝혔듯이 계백장군 자신은 물론 백제 조정 역시 완전히 자포자기에 빠진 상태가 아니었다고 한다면, 이러한 상황에서는 일어날 가능성이 거의 없는 사건을 일어났다고 기술해 놓은 짤막한 기사 한 토막에 매달려 그것을 사실이라고 무조건 생각하기보다 반대로 그 기사가 등장하게 된 배경을 먼저 음미해 볼 필요가 있겠다.

계백장군은 황산벌에서 신라군과 4번을 싸워 모두 승리했지만, 결국은 수적인 열세 속에서 힘이 빠져 패하고 본인은 전사한 것으로 나와 있다. 신라의 입장에서 보면, 우리에게 잘 알려져 있는 화랑 관창(官昌)의 희생에 힘입어 어렵게 승리했다고 기록에 나올 만큼 황산벌싸움은 힘든 전쟁이었다. 계백은 황산벌에서 끝까지 항전하며 신라군을 괴롭히다가 전사한 장군이었던 것이다. 10대 1의 열세 속에서도 백제군을 이끌고 결사의 항전을 감행한 계백장군의 지도력 때문에 신라는 백제와의 첫 전투부터 고전을 하다가 가까스로 승리를 거두었고, 따라서 승리를 했으면서도 신라의 자존심은 많이 상했다고 보아야 할 것 같다. 백제군의 저항은 그만큼 집요하고 강했던 것으로 여겨지는데, 이러한 저항의식을 불러일으키기 위해 계백장군이 위의 인용문에 나와 있는 내용과 비슷한 말을 했을 수는 있다. 예를 들면, 후방에 남아 있는 가족들의 안위도 이번 전쟁의 결과에 달려 있으니 죽기를 각오하고 싸우자는 말 정도는 했을 것이다.

　그러나, 여기에서 더 나아가 계백장군이 자신의 일방적인 판단에 의해서 그것도 공개적으로 처와 자식을 살해했다는 『삼국사기』의 기록은 당시의 상황논리로 보아도 맞지 않기 때문에, 오히려 그 속에는 유언비어성의 어떤 음모나 왜곡이 담겨있는 것은 아닐까 의혹을 떨쳐버릴 수 없게 한다. 승리했으면서도 첫 번째 전투에서부터 자존심을 상한 신라는 자신들의 자존심을 상하게 만든 백제군의 집요한 저항이 불가피할 수밖에 없는 결사적인 것이었고, 그리하여 자신들이 어려움을 겪게 된 것도 당연하다는 논리로 손상된 자존심을 회복하려 했을 수도 있다. 그리고 이러한 경우라면 화살은 당연히 저항의 주체인 계백장군에게로

논산시 부적면 신풍리 수락산 언덕에 위치한 계백장군의 무덤으로 전해오는 봉분의 모습

돌려짐으로써 그에 관한 왜곡된 소문 역시 만들어질 수가 있다고 본다. 위의 인용문과 같은 『삼국사기』 계백전의 내용은 장군 개인에 대한 비판이 될 수 있는 것은 물론이고 나아가서는 그가 그러한 결정을 내릴 수밖에 없을 정도로 백제의 당시 상황이 절망적이어서 백제는 멸망할 수밖에 없었다는 역사의 필연성을 강조하는 논리가 될 수도 있으므로, 신라가 그러한 왜곡을 가할 가능성은 현실적으로도 충분히 존재한다고 하겠다.

결론적으로 말하면, 계백장군의 부인과 자식들은 실제로는 장군의 가족답게 황산벌전투에서 장군이 전사했다는 소식을 듣고 모두 따라서 자결했을 가능성이 가장 클 것으로 생각하는데, 이러한 상황이 거꾸로 와전되어 왜곡되었거나 또는 신라 쪽에서 의도적으로 『삼국사기』의 기록과 같은 내용으로 바꾸어 유포시켰을 수도 있다고 본다. 여하튼 계백장군이 처와 자식을 죽이고 출전했다는 『삼국사기』 계백전의 기록에 대한 분석은 신중할 필요가 있다. 의자왕이나 부여륭에 관한 각종 유언비어 성격의 기록들과 마찬가지로 황산벌에서 끝까지 저항하며 신라군을 괴롭히다가 전사한 계백장군에 대해서도, 장군 개인은 물론이고 그를 통해 당시의 백제사회가 절망적인 상태 속에서 망할 수밖에 없었다는 부정적인 이미지를 유도해 내기 위해 유언비어성 소문을 퍼뜨렸거나 기록으로 만들었을 가능성도 배제해서는 안된다는 점을 강조하고 싶다.

2) 백제인의 부흥운동과 당나라의 기미정책

계백장군이 전사하고 13만 당나라의 군대를 저지할 목적으로 동원된 군대 역시 곳곳에서 패배한 뒤, 나·당 연합군의 사비성에 대한 본격적인 공격이 시작되자 성은 곧 함락당하고 피난을 갔던 의자왕도 항복하여 포로로 되었는데, 이 때부터 지방에서는 백제부흥운동이 새롭게 일어나기 시작하였다.

의자왕 정권의 붕괴와 거의 동시에 일어난 부흥운동은 흑치상지의 경

흑치상지가 부흥운동을 일으킨 임존성

우 열흘만에 임존성(任存城)에 3만여 명이 모여들었으며, 그리하여 2
백여 성(城)을 회복했다는 내용이 보일 정도로 호응도가 높았고 성과도
컸다. 또 뒤에는 고구려와 일본이 여기에 가담하여 국제적인 양상까지
띠게 되었는데, 이러한 부흥운동은 지수신(遲受信)이 마지막으로 항거
하던 임존성이 흑치상지에게 함락되는 663년 11월을 전후한 시기까지
3년 넘게 진행되었다.

  이하에서는 먼저 이러한 부흥운동의 결과를 정리해 본 뒤에 당나라의
기미정책을 중심으로 하여 부흥운동이 실패로 끝난 원인분석에 힘을
기울여 보는 것으로 하겠다.

의자왕이 당나라로 끌려간 바로 다음 달인 660년 10월에 무왕의 조카로 알려진 복신(福信)은 좌평 귀지(貴智) 등을 일본에 보내 출병 요청과 함께 그곳에 머물고 있는 왕자 풍(豊)을 국주(國主)로 삼겠다며 귀국시켜줄 것을 요구하였다. 그리고 그 결과 661년 9월 풍이 귀국하자 복신은 마중 나와 절하고 국정을 모두 그에게 위임하였다고 한다.[21] 부흥운동 군에 의

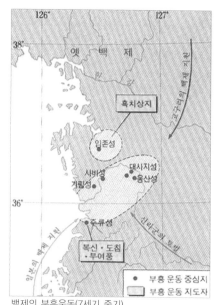

백제의 부흥운동(7세기 중기)

해 백제의 왕통이 풍왕에게로 이어지고 있음을 볼 수 있다.

그러나 풍왕의 귀국과 거의 동시에 임존성과 주류성(周留城)을 무대로 활동하던 부흥운동 주력군은 내분을 겪기 시작하였다. 풍왕을 옹립하고 얼마 안 있어 복신은 함께 부흥운동을 이끌었던 승려 도침(道琛)을 죽이고 자신이 부흥운동의 주도권을 장악했는데, 뒤에는 다시 풍왕이 복신을 살해하고 일본과 고구려에 응원군을 요청하고 있다. 초기에 사비성을 포위하고 웅진성을 고립시킬 정도로 세력을 모았던 백제부흥운동군은 지도층이 이렇게 내분을 겪는 과정에서 사기가 떨어질 수밖

에 없었다. 그리하여 다음 절에서 좀더 구체적으로 살펴보겠지만, 백강구(白江口) 전투에서 일본의 응원군이 당나라 군대에게 크게 패하자 풍왕은 결국 주류성을 버리고 고구려로 도망하였다. 그리고 지수신이 홀로 임존성에 남아 항거했다고 하나, 그 역시 흑치상지에게 패배하고는 고구려로 도망함으로써 부흥운동군의 실질적인 활동은 여기에서 끝난 것으로 받아들여지고 있다.

다만, 『삼국사기』의 신라 문무왕본기나 김유신전에는 664년 3월에도 백제의 남은 무리가 사비성으로 모여들어 반란을 일으켰고 이를 웅진도독이 격파했다는 내용이 있다. 그들의 정체는 분명치 않지만 부흥운동의 여파는 이 때까지 이어진 것으로 보아도 좋을 것 같다.

부흥운동군이 내분을 겪게 된 자세한 이유는 알 수 없다. 추측하건대, 이질적인 여러 집단이 한 자리에서 만나는 경우에 나타날 수 있는 상호 견제 심리와 주도권 다툼 그리고 부흥운동 자체의 정체성(正體性) 문제에 대한 일치된 의견합의가 부족했던 데에 원인이 있지는 않았을까 여겨질 뿐이다. 특히 백강구 전투에서는 당나라에 포로로 잡혀갔던 부여륭이 다시 당의 증원군과 함께 돌아와 부흥운동군을 상대로 전투를 벌임으로써 부여륭과 부여풍이 대립하는 형세를 만들어 놓았다. 부여륭은 의자왕의 적장자이자 태자로서 백제의 항복식 때에는 의자왕과 함께 당하에서 수모를 겪었던 인물이지만, 이 때에 당과 손을 잡은 새로운 모습으로 부흥운동군 앞에 나타난 것이다. 결과적으로 백제의 왕권을 중심으로 형성되었던 과거의 전통적인 권위가 부흥운동군 앞에 다시 모습을 드러낸 셈이다. 그리하여 이러한 상황 속에서 부흥운동군은 그들의 정체성에 대한 자신감까지 상실하게 되어 붕괴속도가 더욱 빨라진 것으로 볼 수도 있겠는데, 그렇다면 이는 동시에 백제지역에 대한 당의 지배정책이 백제인들의 중국에 대한 인식을 호전시키는 방향으로 작용하여 초래된 결과였다고 해석해도 무리가 없을 것 같다.

　그러면, 당나라의 백제지역에 대한 통치는 구체적으로 어떤 성격을 지닌 것이었나 살펴 볼 필요가 있겠다. 우선 결론부터 말하면, 그것은 기미정책의 전형을 보여주는 것이라 할 수 있을 것 같다. 기미정책은 군사적인 간섭을 수반한다는 점에서 조공(朝貢) 및 책봉(册封) 관계보다 억압적이라고 할 수 있다. 당의 기미정책은 군사적인 힘을 이용하여 자신의 통제 하에 있는 인물에게로 정권을 넘겨주어 그것을 유지시켜 나가는 것이었는데, 그렇다고 하여 과거의 한사군(漢四郡)처럼 중국 관리를 파견해 직접 지배를 꾀한 것은 아니었고 토착 세력을 이용해 간접 지배를 하며 도호부(都護府)가 이를 전체적으로 관리하는 방법이었다. 따라서 호(胡)·한(漢) 배타적인 성격이 강했던 한대(漢代)와 달리 당의 기미정책은 이민족과의 상호 공존이라는 포용적인 태도를 기본 성격으로 하고 있었다.

　복신과 도침이 일찍이 유인궤에게 사자를 파견하여 다음과 같이 말했다는 기사가 보인다.

　듣건대 대당(大唐)과 신라가 서약하기를 백제사람은 노소를 가리지 않고 모두 죽이고 난 연후에 나라를 신라에게 주기로 했다고 하니, 그렇게 죽는 것이 어찌 싸우다 죽는 것과 같겠는가. 그래서 더욱 단결하여 스스로 굳게 지킬 따름이다.

하지만 이에 대한 유인궤의 회유적인 설득태도나 당나라에 의해 이후 전개된 백제지역의 통치모습에서 이러한 움직임은 찾아볼 수 없다. 따라서 이 내용은 액면 그대로 받아들이기보다 정복자로서의 신라인들이 백제에 대해 지니고 있던 원한감정 때문에 나온 보복성 발언, 또는 백제인들이 피해자로서 지니게 된 침략자에 대한 두려움이나 반감의 결과, 아니면 부흥운동군이 저항의식을 고취시키기 위해 만들어낸 유언비어성 발언으로 받아들여야 하지 않을까 생각한다.

『삼국사기』 신라 문무왕 본기 11년(671)조에 나와 있는 「답설인귀서(答薛仁貴書)」를 보면, 이 글을 쓴 문무왕이 정관(貞觀) 22년(648)에 있었던 일을 회고하는 대목이 있는데, 당 태종이 김춘추에게,

짐이 지금 고구려를 벌(伐)하는 것은 다른 까닭이 있는 것이 아니라 그대 신라가 양국(고구려와 백제)에 몰려 늘 그 침해를 입어서 편안한 세월을 보지 못함을 안타깝게 여기기 때문이다. 산천과 토지는 나의 탐내는 바가 아니고 옥백(玉帛)과 자녀(子女)도 이는 나에게 있는 것이다. 내가 양국을 평정하면 평양 이남과 백제토지는 모두 그대 신라에게 주어 영원히 편안하게 하려 한다.

라고 하여 백제 영토의 소유권을 신라에게 넘겨주겠다고 말했다는 내

용을 거론하고 있다. 이러한 발언이 물론 구두상으로 있었을 수도 있지만 그것은 문서를 통한 약속이 아니라 당 태종이 자신의 마음 속 생각을 가볍게 술회한 것으로 나타나고 있고, 그리하여 사실 여부도 확인하기 어려울 뿐만 아니라 설령 그것이 사실이라 해도 현실성을 크게 염두에 둔 말이었다고 보기는 힘들다. 특히 이 내용이 23년이란 시간을 뛰어넘어 「답설인귀서」에 불쑥 나타나고 있는 만큼 이는 신라 측의 일방적인 주장일 수도 있다. 그러나 더욱 중요한 것은 이후 진행된 당나라의 백제지역에 대한 지배정책이 신라의 주장과는 정반대로 기미정책으로 일관하고 있었다는 사실이다.

「대당평백제국비명」과 『구당서』 백제전, 『삼국사기』 백제본기 등에 보면, 당나라는 백제를 정복하면서 그 영토에 5도독부(都督府) 37주(州) 250현(縣)을 설치하고 추거(酋渠) 또는 거장(渠長)이라 불리는 백제의 유력자들을 뽑아 도독(都督)·자사(刺史)·현령(縣令)으로 삼았다는 내용이 있다. 물론 부흥운동군의 저항에 의해 660년까지 당군(唐軍)이 실제 확보한 지역은 부여와 공주 일대에 불과했던 것으로 파악되고 있기 때문에, 이 5도독부가 제 기능을 발휘했다고 보기는 어렵다. 실제로도 당에서 파견된 왕문도(王文度)나 유인궤(劉仁軌), 유인원(劉仁願) 등이 웅진도독을 맡으면서 부흥운동군의 진압 및 백제지역의 안정을 위해 활동한 모습만이 나타나고 있을 뿐이다.[22] 그러나 분명한 사실은 백제에 대한 당의 지배정책이 신라의 존재를 그다지 염두에 두지 않고 백제의 영역을 보존시키는 속에서 독자적으로 진행되었다는 것이다.

「답설인귀서」나 「당유인원기공비」 등에서는 유인원의 관직을 도호(都護)로 표현하고 있으며, 이로부터 당이 백제지역을 점령하면서 곧바로 도호부를 설치해 이곳을 관리하려 했다는 주장도 나오고 있다.[23] 그리고 이 주장을 받아들이는 경우 그동안 의문시 되어오던 몇 가지 내용이 쉽게 풀리는 것을 볼 수 있다. 백제를 점령한 초기에 당이 도호부를 설치한 것은 그만큼 사실일 가능성이 큰 것으로 받아들여진다.

예를 들어, 의자왕의 항복을 받은 후 소정방은 곧 귀국하여 고구려 전선에 투입되었지만 유인원은 그대로 잔류해 있었는데, 왜 그를 제외하고 왕문도가 따로 웅진도독에 임명되어 왔을까. 또 왕문도가 바다를 건너오다가 죽자 후임으로 유인궤가 다시 파견되어 왔는데, 그러면 당시 백제지역에서 유인원의 존재는 어떠한 것이었나 등의 의문이 풀리지 않았었다. 물론 이러한 의문들은 유인원이 도호로서의 역할을 맡고 있었다면 말끔히 해소된다. 다시 말해 초기에는 유인원이 도호로 있었기 때문에 또 다른 인물들을 웅진도독으로 삼았던 것이며, 뒤에 백제부흥운동군의 저항으로 도호부 체제의 유지가 어렵게 되자 이를 해체하고 유인원도 웅진도독으로서의 직무에 뛰어들게 되었다고 보아야만 현존하는 기록들과 자연스럽게 부합된다.

이와 관련하여 『삼국사기』 최치원(崔致遠) 전의 다음과 같은 기록도 주목되어야 할 것 같다.

… 고종황제 현경(顯慶) 5년(660)에 이르러 소정방에게 조칙하여 10도(道)의 강병과

전선 만 척을 거느리고 백제를 대파(大破)하여 그 땅에 부여도독부(扶餘都督府)를 설치하고는 유민을 위무하고 한관(漢官)으로써 거느리게 했으나, 풍습이 달라 번번이 반란이 일어나자 마침내 그 인민들을 하남(河南)으로 옮겼습니다. 총장(摠章) 원년(668)에는 영공(英公) 이적(李勣)에게 명하여 고구려를 파하고 안동도독부(安東都督府)를 설치했으며 의봉(儀鳳) 3년(678)에 이르러 그 인민들을 하남 농우(隴右)로 옮겼습니다. …

　위 내용은 최치원이 당의 대사시중(大師侍中)에게 올린「상대사시중장(上大師侍中狀)」이라는 글의 일부이다. 이 내용에서 역사적 사실성을 찾기 힘들다는 주장도 있는데, 당에 가서 공부하고 돌아온 그의 역사인식이 담겨있다고 여겨지는 이 글은 오히려 백제와 고구려 멸망 당시의 잃어버린 진실을 부분적이나마 전해주고 있는 것 같다.

　포로로 잡힌 의자왕과 백제인들을 경사(京師)로 보냈다는『구당서』백제전의 기록에 주목하여 그들을 장안(長安)으로 끌고 갔다고 판단하면서 하남으로 옮겼다는 위의 내용이 잘못되었다는 지적도 있다. 그러나『구당서』소정방전에는 장소가 동도(東都), 즉 낙양으로 나오고 있고,『자치통감』에서는 좀더 구체적으로 당 고종이 낙양의 측천문루에서 의자왕 이하 백제인들을 만나본 뒤 풀어주었다고 기록해 놓고 있다. 낙양은 하남의 중심도시이기 때문에 최치원의 서술내용은 역사사실과 그대로 부합된다고 하겠다.

　또 부여도독부를 웅진도독부의 오기(誤記)로 보기도 하는데, 고구려

낙양의 북망산에서 출토된
「흑치상지 묘지명」

를 점령한 뒤 설치한 안동도호부를 최치원이 안동도독부로 표기한 뒷
부분의 내용을 간과해서는 안되리라고 생각한다. 당이 백제를 점령한
뒤 설치했다고 하는 5도독부의 명칭이 웅진(熊津)·마한(馬韓)·동명
(東明)·금련(金漣)·덕안(德安)이었기 때문에 부여도독부라는 표현은
도독부에 초점을 맞추는 경우 웅진도독부의 잘못된 기록이 아닐까 생
각할 수도 있을 것이다. 그러나 최치원이 안동도호부를 안동도독부로
기술한 부분에 주목한다면, 그가 도호부를 도독부로 잘못 인식했거나
아니면 착각하여 도호부를 도독부로 표기한 것이라 풀이할 수도 있다.
그렇다면 부여도독부 역시 부여도호부로 바꾸어 받아들일 수 있는 바,

이는 위에서 살펴본 신라 문무왕의 회고와 달리 당이 백제지역을 점령한 초기부터 부여도호부를 설치하여 이곳을 독자적으로 관리하려 했음이 분명하다는 것을 보여주는 또 하나의 예로서 내세울 수도 있겠다.

결국, 당나라는 점령 초기에 백제의 수도였던 부여에 도호부를 설치하여 백제 전 지역을 관리하려 했다가, 부흥운동군의 집요한 저항으로 사비성이 늘 불안하자 예전의 수도인 공주로 옮겨와 웅진도독부 중심의 지배체제로 전환하였음을 알 수 있다. 특히 부흥운동군을 진압한 뒤 새로운 모습으로 전개된 당의 지배정책은 신라의 기대와 완전히 상반되고 있다는 점에서 더욱 눈길을 끈다. 당은 부여륭을 웅진도독으로 삼아 백제지역에 대한 그의 통치권을 인정해주며 흑치상지 등과 함께 백제 유민을 안정시키도록 했던 것이다. 이는 신라의 입장에서는 불만을 품을 수밖에 없는 조치였지만 「흑치상지 묘지명」에 백제지역의 많은 사람들이 이를 크게 기뻐했다는 표현이 나오는 것처럼 이러한 정책은 일단 소기의 성과를 거둔 것으로 보인다.

3) 기미정책의 본질과 백제의 존재

당은 백제를 처음 공격할 때부터 영토소유권까지를 빼앗아 완전히 멸망시키려고는 생각하지 않았다. 다시 말해 백제지역 그리고 더 나아가서는 고구려지역에 친당(親唐) 정권을 새로이 심어놓음으로써 한반도 내에 중국을 중심으로 한 국제질서가 아무런 문제 없이 통용되도록 만들어 놓으려 했던 것이 궁극적인 목적이었다. 당의 기미정책은 말(馬)

에 재갈을 물린 것처럼 이민족을 자유자재로 부려보자는 데에 목적을 두고 있었다. 하지만 그 본질에는 상대를 인정하는 유연한 적국관계(敵國關係)나 연합책의 대등관계(對等關係)가 자리잡고 있었는 바, 이러한 의미에서 당의 백제 지배정책은 기미정책의 전형을 보여주는 것이라 할 수 있다.

백제부흥운동군이 마지막으로 항거하던 임존성(任存城)을 함락시키기 이전부터 당나라는 이미 백제와 신라의 회맹을 서두르고 있었다. 이는 백제지역에 대한 당의 지배정책이 어떠한 성격을 지닌 것이었는지 보여주는 대표적인 예이기도 하다. 신라는 이러한 회맹에 반대하는 입장이었지만, 당의 강요로 664년 2월 유인원의 입회 하에 부여륭과 신라의 각간(角干) 김인문(金仁問) 및 이찬(伊飡) 천존(天存)이 웅령(熊嶺)에서 만나 결국 동맹을 맺었다.[24] 그리고 이 웅령의 맹약에 의해 백제와 신라는 웅령을 경계로 하는 웅진도독부의 강역을 확정하였다. 당시 부여륭의 지위는 웅진도독도 아니었고 백제지역을 책임질 수 있는 어떤 위치를 당으로부터 부여받고 있지도 않은 상태였다. 그런데 이미 이 때부터 당은 부여륭을 백제지역을 대표하는 인물로 내세워 신라와 동맹을 맺게 하고 있는 것이다.

당 고종은 662년 정월에 신라의 문무왕을 '개부의동삼사상주국낙랑군왕신라왕(開府儀同三司上柱國樂浪郡王新羅王)'으로 책봉하였고, 663년 4월에는 다시 신라를 계림대도독부(雞林大都督府), 신라왕을 계림주대도독(雞林州大都督)으로 삼은 바 있다. 또 664년 10월 유인궤의

665년 8월 부여륭과 신라 문무왕이 화친의 맹약을 맺은 공주 취리산 원경

추천이 있은 이후에는 부여륭도 웅진도독으로 삼았다. 당 고종의 이러한 조치는 결국 부여륭과 신라 문무왕의 정치적인 지위를 동등하게 만들어 한반도 내에서 백제의 존재를 신라와 마찬가지로 인정해 주려는 방침에서 나온 것이라 하겠다. 전술했듯이 백제가 나·당 연합군에게 항복할 당시 김법민, 즉 현재의 문무왕은 정복자로서 말 위에 앉아 피정복자로서의 부여륭을 땅에 꿇어앉힌 채 얼굴에 침을 뱉는 등 모욕을 준 바 있었다. 그런데 이제는 다시 당나라의 조정에 의해 상황이 바뀌어 두 사람이 동등한 입장에 서게 된 것이다. 665년 8월 부여륭이 유인

원의 주재로 웅진 취리산(就利山)에서 문무왕과 만나 백마의 피를 입에 적시며 화친의 맹약을 맺을 때, 유인궤가 지은 맹세문의 일부분을 『구당서』 백제전에서 소개해 보면,

···· 그러므로 전백제태자사가정경(前百濟太子司稼正卿) 부여륭을 웅진도독으로 삼아 (조상의) 제사를 받들며 그 옛 땅을 보전하게 한다. 신라와 서로 의지하고 오래도록 동맹국의 관계를 유지하면서 각각 지난 날의 원한을 풀고 우호와 화친을 맺을 것이며, (황제의) 조명(詔命)을 공손히 받들고 영원히 번병(藩屛)이 될 것이다. ····

라고 하여, 당나라의 방침이 백제를 멸망시키는 것은 결코 아니었으며 신라에 대한 방침과 별다른 차별성 없이 기미정책의 큰 틀 속에서 백제를 인식하고 있었음을 보여준다.

다만, 나·당 연합군의 공격을 받아 백제의 군사적인 기반이 모두 무너진 상태에서 부여륭이 지닌 웅진도독이라는 지위는 실제로 신라의 위협에 맞설만한 충분한 힘을 갖추고 있지는 못했다. 때문에 그 지위는 당의 군사력에 의존하지 않으면 안되는 불안한 것이었다. 취리산의 회맹이 끝난 직후 부여륭은 유인궤와 함께 입당(入唐)하여 고종의 태산(泰山) 봉선의식(封禪儀式)에 참가한 뒤 귀국하여 웅진도독의 임무를 수행했던 듯하다. 그리고 이러한 속에서 당의 힘과 권위가 배경으로 자리잡고 있었으며, 공식적으로 백제왕이 아니라 웅진도독으로서의 지위이기는 했지만, 백제의 명맥은 신라가 671년 7월 사비성에 소부리주

(所夫里州)를 설치하기 이전까지 부여륭에 의해 유지되어 내려온 것이 사실이다. 671년 신라의 문무왕이 작성한 「답설인귀서」나 『일본서기』 천지천황 10년(671) 6월의 백제사신 파견 기록에 보면, 신라나 일본은 이 때까지도 여전히 '백제'라는 국명을 사용하며 백제의 존재를 인정하는 발언을 하고 있어 주목된다.

3. 부여륭의 백강구전투 참여와 풍왕세력의 쇠퇴

1) 백제부흥운동기 부여륭의 활동 내용

의자왕 정권이 무너지고 백제 땅에서 복신과 도침, 풍왕을 중심으로 한 부흥운동이 불길처럼 번지고 있을 때, 중국으로 끌려간 부여륭은 당 고종에게서 사가경(司稼卿)이라는 벼슬을 제수받고 있다. 그리고 급기야는 백제부흥운동에서 최대의 분수령을 이루는 백강구전투에도 당나라와 손을 잡고 직접 참여하고 있으며, 이 전투를 계기로 쇠락하게 되는 풍왕과 달리 그는 일취월장의 발전 가도를 달리게 된다. 이와 같이 나타나고 있는 부여륭의 활동내용을 어떻게 받아들여야 할까. 이 문제에 대해서도 우리는 다시 한 번 생각해 볼 필요가 있다.

소정방은 백제를 정복하고 돌아가면서 의자왕과 왕족 및 그 신하 93 명과 백성 1만 2천여명을 포로로 데려갔다. 우리는 여기에서 먼저 소정 방의 이러한 행동이 백제 의자왕의 경우에만 있었던 것은 아니고, 또 이것이 오로지 사건 당사자에 대한 응징적인 성격만을 가지고 행해진 것도 아니라는 사실을 인식할 필요가 있다. 정복지 사람들을 수도나 그 주변으로 강제 이주시켜 그들의 원래 기반을 무너뜨리고 감시를 쉽게 하는 이른바 사민(徙民)정책은 진(秦)의 시황제(始皇帝)나 북위(北魏)의 도무제(道武帝) 또는 태무제(太武帝) 등의 경우에도 나타나는 것처럼 중국에서는 오래 전부터 사용되어 온 전통적인 방법이었다. 당 고종은 고구려를 정복한 다음에도 고구려 백성 3만명을 강회(江淮)와 산남(山南)으로 옮겼다고 『신당서』 고구려전에는 나온다.[25] 의자왕과 왕족 및 그 측근의 신하들이 당나라로 끌려간 것은 결국 이러한 전통적인 사민정책의 일환이라 할 수 있으며, 중국의 의도대로 의자왕 정권과 그 세력기반은 백제지역에서 완전히 무너졌다고 보아야 할 것 같다.

그러나 중국으로 끌려간 사람들 개개인은 예상 밖의 너그러운 대접을 받았다. 당 고종은 낙양의 측천문루에서 이들을 만나본 뒤 나무라고는 용서해주었다고 하는데, 의자왕이 죽자 '금자광록대부위위경(金紫光祿大夫衛尉卿)'을 추증(追贈)하고 옛날 신하들이 가서 곡(哭)하도록 허락했으며, 부여륭에게는 종3품에 해당하는 벼슬인 사가경(司稼卿)을 제수하는 등 전쟁포로답지 않은 파격적인 대우를 해주고 있어서 우리를 의아하게 만든다. 앞에서 지적했듯이 양국간의 전쟁은 정권쟁탈전과 같은 성격을 지닌 것이었고, 개인이나 국가간의 원한감정이 개입되어 있었던 것은 아니기 때문에 당나라 입장에서도 이들을 사민시키는 것만으로 만족할만한 성과를 이룬 셈이며, 구태여 이들을 정치적으로 탄압할 이유가 없었기에 예전의 신분에 어울리는 지위를 부여해 주었다고 볼 수 있다. 물론 이러한 대접을 받기까지는 당사자들의 많은 숨은 노력이 있었으리라는 전제도 필요하다. 중국의 인정을 받기 위한 당사자들 나름대로의 성의와 노력이 없었다면 이러한 결과는 얻기 힘들다는 사실 또한 분명하기 때문이다.

부여륭이 언제 어떠한 이유로 사가경의 벼슬을 제수 받았는지 자세한 사정은 알 수 없다. 다만 『신당서』백제전이나 『삼국사기』의자왕 본기에 의하면, 시기적인 순서가 포로로 잡혀가서 사가경의 벼슬을 제수받은 뒤, 663년 8월의 백강구전투에 참여한 것으로 되어 있다. 그리고 이후 665년 8월 부여륭과 신라 문무왕이 웅진 취리산에서 맹약을 체결할 때는 맹세문에서 그를 사가정경(司稼正卿)이라고 분명하게 소개하고 있다. 이러한 내용을 따른다면 그는 663년 8월 이전에 사가경이 되었다고 볼 수 있다. 그런데 당나라 조정이 모든 부서와 관명을 고쳐서 사농시(司農寺)를 사가시(司稼寺)로 개명한 것은 당 고종 용삭(龍朔) 2년(662) 2월로 여겨지고, 다시 고종 함순(咸淳) 원년(670) 10월에는 모든 부서를 원래대로 환원시킨 것으로 나타나고 있기 때문에, 부여륭이 사가경에 임명된 시기는 662년 2월보다 빠를 수 없다. 즉, 그는 662년 2월에서 663년 8월 사이에 사가경에 임명되었다고 볼 수 있다. 그가 낙양으로 끌려온 것이 660년 11월이었으므로, 이로부터 1년 3개월에서 2년 9개월 정도의 기간이 지나는 사이에 전쟁포로에서 종3품의 사가경으로까지 오르는 초고속 승진을 하고 있는 것이다.

부여륭이 중국에서 이와 같이 급성장하게 된 직접적인 이유는 드러나 있지 않지만, 아마도 태자가 되기 이전부터 중국에 드나들며 그곳의 정치분위기에 익숙해 있었기 때문에 포로로 잡혀간 뒤에도 쉽게 적응할 수 있었고, 그리하여 나름대로는 이러한 상황을 잘 이용하여 잃어버린 자신의 지위와 더 나아가서는 백제의 영광을 되찾기 위해 많은 노력을 기울였을 것으로 판단된다. 그가 중국에서 특별대우를 받게 된 것은 그의 숨은 노력의 힘이 그만큼 컸다고 보아야 하겠는데, 우리는 「부여륭 묘지명」을 통해서 이러한 사실을 알아낼 수가 있다.

부여륭이 당나라로 끌려간 뒤 자신의 위상을 회복하기 위해 기울인 노력과 결과에 대한 내용들이 「부여륭 묘지명」에는 어느 정도 나타나 있다. 그것을 소개해 보면,

① 현경(顯慶)의 시기(656~660)에 황제의 군대가 백제를 정벌하니, 공은 멀리 천인(天人)을 거울로 삼아 거역과 순종의 길을 깊이 깨달았다. 홀륭한 학덕을 받들어 신명을 바쳤고, 오랑캐의 풍속을 버리고 어진 데로 돌아갔으니, 후세 사람들의 재앙을 없앴고 선인(先人)들이 미혹에 빠진 잘못을 고칠 수 있었다. 공의 정성이 천자에 계속 다다르자 포상이 거듭 내려졌으니, 마침내 그 지위는 경(卿)의 반열에 들게 되었고 영광은 번국(藩國)을 꿰뚫게 되었다.

② 그러나 마한(馬韓)에 남아 있던 무리들이 …… 개미떼처럼 세력을 규합하였다. 이에 황제가 크게 노하여 천병(天兵)이 위엄을 발하였으니, …… 이들을 병탄하는 꾀는 비록 조정의 계책에 따르는 것이지만 백성을 위무하는 방책은 사람의 덕에 의

지하는 것이다. 이에 공을 웅진도독(熊津都督)으로 삼고 백제군공(百濟郡公)에 봉하였으며, 이어서 웅진도총관(熊津道摠管) 겸 마한도안무대사(馬韓道安撫大使)로 삼았다. 공은 신의와 용감성을 일찍부터 길러왔고 위엄과 포용력이 본디부터 충만하였으니, 읍락들을 불러 회유하매 흩린 것을 소중하게 줍듯이 하였고 간악한 무리를 섬멸하매 뜨거운 물에 눈녹듯이 하였다.

③ 이윽고 천자의 밝은 조서를 받들어 신라와 수호하게 되었고, 갑자기 크나큰 은혜를 입어 동악(東岳)에서 천자를 모시게 되었다. 공훈을 여러 차례 쌓아 총애하는 칙명이 날로 융성해졌으니, 태상경(太常卿)으로 벼슬을 옮겼고 대방군(帶方郡)의 왕에 봉해졌다. 공은 임금을 섬기매 온 힘을 다하였고 절개를 지키매 사사로움을 잊었으니, 누누히 정성스러움을 바쳐 마침내 숙위(宿衛)할 수 있게 되었다.

라는 기록이 주목된다. 여기에서는 내용을 성격에 따라서 크게 세 부분으로 구분해 보았다.

①의 표면적인 내용은 부여륭이 당나라로 끌려간 뒤 중국의 천자에게 순종하며 중국의 풍속을 따름으로써 천자로부터 거듭 포상을 받았고, 그리하여 사가경의 지위에까지 오르게 되었음을 설명한 것이다. 중국 중심의 질서를 내세우면서 그것에 따르고 있는 부여륭을 칭찬하는 중국적인 표현수법이 이 기록에는 그대로 담겨있어서, 자칫하면 부여륭이 백제의 일을 다 잊어버리고 중국인이 되어버린 것은 아닐까 하는 오해를 불러 일으키게 할 수도 있다.

그러나 내용을 음미해 보면, 그 속에는 부여륭의 철저한 현실인식이 담겨있다는 사실도 느껴 볼 수 있다. 부여륭의 입장에서 당시의 상황을 바라볼 때, 자신이 처한 현실적인 어려움을 타개하여 실추된 위상을 회복하고 백제의 영광을 되찾기 위해서는 현실과 타협하여 거꾸로 중국의 힘을 이용하는 것보다 더 좋은 방법은 찾기 힘들었을 것이다. 최선의 방법이 중국 황제의 신임을 얻어서 그것을 이용하는 것이었다고 할 수 있겠는데, 부여륭이 친중국적인 성향을 강하게 보이면서 황제의 측근에서 활동하고 있는 것은 결국 이러한 현실인식 위에서 그가 최선의 노력을 다하고 있는 모습이라 생각하면 좋을 것 같다.

①의 내용을 잘 살펴보면, 그가 경(卿)의 반열에 들게 된 것도 결국은 그의 정성과 노력이 있었기 때문이라는 사실이 그대로 드러난다. ②와 ③의 내용 역시 ①에 나타나고 있는 부여륭의 노력에 의한 결과라고 볼 수도 있겠다. ②는 백제지역에서 일어난 부흥운동이 진압된 뒤 부여륭을 웅진도독으로 삼았다는 것과 그가 기대를 저버리지 않고 역할을 충실히 잘 수행해 냈다는 내용이다. ③은 부여륭이 신라의 문무왕과 웅진 취리산에서 화친의 맹약을 맺은 내용 및 그 후 당 고종이 태산(泰山)에서 봉선(封禪)의 의식을 행할 때 그곳에 참여하여 성의를 다함으로써 마침내 측근에서 숙위할 정도로 고종의 신임을 얻게 되었다는 사실을 소개한 것이다.

부여륭이 이상과 같은 활동을 할 수 있게 되기까지에는 중국 입장에서도 그를 이용하여 백제지역을 효과적으로 관리해 보려는 나름대로의 정치적인 배려가 있었다고 생각한다. 그러나 그렇다고 해도 만일 황제의 신임을 얻으려는 부여륭 자신의 적극적인 노력이 없었거나 혹은 노력했어도 그것이 실패했다면 부여륭의 역사적인 위상이 위와 같이 나타나기는 어려웠을 것이라는 사실 또한 분명하다. 다시 말해, 부여륭도 현실 속에 안주하지 않고 개인적으로 각고의 노력을 기울였으며, 또 그 노력이 효과를 발휘하여 황제의 신임을 얻게 되었다는 것이다.

당 고종이 그를 어느 정도 신뢰하게 되었는지는 태산에서 봉선을 행한 뒤 그에게 맡긴 임무에서 잘 드러난다. 『행로성전(幸魯盛典)』, 『공씨조정광기(孔氏祖庭廣記)』, 『동가잡기(東家雜記)』, 『산동통지(山東通志)』 등의 책에 의하면, 고종은 666년 1월 태산에서 봉선을 행하고 곡부(曲阜)에 가서 공자(孔子)에게도 제사를 지냈으며 공자를 태사(太師)로 삼고 그 자손들에게는 부역(賦役)을 면제해 주었다고 하는데, 그 해 12월에는 사가정경 부여륭을 파견해 축문을 읽으며 공자에게 제사를 지내게 했다는 기록이 보인다. 부여륭에 대한 고종의 신임이 두터웠음을 알게 해주는 동시에 부여륭 또한 이러한 신임을 발판으로 활발한 정치활동을 전개해 나가고 있었다는 사실을 엿볼 수 있겠다. 아마도 봉선 행사가 끝나고 부여륭이 귀국하는 길에 고종으로부터 이러한 임무를 부여받은 것이 아닐까 여겨진다.

2) 백강구 전투의 중요성과 백강구의 위치비정 문제

부여륭의 백강구전투 참가 문제도 지금까지는 적을 이용하여 적을 공격한다는 중국의 전통적인 이이제이(以夷制夷) 정책 차원에서만 이야기하며 부여륭 개인의 입장에 대해서는 별다른 관심을 기울여오지 않은 것으로 보인다. 그러나 이 문제 역시 위에서 살펴본 바와 같은 부여륭의 적극적인 정치활동과 참여의지가 작용했기 때문에 실행에 옮겨질 수 있었다는 측면도 간과해서는 안 되겠다.

백강구 전투는 백제인들의 부흥운동이 전개되던 시기에 일어난 전쟁 중에서 가장 규모가 컸으며, 이후 부흥운동군 및 백제의 운명을 결정짓는 분수령과 같은 역할을 담당하였다. 또 중국과 일본에서 파견되어 온 군대가 한반도에서 서로 충돌하는 국제전 양상을 띠었다. 때문에 우리나라는 물론 일본과 중국에서도 이에 관심을 갖고 논문과 연구서적들을 발표하였다. 그러나 국가간의 입장차이 또는 연구자의 연구방법이나 시각차이 등이 작용하여, 지금까지 통일된 역사상이 마련되지 못한 채 학자들 각자가 백가쟁명식 주장을 내놓고 있는 형편이다.

예를 들면, 당나라 군대와 일본 군대 사이에 벌어지고 있는 전투장면과 그 결과를 가지고 전쟁의 성격을 말하다 보니 무대만 한반도일 뿐, 중국이나 일본 학자들에게는 이 전쟁의 성격이 자연히 양국간의 전쟁으로 비침으로써 백제나 신라의 입장이 무시되는 문제점을 지니게 되었다. 이에 대해 국내학계에서는 한반도 내의 백제와 신라를 중심으로 한 시각을 강조하다 보니, 당시의 전쟁이 동아시아 국제관계 속에서 지닐 수 있는 다양한 성격을 효과적으로 조명해 내지 못하는 문제점도 보여주게 되었다.

게다가 중국이나 일본 또는 백제부흥운동군의 입장 중 어느 하나에만 논의의 초점이 맞추어지다 보니 그 안에 숨어있는 또 하나의 입장, 즉 당나라 편에 서서 이 전쟁에 가담하고 있는 부여륭의 입장에 대한 배려는 거의 없었던 것으로 나타나 있다. 부여륭에 대해서는 「부여륭 묘지명」을 분석한 글 몇 편만이 보일 뿐, 그에 관한 문제를 본격적으로 다룬 연구는 찾아볼 수가 없다. 이와 반대로 백강구전투를 다룬 글은 넘치고 있지만, 아직도 전투가 벌어진 백강구라는 지역이 어디인가를 분명하게 말하기 어려울 만큼 기본적인 사실관계 조차 밝혀내고 있지 못한 형편이다.

여기서부터는 현재까지 숙제로 남아 있는 백강구의 위치비정에 대한 해답을 찾아본 뒤에 부여륭이 백강구전투에 참여하고 있는 모습과 그로 인해 나타나게 된 전쟁의 성격 및 그러한 속에서 부흥운동의 주체인 풍왕세력이 쇠퇴할 수밖에 없었던 원인까지를 검토해 보기로 한다.

백강구전투가 일어난 위치에 대해 국내외에서 주장되어 온 견해로는 군산포설(群山浦說)·금강설(錦江說)·동진강설(東津江說)·줄포설(茁浦說)·남양만설(南陽灣說)·연기설(燕岐說) 등이 눈에 띈다. 이들 중 뒤의 세 가지 설은 설득력을 잃은 지 오래인 것 같고, 나머지의 설은 크게 보면 충남 부여나 서천 부근의 금강과 전북 부안 부근의 동진강을 중심으로 하는 두 가지로 나눌 수 있을 것 같은데, 그 의견대립은 좁혀지지 않고 아직도 팽팽하다. 그러나 이 문제 역시 관련 사료들을 세밀히 분석하는 경우 해답을 찾는 일이 그렇게 어렵지만은 않으리라고 생각한다.

백강구를 금강하구로 보는 설은 백강이라는 명칭이 백제에서는 오래 전부터 금강을 의미하는 것으로 사용되어 왔다는 데에서부터 출발하고 있다. 그리고 '백촌(白村)' 또는 '백촌강(白村江)'으로 나와있는 『일본서기』의 기록과 『삼국사기』 문무왕 본기의 「답설인귀서」에서 왜선 1,000척이 '백사(白沙)'에 정박해 있다고 지적한 기록을 결합시켜 '백촌'과 "백사'는 같은 지역이라 판단하면서, 동시에 『신증동국여지승람(新增東國輿地勝覽)』의 서천군 누정(樓亭)에 나오는 '백사정(白沙亭)' 및 『대동지지(大東地志)』의 서천 산천(山川)에 보이는 '백사정(白沙汀)'을 「답설인귀서」의 '백사'와 연결시키는 모습도 보인다. 이 경우에는 '백사'를 지명으로 인식하며 '백촌'은 곧 '백사'이므로 '백촌'은 금강 유역이 될 수밖에 없다는 해석이다. 이러한 논리가 통할 수만 있다면 『일본서기』에 '백촌강'으로 표현되고 있는 '백강'은 오늘날의 금강으로 받아들일 수 있을 것이다.

그러나 금강설에는 적지 않은 문제점이 내포되어 있어서 그대로 받아들이기 어려운 것도 사실이다. 『신증동국여지승람』이나 『대동지지』는 조선시대의 지리지로서 삼국시대와는 시간적인 거리가 너무 멀기 때문에, 그 내용을 삼국시대의 일과 연결시켜 설명하는 것 자체가 일단은 문제이다. 또 「답설인귀서」를 작성할 때 과연 정확한 지리지식에 의해 '백사'라는 용어를 사용한 것인지 아니면 바닷가 모래사장을 뜻하는 일반적인 의미로 '백사'라는 말을 사용한 것인지도 분명하지 않다. 사실 『신증동국여지승람』과 『대동지지』의 기록은 '백사' 자체의 지리적인 명칭에 초점을 맞춘 것이 아니라 누각의 명칭 또는 하얀 모래섬이라는 지형조건을 설명한 것으로 판단된다. 결국 '백촌'을 '백사'로 연결시키고, '백사'를 조선시대나 오늘날 지명으로서의 '백사'로 인식하여 '백촌'을 금강으로 보는 설은 그럴듯하면서도 사료이용에서 많은 문제가 있는 것이다. 이에 비해 동진강설은 사료해석상 사실일 가능성이 큰 것으로 여겨진다.

백강구전투의 기사를 담고 있는 사료로는 『일본서기』, 『구당서』, 『책부원귀』, 『신당서』, 『자치통감』, 『삼국사기』 등이 주목된다. 이들 사료 가운데 『일본서기』는 전투현장의 명칭을 '백촌강'으로 기록해 놓고 있지만, 나머지의 중국 사료와 『삼국사기』는 모두 '백강'으로 표현하고 있다. 『삼국사기』는 중국 사료의 내용을 채택한 것이기에 백강구전투의 현장에 대한 기록은 결국 '백촌강'과 '백강'으로 다르게 나타나는 일본 사료와 중국 사료의 두 계통으로 나누어 볼 수 있다. 그렇다면 이들 사료에 대한 평가문제가 곧 해답을 찾는 열쇠로 될 수 있을 것 같은데, 사료의 작성 시기가 사건발생 시기와 60년 정도의 차이밖에 나지 않는 『일본서기』가 당시의 상황을 전해주는 사료로서는 신뢰도가 가장 높다고 하겠다.

많은 사람들은 『일본서기』의 '백촌강'을 '백강'과 같은 것으로 의심 없이 받아들인다. 그러나 일본과 백제는 당시 활발한 교류가 이루어지고 있었기 때문에, 백제인들이 전통적으로 사용해온 '백강'의 존재를 일본이 몰랐을 리가 없다. 이런 상황에서 '백촌강'이라는 낯선 용어를 쓰고 있다는 사실은 분명 그것이 '백강'과는 다른 강임을 알게 해주는 것이다. 『일본서기』천지천황 2년 8월조에 보면, '백촌강'은 '백촌'이란 지역에 흐르는 강을 의미하는 것으로 쓰이고 있다. 즉, 일본의 구원군이 바다를 건너 온다는 소식을 들은 풍왕이 장군들에게는 나·당 연합군의 행동에 대처하도록 하고 자신은 '백촌'으로 가서 이들을 맞이하고자 했다는 기록 다음에 당의 전선(戰船) 170척이 '백촌강'에 진열해 있었다고 하여, '백촌'이란 지역을 먼저 제시한 뒤 '백촌강'이란 명칭을 사용하고 있다. 따라서 여기에 나오는 '백촌강'은 금강을 의미하는 '백강'과는 쓰임새가 다르다는 것을 알 수 있다.

이상과 같은 이유로 일본인들이 '백강'을 '백촌강'으로 잘못 기록했다고는 보기 어렵다. 엄연히 다른 강이었기에 '백촌강'으로 기록한 것이라 여겨지는바, 오히려 300년 정도 지난 후 중국인들이 『구당서』를 편찬할 때에 이 '백촌강'을 '백강'으로 잘못 기록하는 실수를 범한 것이 아닐까 생각한다. 그리고 이러한 실수가 이후 중국의 역사서 및 『삼국사기』에 그대로 영향을 주어 '백강'으로 기록된 것이지, 실제로는 백강이 아닌 '백촌강'이었다고 할 수 있을 것 같다. 우리는 보통 중국 사료의 내용을 받아들여서 백강구전투라고 부르고 있지만, 이 경우의 '백강'은 『일본서기』에 보이는 '백촌강'의 잘못된 기록이기 때문에 종래 백강으로 불리던 금강과는 다른 강이라고 보아야 하겠다.

백강구전투 현장의 위치문제는 전쟁의 구체적인 상황을 설명하고 있는 중국의 사료들을 살펴보는 경우 그 실상이 곧바로 드러난다.

　백강구전투는 넓은 의미에서 백강구의 교전으로부터 주류성(周留城) 싸움까지를 포함한다. 『구당서』 유인궤전에 의하면, 나·당 연합군이 주류성을 공격할 때 육군은 유인원·손인사(孫仁師)·신라왕 김법민이 거느리고, 수군과 양선(糧船)은 유인궤·두상(杜爽)·부여륭이 거느리고 진격했는데, 웅진강(熊津江)에서 백강으로 가서 육군과 만나 함께 주류성으로 가려고 했다. 그런데, 뒤에서 자세히 언급하겠지만, 유인궤는 백강의 입구에서 왜선을 만나 그 배 400척을 불태우니 바닷물이 붉게 물들었다고 한다. 일본의 배를 불태워 바다가 붉어졌다는 것을 보면, 당나라 수군의 진격로는 웅진강에서 백강으로 가는 과정에 바다로 나갔고, 백강의 입구인 바다에서 싸움이 벌어졌음을 알 수 있다.

　결국, 이를 도식화하면 웅진강에서 바다로 나간 뒤, 다시 백강의 입구를 통해 백강으로 들어가야 하는 것이 되기 때문에 웅진강과 백강은 한 줄기의 강으로 연결되어 있는 것이 아니라 그 하류가 바다에서 만나는 다른 줄기의 강임을 알게 해준다. 중국측 기록에서는 시종일관 금강을 '웅진강'으로 표현하고 있으며 백강이라 부르고 있는 예는 찾아보기 어렵다. 따라서 백강구전투에 나오는 '백강'은 지금의 금강인 웅진강과는 다른 강이 분명하다. 그렇다면 이 경우의 '백강'은 이름은 같게 나타나고 있지만 실제로는 금강을 의미하는 백제식 용어로서의 '백강'과는 다른 강으로 받아들여야 할 것이다. 우리가 '백강'이라는 용어를 둘러싸고 혼란을 겪게 된 이유는 바로 여기에 있는 바, 문제의 근본은 중국의 역사서들이 '백촌강'에서의 일을 설명하면서 이를 '백강'으로 잘못 표현한 데에서부터 기인된 것이라 하겠다. 그리고 문제를 이와 같이 접근해 가면, 백강구전투에서의 '백강', 즉 '백촌강'은 금강이 아니라 동진강일 가능성이 훨씬 크다는 것을 알게 된다.

일단, 웅진강으로 표현되고 있는 금강유역 자체는 당시에 당나라 수군이 장악하고 있으면서 수시로 군대를 이동시키던 통로로 이용하였기 때문에, 이러한 금강하구에 일본의 대규모 선단이 정박한다는 것 자체가 어려운 일이었다. 또『삼국사기』문무왕 본기의「답설인귀서」에 보면, 복신이 주류성에서 신라군을 격퇴시키자 남방(南方)의 여러 성(城)이 일시에 배반하여 복신 아래로 들어갔다고 한 내용이 있는데, 이로부터 주류성이 남방의 중심적인 위치에 있는 성이었음을 알 수 있다. 동시에 주류성을 함락하고 임존성만을 남겨놓은 상황에 대한 기록으로서 '남방(南方)이 이미 평정되자 군사를 돌려 북벌(北伐)을 하려 하는데, 임존성 하나만은 완강하게 버티며 항복하지 않았다'고 한 기사도 주목된다. 여기에서 남방은 백제의 지방행정 단위인 오방(五方) 가운데 남방을 가리킬 수도 있고 단순한 방위표시일 수도 있다. 그런데 오방 중에서 서방에 해당하는 임존성에 대한 공격을 북벌로 표현한 것을 보면, 이 경우의 남방도 방위로 받아들여지고, 그렇다면 주류성은 정복군의 정치적 · 군사적 활동 중심지였던 웅진성이나 사비성보다 남쪽에 위치한 성으로 된다. 동시에 주류성과 가까이 있는 것으로 나타나는 백강, 곧 백촌강 역시 금강이 아니라 금강보다 남쪽의 강이어야 하기 때문에 동진강설이 타당성이 있고, 주류성도 동진강 부근의 어디에선가 찾아야 할 것으로 본다.

이상의 논리를 뒷받침해 줄 수 있는 또 하나의 증거가 『삼국사기』 지리지의 백제 고사주(古四州)에 대한 설명 속에 자리잡고 있다. 고사주는 본래 고사부리(古沙夫里)로서 5현(縣)이 이에 속해 있는데, 이 중 평왜현(平倭縣)은 본래가 고사부촌(古沙夫村)이었다고 되어 있다. 고부군(古阜郡)이 본래 고사부리군이었다고 『삼국사기』 지리지에 분명히 소개되어 있는 만큼, 고사주, 즉 고사부리는 오늘날의 고부를 중심으로 한 지역임을 알 수 있다. 그런데 이에 속해 있는 평왜현은 본래가 고사부촌이었다고 하여 고사부촌이 평왜현으로 개명된 사실이 보인다. 고사부리가 고부라면 고사부촌 역시 명칭으로 볼 때 고부의 주변지역으로 볼 수 있는 바, 이 일대에서 왜군과의 대규모 전투가 있었고 여기에서 승리함으로써 '평왜현'이라는 기념비적인 이름까지 얻게 된 것으로 해석된다. 신라가 지명까지 바꿀 정도로 의미를 부여하며 승리를 기념할만한 왜군과의 전투라면 백강구전투로 볼 수밖에 없다. 그렇다면 중국의 사료에 백강으로 잘못 쓰인 백촌강은 여기에서 멀지 않은 동진강일 가능성이 크고, 백강구전투가 일어난 지역 또한 동진강 입구의 바다로 보아야 할 것이다.

따라서 백강구전투는 백촌강구전투라고 불러야 역사사실에 더 가깝다는 것을 알 수 있지만, 본서에서는 일단 독자의 혼란을 줄이기 위해 편의상 중국 역사서의 기록이면서 우리에게 익숙한 표현 그대로 백강구전투라고 부르려 한다.

3) 부여륭의 백강구전투 참가와 풍왕세력의 쇠퇴

그러면 부여륭의 백강구전투 참여 문제와 이로 인해 나타나게 된 전쟁의 성격 및 그러한 속에서 풍왕 세력이 쇠퇴할 수밖에 없었던 원인 등을 찾아보기로 하겠다.

먼저 부여륭이 백강구전투에 참여하게 되기까지의 배경을 정리해 보자.

660년 10월 복신은 일본에 사람을 보내 출병요청과 함께 그곳에 머물고 있던 왕자 풍을 국주로 삼겠다며 귀국시켜줄 것을 요구하였다. 그 결과 661년 9월 풍은 일본군 5천명의 호위를 받으며 귀국하게 되었는데, 복신이 국정을 모두 그에게 위임하였다고 하여 백제의 왕통이 풍왕에게로 이어지고 있음을 볼 수 있다. 그러나 풍왕의 귀국과 거의 동시에 복신은 자신과 함께 부흥운동군을 이끌던 승려 도침을 죽이고, 이러한 복신을 풍왕이 또 살해하는 사건이 발생하였다.

이 무렵 당나라에서는 유인원의 주청에 따라 우위위장군(右威衛將軍) 손인사(孫仁師)를 웅진도행군총관(熊津道行軍總管)으로 삼고 군사 7천을 주어 바다를 건너가 유인원을 돕도록 했다.[26] 그런데 그 시기를 보면 『구당서』나 『신당서』의 유인궤전에서는 풍왕이 복신을 살해한 뒤 일본과 고구려에 응원군을 요청하자 이에 대응하여 중국에서도 손인사를 파견한 것으로 되어있다. 그러나 『구당서』와 『신당서』의 백제전 및 『자치통감』당기 16의 고종 용삭 2년(662) 7월조에는 손인사의 군대가 파견되어 온 뒤에 풍왕이 복신을 죽이고 고구려와 일본에 군대를 요청한 것으로 나와 있다.

한편, 『삼국사기』신라 문무왕 본기에는 시기적으로 위의 내용들보다 약 10개월 뒤인 문무왕 3년(663) 5월에 손인사의 군대가 웅진부성에 들어온 것으로 되어 있어서, 손인사가 정확하게 언제 한반도에 도착한 것인지 알아내기가 쉽지 않다. 다만 부여륭이 이후 백강구전투에 참여하고 있는 모습을 보면 그는 손인사의 군대와 함께 귀국한 것으로 여겨지는데, 그렇다면 부여륭이 등장하면서 부흥운동군 내부에 미묘한 변화가 일어나 풍왕이 복신을 살해하는 사태까지 발생한 것이 아닐까 의심이 들기는 한다. 이와 같은 이유로 손인사 군대의 파병이 풍왕의 복신 살해사건보다는 먼저 일어났을 것이라 추측해볼 뿐이다.

여하튼, 중국에서는 손인사의 7천 병력이 추가 파병되고, 일본에서는 풍왕의 요청에 의해 1만여 명의 응원군이 더 건너옴으로써 이후 백제부흥운동군과 백제의 운명을 바꾸어 놓는 부흥운동사상 최대규모의 전쟁, 즉 우리가 백강구전투라고 부르는 전투가 백촌강이라 불리던 동진강 하구의 바다 및 주류성에서 벌어지게 되었다. 『삼국사기』문무왕 본기의 「답설인귀서」에서는 이 때의 상황을 설명하여 왜선 천척이 백사에 정박해 있고 백제의 정예 기병이 언덕 위에서 배를 지켰다고 하였다. 『일본서기』천지천황 2년(663) 3월조 및 8월조를 참고하면, 나·당 군의 공격에 대응하기 위하여 663년 3월 2만7천명의 일본군이 건너왔고 또 8월에 1만여 명이 더 건너왔기 때문에 부흥운동군을 돕는 일본군의 총 병력은 3만7천여 명으로까지 늘어난 셈이므로, 이는 사실에 가까운 설명이라 할 수 있을 것 같다.

백강구전투에서는 부여륭과 풍왕이 서로 대립하는 형세로 나타나고 있다. 『구당서』와 『신당서』의 유인궤전이나 백제전 및 『자치통감』의 당기 등과 같은 중국 기록에 따르면, 당시 나・당 연합군은 유인원・손인사・김법민이 육군을 거느리고 직접 주류성으로 향하고, 유인궤・두상・부여륭은 수군과 군량선을 이끌고 금강에서 나와 동진강으로 진입한 뒤 주류성으로 가려 했는데, 그 과정에서 유인궤 군대는 백촌강이라 불리던 동진강 입구의 바다에서 왜선과 만나 4차례 전투를 벌인 결과 왜선 400척을 불태워 바다를 붉게 물들였다고 할 정도의 대승을 거두었다. 그리고 풍왕은 몸만 겨우 빠져나와 도망했다고 되어 있다. 여기에서 부여륭은 과거에 적(敵)이었던 당나라나 신라와 손을 잡고 이제는 오히려 백제부흥운동군과의 전쟁에 참가하는 새로운 모습을 보여주고 있다. 『일본서기』의 천지천황 2년 8월과 9월조에는 이 전쟁의 구체적인 전개상황과 풍왕의 움직임에 대한 내용이 자세히 기록되어 있는 바, 그 내용을 정리하면 다음과 같다.

> 가을 8월 갑오(甲午=13일) 백제왕(풍왕)은 나・당 연합군이 주류성(州柔城=周留城)을 공격하려 한다는 것과 일본 구원군이 바다건너 온다는 것을 알고 장군들에게는 나・당 군의 행동에 대처

하도록 하고 본인은 백촌(白村)으로 가서 일본군을 맞이
하고자 함.

무술(戊戌=17일) 적장(賊將)이 주유성을 포위하고 대당군장(大唐軍將)은
전선 170척을 백촌강에 진열함.

무신(戊申=27일) 처음 도착한 일본의 선단(船團)이 당나라의 선단과 싸웠
으나 일본군이 불리하여 후퇴함.

기유(己酉=28일) 일본의 제장(諸將)과 백제왕이 기상(氣象)을 살피지 않
고 당군에게 쳐들어갔다가 순식간에 대패하여 익사자만
많이 발생하고 배는 되돌리지도 못하는 형편이 되어버
림.

9월 신해(辛亥= 1일) 백제의 풍왕은 여러 사람과 함께 배를 타고 고구려로 도
망함.

정사(丁巳= 7일) 백제의 주류성은 당에게 항복함.

위의 내용들은 당나라와 손을 잡은 부여륭과 일본과 손을 잡은 풍왕
이 백강구전투에서 직접 부딪칠 수밖에 없었음을 알게 해준다. 의자왕
의 적장자이자 태자로서 백제의 항복식 때에는 의자왕과 함께 수모를
겪었던 부여륭이 이 때에 새로운 모습으로 부흥운동군 앞에 나타난 것
은 결과적으로 백제의 왕권을 중심으로 형성되었던 과거의 전통적인
권위가 다시 모습을 드러낸 셈이다. 그리하여 이러한 전통적인 권위와
부흥운동군에 의해 새롭게 정통성을 부여받게 된 풍왕 중심의 새로운

권위가 양립하게 된 상황 속에서, 27일과 28일 양일 간의 전투가 일본군의 참담한 패배로 끝나자 풍왕은 자신감을 상실한 채 9월 1일 고구려로 도망하였고, 9월 7일에는 주류성도 함락당하게 된 것이다. 다만 『자치통감』이나 『신당서』 등의 중국측 기록에는 9월 8일에 주류성을 함락한 것으로 되어 있어서 『일본서기』와는 하루의 차이가 난다.

이제, 백강구전투를 부여륭과 풍왕의 입장에서 재 정리해 보면, 당나라에 포로로 잡혀갔던 부여륭이 당의 증원군의 일원으로 돌아와 부흥운동군을 상대로 전투를 벌임으로써 당시의 형세는 부여륭과 풍왕의 권위가 대립하는 것으로 변했다고 할 수 있게 되었다. 그리고 이러한 상황에서 일본의 대규모 지원군이 참패하자 내분으로 세력이 많이 약해져 있던 부흥운동군은 그들의 정체성(正體性)에 대한 자신감까지 잃어버려 붕괴속도가 더욱 빨라진 것으로 보인다. 이후에도 임존성에서는 지수신(遲受信)의 항거가 흑치상지에게 성이 함락되는 11월까지 계속되었고, 664년 3월에는 백제의 남은 무리가 사비성으로 모여들어 반란을 일으켰다는 기사도 보이지만, 이는 꺼져가는 불꽃과 같은 것이었다. 주류성이 함락되자 백제의 성들이 모두 다시 귀순(歸順)했다거나 백제가 모두 평정되었다고 한 『구당서』·『신당서』·『자치통감』 등의 기록 및 '주류성이 함락되었으니 백제의 운명이 오늘로 끝났다'고 탄식했다는 백제 사람들의 말을 기록해 놓은 『일본서기』의 기사는 백강구전투의 승패가 곧 백제부흥운동군과 백제의 운명을 판가름하는 중대한 고비가 되었던 것임을 알게 해준다.

4) 부여륭의 웅진도독으로서의 위상확립

부여륭이 백강구전투에 참여하게 되기까지의 자세한 사정은 알 길이 없다. 별다른 문제의식 없이 지금까지는 부여륭을 내세워 심리적으로 부흥운동군의 기세를 꺾어버림으로써 백제지역에 대한 지배권을 완전히 장악하려는 중국의 '이이제이(以夷制夷)' 정책 차원에서 부여륭이 파견되었다고만 이해하고 있는 것 같다.

그러나, 우리가 생각하는 것처럼 중국인들이 '이이제이' 정책을 무조건 맹신했던 것은 아니다. 이러한 사실은 유인궤가 백제 수령 사타상여(沙吒相如)와 흑치상지(黑齒常之)를 이용해 임존성의 지수신을 공격하려 할 때 손인사 등이 그 방법에 반대하고 있는 내용에서도 드러나 있다. 『구당서』 유인궤전의 내용을 보자.

손인사가 말하기를 '(사타)상여 등은 수심(獸心)이라 믿기 어렵습니다. 만약 갑장(甲仗)을 준다면 이는 도둑에게 무기를 지급하는 것과 같습니다'라고 하였다. (유)인궤가 말하기를 '내가 (사타)상여와 (흑치)상지를 보건대 모두 충용(忠勇)하고 지략이 있으며 은혜에 감사할 줄 아는 사람이다. 나를 따르면 성공할 것이고 나를 배반하면 반드시 멸망할 것인 바, 이 날에 증명할 기회가 있으니 모름지기 의심하지 말아라'라고 하였다. 이에 그들에게 양곡과 무기를 주고 군대를 나누어 그들을 따르게 하여 드디어 임존성을 쳐서 빼앗았다. 지수신은 그 처자를 버리고 달아나 고구려에 투항하였다.

이와 같이 결국 사타상여와 흑치상지의 경우도 겉모습은 '이이제이'로 나타나고 있지만, 이들을 이용하는 방안이 채택되기까지 당군(唐軍) 진영 안에서는 심각한 찬반 토론이 있었고, 따라서 유인궤의 이들에 대한 강한 신뢰감과 지지가 없었다면 이것이 실행에 옮겨지지는 못했을 것이라는 사실도 알 수가 있다. 다시 말해 사타상여와 흑치상지가 임존성을 공격하여 함락시키게 된 역사적인 사실은 단순히 '이이제이'정책만을 가지고 설명할 수 있는 성질이 아니라는 것이다. 그 안에는 이들 개인이 지니고 있는 능력은 물론이고 유인궤의 이들에 대한 절대적인 신뢰와 지지가 보다 근본적인 이유로 자리잡고 있다는 사실에도 눈을 돌려야 하리라고 본다.

그렇다면, 문제의 핵심은 어떻게 하여 유인궤가 과거에 적이었던 사람들을 신뢰하고 지지하게 되었는가 하는 것과 또 이들이 어떻게 태도를 180도로 바꿔 얼마 전까지 자신의 본거지이자 동료였던 임존성과 지수신을 공격하는 이율배반적인 행동을 하게 되었는가에 있다고 하겠다.

백강구전투에서 풍왕이 패배하고 고구려로 도망한 이후의 상황을 보면, 왕자 부여충승(扶餘忠勝)과 충지(忠志) 등 남은 세력 및 왜군들이 당나라에게 항복하고 있는 모습이 보이는데, 복신과 서로 호응하던 흑치상지가 별부장(別部將) 사타상여와 함께 항복하여 유인궤의 인정을 받게 된 것도 이 무렵의 일로 생각된다.[27] 지수신이 홀로 임존성에서 항거했다고 하나, 그 역시 흑치상지에게 11월에 패배하고는 고구려로 도망하였고, 664년 3월에는 사비성에 모여 반란을 일으킨 백제의 남은 무리 또한 웅진도독이 모두 격파하고 있다.

한편, 부여륭과 흑치상지는 이후 손인사·유인원 등과 함께 당나라로 일단 돌아갔지만, 664년 10월 부여륭을 이용해 백제 유민을 안정시켜야 한다는 유인궤의 건의가 있자 당 고종은 부여륭을 웅진도독으로 삼아 다시 백제지역으로 파견하였다. 백제지역 전체를 부여륭에게 맡겨도 좋겠다고 생각할 만큼 고종이나 유인궤의 부여륭에 대한 믿음은 컸던 것이다.

부여륭이 웅진도독에 임명된 것 자체를 당나라의 '이이제이' 정책 속에서 기계적으로 이해하는 시각도 있으나, 이 때는 백제부흥운동군의 활동이 사라진 뒤이기 때문에 그렇게 간단하게 생각할 문제는 아니다. 포로로 중국에 잡혀간 부여륭이 황제의 신임을 얻기 위해 많은 노력을 기울였다는 사실은 앞에서 언급한 바 있다. 그가 백강구전투에 뛰어들어 풍왕을 중심으로 한 백제부흥운동군을 진압하려 한 것은 중국의 입장에서 보면 '이이제이' 차원에서 의미가 있는 것이지만, 부여륭의 입장에서 보아도 백제왕을 자처하는 풍왕의 존재는 지금까지 자신이 백제에서 차지해온 위치는 물론 그의 미래의 위상까지 불안하게 만드는 위협적인 것이었다. 따라서 풍왕을 타도하는 일은 부여륭 자신의 앞날을 위해서도 필요한 것이었기에 부여륭은 백강구전투에도 스스로 강한 의지를 갖고 참여하게 되었다고 보아야 할 것 같다. 그리고 이러한 그의 행동이 결국 유인궤나 당 고종으로부터 그가 절대적인 신임을 받아서 웅진도독의 자리에까지 오르는 중요한 원인이 된 것이 아닐까 생각한다.

또한, 백강구전투의 결과로 나타나게 된 내용, 즉 부여충승과 충지 및 일본의 응원군 그리고 흑치상지 등이 당나라에 항복한 것은 물론이고, 흑치상지가 태도를 180도로 바꾸어 부흥운동군 토벌에 나선 이해하기 어려운 모습도 당나라 편에 서있는 부여륭이 있었기 때문에 나타나게 된 결과라고 보아야만 납득이 간다.

「흑치상지 묘지명」에서는 부여륭과 흑치상지의 관계를 주인이나 임금을 뜻하는 '주(主)'로 표현하면서 흑치상지가 '그 주(主) 부여륭과 함께 입조(入朝 : 황제의 궁전에 들어가 알현함)하자 예속시켜 만년현(萬年縣) 사람으로 삼았다'고 하였는데, 그들 사이에 그만큼 강한 주종관계가 형성되어 있었고, 이것이 당시 흑치상지의 행동을 친당적(親唐的)인 것으로 전환시켰다고 보아야 하겠다. 『구당서』 흑치상지전에는 663년 고종이 사신을 파견해 설득하여 흑치상지가 그 무리를 거느리고 항복해 왔다는 내용이 있다. 이 때의 사신이 누구였는지 확실하지는 않지만 부여륭 아니면 그 측근의 인물이었을 가능성이 크다. 「부여륭 묘지명」에서 살펴보았듯이 이 무렵의 부여륭은 종3품의 사가경을 제수받을 만큼 고종으로부터 두터운 신임을 얻는데 성공하고 있었다. 때문에 그와 같은 사신으로서의 역할을 충분히 수행할 수 있는 위치에 있었다고 본다. 이보다 뒤에 일어난 일이기는 하지만 고종이 부여륭을 사신으로 파견하고 있는 모습은 태산에서의 봉선이 끝나고 그를 보내 공자에게 제사를 지내게 했던 예에서도 나타나고 있다. 이는 이미 앞에서 지적한 바와 같다. 흑치상지는 부여륭이 웅진도독으로 파견되어 올 때도 절충도위(折衝都尉)로서 웅진성에 함께 온 것으로 그의 묘지명에 나오는데, 그가 당나라에 항복하여 임존성을 공격하게 되기까지 부여륭의 역할이 컸으리라는 것은 짐작하기에 어렵지 않다.

백강구전투를 계기로 하여 나타나는 유인궤와 부여륭, 흑치상지의 활약상을 관련지어 보면, 유인궤가 손인사의 반대에도 불구하고 흑치상지를 끝까지 믿고 임존성을 공격하도록 지지해준 밑바탕에는 부여륭에 대한 유인궤의 신뢰가 강하게 자리잡고 있었던 것으로 받아들여진다. 백강구전투에서 부여륭은 유인궤와 함께 출동하여 수전(水戰)을 치루었고, 그 결과 뒤에 유인궤가 부여륭을 웅진도독으로 추천하고 있는 것에서도 알 수 있듯이 둘 사이의 관계는 매우 밀접해진 것으로 나타난다. 유인궤의 이러한 부여륭에 대한 신뢰가 그대로 부여륭을 따르는 흑치상지에게로도 전이되어 그를 믿고 군대를 맡기는 상황으로까지 발전하게 된 것이 아닐까 생각한다. 만일 백강구전투에 참가한 부여륭의 모습이 유인궤에게 능동적인 것이 아니라 피동적인 것으로 비쳤거나 그의 활동모습이 마음에 들지 않았다면 흑치상지 역시 활용되지 않았으리라고 본다.

따라서 부여륭이 백강구전투에 참가하여 보여준 활동이 이후 흑치상지의 성공적인 활동도 만들어내게 되었다고 평가할 수 있겠으며, 이와 같은 이유로 흑치상지가 임존성을 함락시켜 백제부흥운동을 종식시키는 결정적인 공을 세우게 된 것은 동시에 부여륭의 공으로 돌려질 수도 있는 것이었다. 결국 이러한 현실 속에서 유인궤는 드디어 부여륭을 웅진도독으로까지 천거하고 있다. 그렇다면 이것을 바꾸어 표현해 보면, 부여륭이 자신의 위상회복과 백제의 재건을 위해 그동안 끊임없이 노력해온 결과가 그의 백강구전투 참가를 계기로 열매를 맺음으로써 백제는 이후 웅진도독부 체제라는 새로운 정권형태로 다시 태어나게 되었다고 말해도 좋을 것 같다.

4. 웅진도독부체제의 성격과 백제의 멸망

1) 웅진도독부와 공주에 대한 새로운 인식

의자왕의 정권이 붕괴된 후 백제부흥운동기를 거쳐 부여륭을 중심으로 새롭게 편성된 웅진도독부 체제는 그 성격이나 역할 면에서 상당한 역사적 중요성을 지니고 있음에도 이 부분에 대한 일반인들의 지식은 거의 없는 상태이다. 그리고 단편적으로 지니고 있는 인식마저 매우 왜곡되어 있는 것을 볼 수 있다. 대표적인 예가 중국의 영향력을 너무 강조하여 웅진도독부를 당나라의 괴뢰정권 정도로만 생각하고 있으면서 부여륭의 입장이나 웅진도독부가 당시 실제로 보여주고 있는 활동내용들에 대해서는 별다른 관심을 기울이지 않고 있다는 것이다.

부여륭이 유인궤의 추천으로 웅진도독에 임명된 것을 단순히 당나라의 '이이제이' 정책으로만 설명해서는 안 되리라고 본다. 그 속에는 부여륭은 물론 흑치상지와 같은 백제계 관료들의 피나는 노력이 담겨 있고, 그것이 결국 인정을 받아 결실을 맺은 결과라고도 할 수 있다. 중국이 아니라 백제의 입장에서 보면, 복신과 도침, 풍왕 등이 시도했던 부흥운동은 실패했지만 부여륭이 선택한 방법은 성공하여 흑치상지 등의 도움과 함께 백제는 웅진도독부 체제로 다시 태어났다고 할 수도 있다. 한쪽의 부흥운동은 쇠퇴했으나 한쪽의 부흥운동은 성공하여 백제는 웅진도독부 체제로 되살아나는 모습을 보여주고 있는 것이다.

이하의 중심주제는 백강구전투가 끝나고 부여륭이 웅진도독으로 되어 그 도독부의 책임을 맡게 되면서 실제로 나타나고 있는 대외관계나 신라와의 갈등 등을 통해 웅진도독부체제의 성격을 규명해 보고, 이를 바탕으로 백제멸망의 시기와 그 의미를 어떻게 받아들여야 할 것인가의 문제를 다루어 보려는 것이다.

당나라는 백제를 점령한 뒤 1도호부 5도독부의 체제로 이 지역을 관리하려 했지만, 이것이 여의치 않자 웅진도독부를 중심으로 하는 지배체제로 전환하여 초기에는 왕문도·유인궤·유인원 등 중국 관료들을 도독으로 삼아 백제부흥운동군의 활동에 대처하였다. 그러나 부흥운동의 회오리가 가라앉은 다음에는 그동안 당나라 편에 서서 자신의 위상 회복과 백제의 재건을 위해 노력해 온 부여륭을 웅진도독으로 임명함으로써 백제지역에 대한 본격적인 기미정책 단계로 들어갔다.

부여륭이 웅진도독에 임명된 것은 외형적으로 보면 664년 10월 유인궤의 건의를 당 고종이 받아들인 결과로 나와 있다.

백제를 점령한 초기에 유인원을 중심으로 하여 부여에 설치되었던 도호부체제는 늦어도 662년 7월 이전에 해체되고 유인원은 사비성에서 웅진성으로 이동한 것으로 보인다. 『삼국사기』 의자왕 본기의 기사에 의하면 유인원은 용삭 원년(661) 3월까지 사비성에서 백제부흥운동군과 대치하며 고생하는 모습을 보여주고 있는데, 『자치통감』 당기 고종 용삭 2년(662) 7월조에는 그가 웅진도독의 자격으로 유인궤 등과 함께 웅진부근에서 백제부흥운동군을 대파(大破)했다는 기록이 나온다. 따라서 662년 7월 무렵에는 이미 공주의 웅진도독부가 당나라에 의해서 백제지역의 새로운 정치·군사 중심지로 자리잡게 되었고, 유인원도 이곳으로 옮겨 왔음을 알 수 있겠다. 다시 말해, 백제의 마지막 정치중심지는 웅진도독부체제 하에서 부여로부터 다시 공주로 옮겨왔다고 여겨지는데, 그렇다면 지금의 공주는 백제 멸망기의 마지막 수도와 같은 역할도 담당한 것으로 볼 수 있는 만큼, 우리는 백제 수도로서의 공주에 대한 인식을 새롭게 해볼 필요가 있다.

부여륭은 웅진도독부가 이와 같이 새로운 정치·군사 중심지로 자리잡은지 약 2년 3개월 정도 지나서 중국의 지지를 받아 웅진도독의 자리에 앉게 된 것이다. 그리고 웅진도독이 된 뒤에도 그는 여전히 중국의 힘을 이용해 그동안 열세에 놓일 수밖에 없었던 신라와의 관계를 개선해 보려는 나름대로의 목적을 가지고 중국에 드나들며 당 고종에게 순종하는 모습을 보여주었다.

이와 같은 이유로, 웅진도독부가 백제사에서 차지하는 중요성이 결코 적지 않음에도, 지금까지 대부분의 사람들은 표면에 나타나는 모습만을 가지고 그것을 당나라의 괴뢰정권 정도로 인식하며 별다른 관심을 기울이지 않게 된 것 같다. 물론 중국인 입장에서는 자신들의 손에 의해 만들어진 웅진도독부가 괴뢰정권으로 인식되었을 것이 분명하다. 오늘날 중국에서 편찬되고 있는 역사지도를 보아도, 이 시기의 백제와 고구려 지역이 모두 당나라 영토로 표시되어 있는데, 이 또한 중국인들의 입장을 반영하는 것이라 할 수 있다. 그리고 사실 중국학계에서는 웅진도독부를 당나라의 괴뢰정권으로 간주하는 분위기가 일반적이다.

그러나 우리로서는 웅진도독부의 운영책임을 맡게 된 부여륭의 입장도 무시해서는 안 되리라고 본다. 부여륭은 웅진도독부를 당나라의 생각대로만 이끌어 나가지는 않았다. 뒤에서 살펴보겠지만, 웅진도독부 시기의 백제와 신라 사이에 발생하고 있는 영토문제를 둘러싼 갈등은 의자왕 시대와 다를 것이 별로 없다. 따라서 웅진도독부를 독자성이 완전히 결여된 당나라의 괴뢰정권으로만 바라보는 태도는 잘못된 것이라할 수 있다. 바꾸어 말하면, 웅진도독부 자체가 부여륭을 비롯하여 여기에 참여한 백제인들의 입장에서는 영토국가로서의 백제의 존속을 의미하는 것이었으며, 그러하기 때문에 의자왕 때와 마찬가지로 여전히 신라와의 영토문제도 그치지 않고 지속되었던 것이라 생각한다.

결국, 이상과 같은 내용을 종합하면 웅진도독부 체제는 이중적인 성격 또는 이중적인 구조를 지니고 있었다고 보아야 할 것 같다. 즉, 군사력을 바탕으로 웅진도독부를 지원 및 감시하며 주로 대외적인 군사업무를 관장하던 유인원 중심의 체제와 군사력을 중국에 의존하면서도 행정적으로는 자신들의 독자성을 확보하며 신라와의 영토문제도 그 속에서 풀어나가려 한 부여륭 중심의 체제로 구분해 볼 수 있겠다. 이하에서는 이에 대한 내용을 좀더 자세히 살펴보겠다.

2) 웅진도독부의 이중적 성격과 동아시아 질서의 재정립

부여륭은 중국의 인정을 받기 위해 오랜 기간 동안 노력해 왔는데, 그러한 속에서도 백제를 생각하는 그의 마음은 변치 않았다. 그리하여 당나라에서는 웅진도독부를 괴뢰정권으로 생각하였겠지만, 웅진도독부 체제에 참여하고 있는 부여륭을 비롯한 백제계 관료들의 생각은 중국과 달라서 나름대로 독자적인 활동도 펼쳐 나간 것으로 보인다.

여기에서는 이러한 웅진도독부 시기의 백제와 신라가 영토문제를 둘러싸고 새롭게 갈등을 겪게 되면서 백제가 나름대로 보여주고 있는 대외적인 활동모습과 그것이 현실적으로 지닐 수밖에 없는 한계 때문에 결국 신라에 의해 웅진도독부가 해체됨으로써 백제가 완전히 멸망하게 되기까지의 내용 등을 고찰해 보고자 한다.

부여륭은 웅진도독으로 임명되자 마자 상당히 바쁜 일정을 보낸 것으로 나타난다. 664년 10월 웅진도독에 임명된 후 언제 중국을 출발하여 귀국했는지 분명하지 않지만 665년 8월에는 공주의 취리산에서 백마를 잡아 유인원의 입회 하에 신라의 문무왕과 양국의 영토를 확정짓는 맹약을 맺었고, 다시 유인궤와 함께 중국 낙양으로 가서는 666년 1월에 산동의 태산(泰山)에서 진행된 고종의 봉선(封禪) 의식에 참여하였다. 그리고 그 해 12월에는 고종의 명을 받아 산동의 곡부(曲阜)에서 공자에게 지내는 제사를 주관한 뒤 귀국한 것으로 여겨지는데, 이 때부터 부여륭이 이끄는 웅진도독부와 신라는 영토문제로 또다시 갈등을 겪기 시작한 것으로 보인다.

부여륭이 666년 12월 산동의 곡부에서 공자의 제사를 주관하고 있는 것을 보면, 그가 웅진도독부로 돌아와 본격적으로 활동하기 시작한 시기는 667년부터라고 해야 할 것 같다. 부여륭의 이후 활동내용을 직접적으로 전해주는 사료는 없다. 그러나 신라의 문무왕이 671년 7월 대당총관(大唐摠管) 설인귀에게 보낸 「답설인귀서」 및 672년 9월 당나라 조정에 보낸 「사죄문」과 관련된 기록에서, 간접적이나마 부여륭이 이끄는 웅진도독부 체제하의 백제와 신라가 영토문제를 둘러싸고 새로이 분쟁을 겪기 시작한 사실을 확인할 수가 있다. 『삼국사기』 문무왕 본기에서 그 내용을 뽑아보면 다음과 같다.

① 총장(總章) 원년(668)에 이르러 백제는 맹회처(盟會處)에서 경계 표시를 옮겨 바꾼 채 전지(田地)를 침탈하고 우리 노비를 빼앗고 우리 백성을 유인하여 내지(內地)에 숨겨두었는데, 번번이 찾아내어도 끝내 이를 돌려주지 않았다. ……

② 또한 백제의 부녀(婦女)를 신라의 한성도독(漢城都督) 박도유(朴都儒)에게 시집 보내고는 이와 공모하여 신라의 병기(兵器)를 훔쳐내어 1주(州)의 땅을 습격하려던

중에 다행히 일이 발각되어 곧 (박)도유를 참(斬)하였으므로 그 뜻을 이루지 못했다.

③ 함형(咸亨) 원년(670) 6월에 이르러 고구려가 모반하여 한관(漢官 : 당나라 관료)을 모두 살해하므로 신라는 곧 군사를 일으키고자 했는데, 먼저 웅진(熊津)에 알리며 말하기를 '고구려가 이미 모반했으니 이를 정벌하지 않을 수 없다. 피차가 모두 황제의 신하이니 함께 흉적을 토벌함이 순리일 것이다. …… 곧 관리를 이곳으로 파견하여 함께 모여 상의하며 계책을 세우자'고 하였다. 백제의 사마(司馬) 니군(禰軍)이 이곳으로 와서 마침내 함께 계책을 세우며 의논하기를 '군사를 일으킨 후에는 피차 서로 의심할 염려가 있으니 쌍방의 관료를 볼모로 서로 교환하자'고 하므로 곧 …… 볼모 교환의 일을 상의하게 했는데, 백제는 비록 볼모교환을 허락하였으나 성안에는 여전히 병마를 모으고 그 성 밑에 이르기만 하면 밤에 나와서 공격하는 것이었다.

④ 7월에 이르러 입조사(入朝使) 김흠순(金欽純) 등이 도착하였는데, 장차 경계선을 구획할 때 지도를 살피며 조사하여 백제의 옛 땅을 모두 갈라서 돌려주라 하니 …… 3~4년 사이에 한 번 주었다 한 번 빼앗았다 하게 되어 신라의 백성은 모두 실망한 채 말하기를 '신라와 백제는 대대로 깊은 원수인데, 이제 백제의 형세를 보면 따로 한 나라를 세우려 하니 백년 뒤에는 우리 자손들이 반드시 그들에게 먹히게 될 것이다. …… '라고 하였다.

⑤ 지난 해(670) 9월에 이 사실을 상세히 적어 사신을 파견하여 알리려 했는데 바다에서 풍파로 표류하다 돌아왔고, 다시 또 사신을 보냈으나 역시 뜻을 이루지 못했다. 이후에는 차가운 풍랑이 극심해져 아직까지 알리지 못했는데, 백제는 거짓말을 꾸며 아뢰기를 신라가 배반한다고 하였다.

⑥ 슬프다. 양국(백제와 고구려)을 평정하지 아니하였을 때에는 손발과 같이 일을 맡겼는데, 야수와 같은 적을 물리친 지금에는 반대로 팽재(烹宰 : 兎死狗烹)의 침해와 핍박을 받게 되었다. 잔악한 적인 백제는 옹치(雍齒)처럼 상을 받고 중국을 위해 희생한 신라는 이제 정공(丁公)처럼 죽음을 당해야 하는가. (이상은 「답설인귀서」의 내용)

⑦ (672년 9월) 왕은 예전에 백제가 당나라로 가서 호소하며 군대를 청하여 우리를 침범하므로 사태가 급박하여 자세히 아뢸 겨를도 없이 군사를 내어 이를 토벌하였다. 이로 인해 대조(大朝 : 당나라)에 죄를 짓게 되었는데, …… 글을 올려 사죄하며 말하기를 '…… 제가 죽을 죄를 지은 것을 삼가 말씀드립니다. …… 그러나 깊은 원수인 백제는 근신(近臣 : 신라)의 변경을 핍박하며 천병(天兵 : 당나라 군대)을 끌어들여 신(臣)을 멸망시킴으로써 치욕을 씻으려 하므로, 신은 파멸의 지경에서 스스로 삶을 구하고자 하다가 흉역(凶逆)의 누명을 쓰고는 마침내 용서받기 어려운 죄에 빠지게 되었습니다. 신은 일의 사정을 알리지도 못했는데 먼저 죽음을 당하면 살아서는 명을 거역한 신하가 되고 죽어서는 은혜를 배반한 귀신이 되겠으므로, 삼가 사정을 적어서 죽음을 무릅쓰고 알리는 것이니 엎드려 원컨대 귀를 기울여 그 원인

을 밝게 살피시기를 바랍니다. 신은 전대(前代) 이래로 조공을 끊지 않았으나 최근에 백제 때문에 거듭 조공을 빠뜨리게 되어 드디어는 성조(聖朝 : 당나라 조정)로 하여금 장군에게 명하여 신의 죄를 토벌하게 하였습니다. 죽어서도 형벌은 남을 것이니 …… (문무왕 12년 「사죄문」의 내용)

위 인용문의 내용들을 살펴보면, ①·②·③은 부여륭이 웅진도독에 임명되어 백제지역에서 실제로 활동하기 시작한 직후라고 할 수 있는 668년부터 웅진도독부 체제하의 백제와 신라 사이에 영토문제로 갈등이 발생함으로써 팽팽한 긴장감이 조성되었다는 사실을 알게 해주고, ④·⑤·⑥·⑦은 백제의 부단한 노력에 의해 이들 양국과 중국과의 관계가 뒤바뀌어 이전과는 정반대로 새롭게 중국의 지지를 받게 된 백제의 입장은 유리해지고 신라는 여러 가지로 어려움을 겪으면서 다시 한반도가 전운(戰雲)에 휩싸이게 되었음을 알게 해준다.

664년 2월 웅령의 회맹과 665년 8월 취리산의 맹약으로 양국간의 영토문제는 어느 정도 매듭지어진 것처럼 보이지만, 「답설인귀서」에서 문무왕이 '맹회(盟會)의 일은 비록 원하는 바가 아니었지만 감히 (황제의) 조칙을 위반할 수 없었다'라고 하였듯이 당나라의 주도로 이루어진 이들 맹약은 신라가 원하던 것이 아니었다. 동시에 부여륭과 같은 백제인의 입장에서도 기존의 영토가 상당부분 축소될 수밖에 없는 이들 맹약은 역시 만족하기 힘든 것이었다. 웅진도독부 시기 백제의 영토에 관한 연구 중에는 『삼국사기』 지리지 4의 말미에 기록되어 있는 1도독부

7주 51현의 기사내용을 이용하여 원래보다 영토가 절반으로 줄어들었다고 보는 견해도 눈에 띈다.[28] 따라서 부여륭이 백제지역에서 실제활동을 시작하면서 이러한 잠재되어 있던 문제가 현실로 나타나 웅진도독부체제하의 백제와 신라 사이에 새로운 전쟁이 시작된 셈인데, 여기에는 중국도 깊숙이 개입하고 있었다. 다만, 의자왕 때에는 당나라가 신라 편에 서서 백제를 공격하여 성공을 거두었으나 웅진도독부체제하에서는 부여륭의 백제 편에 서서 신라를 공격하게 되었다. 하지만 이때는 당나라의 대내외적인 상황이 한반도 문제에만 힘을 쏟으며 신라와의 전쟁을 지속적으로 수행해 나가기 어렵게 변하였기 때문에 결과는 백제의 멸망으로 끝나게 되었다.

이에 대한 자세한 내용은 잠시 뒤에 살펴보기로 하고, 우선 위의 인용문에서 찾아볼 수 있는 또 하나의 내용으로서 웅진도독부체제의 이중적인 성격에 대해 언급해 보기로 한다.

부여륭을 중심으로 한 백제계 관료들은 신라와의 영토문제를 새롭게 조정하기 위해 독자적인 활동을 벌이거나 당나라를 자신들 편에 서도록 설득하는 등 백제 내부의 자체적인 문제는 스스로 관리하는 모습을 보여주고 있다. 그러나 고구려 정벌 등 대외업무는 유인원과 같은 당나라에서 파견된 장군들이 맡아서 처리하고 있다. 『삼국사기』 문무왕본기 7년(667) 7월조와 12월조에는 군사를 징집하라거나 당나라의 고구려정벌을 원조하라는 당 고종의 명령을 유인원이 신라에게 전달하고 있는 모습이 보이고, 8년 6월 22일조에는 유인원이 귀우(貴于)와 미힐

웅진도독부 터로 전해오는 공주의 소정이펄. 1945년 해방되던 해에 큰 장마가 져서 그 자리가 드러났다가 이후 다시 묻혔다는 소문도 있다. 그러나 이 자리는 웅진도독부터라기보다 당나라 장군 유인원이 이끄는 중국 수군(水軍)의 주둔 장소로 보아야 하리라는 것이 필자의 생각이며, 부여륭 중심의 웅진도독부는 현재의 공산성 안에 자리잡고 있지 않았을까 판단된다.

(末肹)을 신라에 파견해 고구려의 대곡군(大谷郡)과 한성(漢城) 등 2군 12성이 항복한 사실을 알리는 모습이 나타나고 있다. 또 편년의 시기에 문제가 있기는 하지만 『일본서기』 천지천황 10년(671) 정월조에는 백제진장(百濟鎭將)의 이름으로 유인원이 이수진(李守眞) 등을 일본에 파견하여 글을 올렸다는 기록도 보인다. 다만 『자치통감』 당기의 고종 총장 원년(668) 8월조에 보이듯이 당나라가 고구려를 정벌할 때 유인원은 주저하며 적극적으로 나서지 않았다는 이유로 이미 소환되어 요주

(姚州)로 유배당한 뒤였기 때문에 이수진이 그의 이름을 형식적으로 빌려 쓴 것인지, 아니면 유인원이 아닌 다른 당나라 장군의 이름을 쓴다는 것이 잘못하여 유인원으로 기록한 것인지, 또는 편년이 잘못된 것인지 분명한 사정은 알기 어렵다.

여하튼 이상의 내용을 정리하면, 웅진도독부는 이중적인 지배구조를 지니고 있었다는 결론에 다다르게 된다. 그리고 이것이 사실이라면 우리가 웅진도독부를 바라보는 시각도 일원론이 아니라 이원론적인 입장을 지녀야 하리라고 본다. 부여륭이 머물던 웅진도독부의 행정치소와 당나라 장군 유인원이 군대를 주둔시키면서 머물던 장소도 당연히 구분되어야 할 것 같다. 현재 웅진도독부터로 이야기되고 있는 공주 곰나루 부근의 소정이펄은 지리적인 조건으로 볼 때 수군 중심이었던 유인원군대가 주둔장소로 이용한 곳이었다고 보아야 자연스럽고, 부여륭이 거주하던 웅진도독부의 치소는 아마도 현재의 공산성 안에 자리잡고 있지 않았을까 하는 것이 필자의 생각이다.

한편 ③의 인용문 내용과 같이 웅진도독부 시기의 백제가 신라와의 관계에서 겉과 속이 다른 모순되는 행동을 보여주고 있는 이유도 이러한 이중적인 지배구조 때문이 아니었을까 생각한다. 즉, 당나라의 입장은 백제와 신라가 화해하기를 원하여 볼모를 교환하도록 하는 조정안이 마련되기에 이르렀지만, 부여륭 등 백제계 관료들은 내심으로 이에 승복하지 않아서 표리부동(表裏不同)한 행동을 하게 되었다고 여겨지는 것이다. 고구려와의 전쟁이 한창 진행 중이던 668년 8월에 전쟁에 대한 참여자세가 미온적이라는 이유로 유인원이 소환되어 유배를 당한 일도 결국은 웅진도독부의 이중적인 지배구조 속에서 그의 지시가 백제계 관료들에게는 효과적으로 먹혀들지 않았기 때문에 초래된 결과가 아니었을까 여겨지기도 한다.

『신당서』 고구려전, 건봉(乾封) 3년(668) 12월조에는 당 고종이 고구려를 점령한 뒤 행한 논공행상(論功行賞)의 기사가 있는데, 거기에는 끝까지 항전한 고구려의 남건(男建)을 검주(黔州)로 유배보냈다는 내용에 이어서 백제왕 부여륭도 '영외(嶺外)'로 추방했다고 되어 있다. '영외'는 중국의 역대 왕조가 유배지로 활용해 온 오지의 땅, 즉 광동(廣東)과 광서(廣西) 지역이 중심이 되는 영남지방을 말한다. 『신당서』는 부여륭을 백제왕으로 표현하고 있어서 백제지역에서 그가 지닌 실질적인 통치력을 느끼게 해주는 동시에 당나라가 고구려를 점령한 직후에 그를 영남지방으로 추방한 사실을 전하고 있는 것이다. 만일 중국이 이 때 실제로 부여륭을 소환하여 귀양을 보냈다면, 4개월 전에 소환되어 유배를 당한 유인원처럼 그 이유는 분명하게 된다. 나·당 연합군이 고구려를 공격할 때 부여륭이 비협조적이었거나 그것을 반대 또는 방해하는 독자적인 활동을 행하였으리라는 추론이 성립될 수 있는 것이다. 그리고 유인원의 귀양도 이러한 부여륭의 행동과 연결시켜 생각해 볼 수 있는 개연성이 더욱 커진다.

그러나 『신당서』보다 20여년 뒤에 편찬되어 나온 『자치통감』 당기의 고종 총장 원년(건봉 3년 : 668) 12월조에는 남건을 검주로 유배하고 부여풍(扶餘豐)을 영남으로 유배했다고 되어 있다. 여기에서는 부여륭이 아니라 부여풍으로 기록이 나와 있는 것이다. 이들 두 사료는 모두 고구려 정복 후의 포로에 대한 처우문제를 다루는 같은 내용의 기사이다. 부여풍은 백강구전투에서 패배한 뒤 고구려로 도망해 갔기 때문에 이 때 당나라의 포로가 되었을 가능성이 충분히 있다. 따라서 편찬시기로 보면 『신당서』가 『자치통감』보다 20여년 빠르지만, 당시의 상황논리를 가지고 기사의 내용을 분석할 때는 『자치통감』의 기록이 신뢰도가 훨씬 높은 것으로 받아들여진다. 그렇다면 『신당서』는 부여풍에 대한 기록을 잘못하여 부여륭으로 표기하는 실수를 범했다고 볼 수도 있기 때문에, 『신당서』의 부여륭 추방기사에 대한 지나친 의미부여는 삼가해야 할 것 같다. 오히려 의자왕의 정권이 붕괴되고 동아시아 질서가 재편되어가는 소용돌이 속에서 일본에서 건너와 부흥운동을 전개하다가 고구려로 망명했던 부여풍이 결국은 당나라의 포로가 되어 유배지인 영남에서 말년을 불행하게 보냈다는 부여풍의 인생 역전(逆轉)의 모습을 찾아볼 수가 있어서 안타까움을 준다.

여기에 마지막으로 한 가지 더 언급해 놓고 싶은 내용이 있다. 중국 광서장족자치구(廣西壯族自治區)의 백제향(百濟鄕) 백제허(百濟墟) 일대에서 지금까지도 많이 사용되고 있는 '백제'라는 명칭에 주목하여, 이 지역을 백제 22담로의 한 곳이었다고 보면서 이 곳이 흑치상지의 고향이 아니었을까 추론하는 견해가 최근에 발표된 적이 있는데, 이러한 해석은 너무 자의성이 강한 것으로 판단된다. 필자의 개인적인 소견으로는, 오히려 당나라의 포로가 되어 이곳으로 유배를 온 부여풍이 이 지역의 주민들에게 많은 영향을 남김으로써 그 결과가 오늘날까지 이 지역에 남아있게 되었다고 받아들이는 것이 좀더 합리적인 역사해석이 아닐까 하는 생각을 해본다.

3) 나·당 전쟁과 백제의 멸망

그러면, 당나라와 손을 잡고 신라와는 영토문제로 새로이 분쟁을 일 으킨 웅진도독부 시기의 백제가 어떻게 하여 멸망의 길을 걷게 되었을 까 살펴보기로 하겠다.

위 인용문 ④·⑥·⑦ 등에 '신라와 백제는 대대로 깊은 원수'라거나 '잔악한 적인 백제'라는 표현이 나오듯이 오랜 역사 속에서 형성되어 내려온 양국 사이의 적대감은 쉽게 해결될 수 있는 성질의 것이 아니었 다. 웅진도독부 시기의 백제가 잃어버린 영토소유권을 신라로부터 되 찾기 위해 다시 반신라적(反新羅的)인 활동을 전개한 것은 당연한 역사 적 귀결이라 할 수밖에 없는데, 신라 역시 당나라의 강권에 의하여 마 지못해 백제와 회맹은 하였지만 백제의 실체를 자신과 동등한 선상에 서 인정해 주려고는 하지 않았다.

그리하여 668년부터 백제와 신라 사이에 영토문제를 둘러싼 갈등이 다시 심화되고, 이러한 속에서 동아시아 국제관계도 재조정되어 당나 라가 백제 편에 서서 백제의 옛 땅을 되돌려주라는 등 신라의 내정에 간섭하고 나서자 신라는 태도를 바꾸어 당나라와의 관계를 무시하며 웅진도독부 체제하의 백제에 대해 군사적인 압력을 가하기 시작한 것으로 보인다.

『삼국사기』 문무왕본기 10년(670) 정월조와 11년조의 「답설인귀서」에 의하면, 신라는 백제의 땅과 유민을 거두어들인 일로 669년 당나라에 김흠순(金欽純)과 김량도(金良圖)를 사죄사(謝罪使)로 보냈었는데, 김흠순은 670년 정월 신라가 차지한 백제의 옛 땅을 다시 돌려주라는 당 고종의 조서를 가지고 귀국하도록 허락이 떨어져 그 해 7월 신라에 도착했지만, 당에 억류되어 있던 김량도는 옥(獄)에서 죽는 등 당과 신라와의 관계가 불편해지고 있는 모습이 보인다. 이러한 속에서 670년 3월에는 신라가 압록강을 건너 만주로 들어가 말갈병과 대치했다는 기사가 보이고, 4월 4일에는 그들과 싸워 승리했지만 당나라 군사가 계속 도착하므로 후퇴했다는 내용도 눈에 띈다. 당과 신라와의 군사적인 대립이 본격화되기 시작했음을 알게 해준다. 특히 7월조에는 백제의 배반을 우려한 신라가 대아찬(大阿湌) 유돈(儒敦)을 웅진도독부에 파견하여 다시 화친할 것을 요구했으나, 백제가 이를 따르지 않고 사마(司馬) 니군(禰軍)을 보내 신라의 동정만을 엿보게 하자 신라는 그를 인질로 잡고 백제에 대한 전면적인 공격을 단행한 것으로 나와 있다. 신라의 침공으로 백제는 이 때 82개의 성(城)을 잃는 큰 피해를 입게 되었고, 그리하여 위기를 느낀 백제는 당나라의 도움에 의지함은 물론 일본에까지 사신을 보내 원병을 요청하여 일본에서는 이에 대해 논의하는 모습이 『일본서기』 천지천황 10년(671) 6월조에 보인다. 그러나 신라의 문무왕은 그동안 단절되었던 일본과의 관계를 개선하기 위해 이미 668년 9월 일본으로 사신을 보내어 외교관계를 재개하였고, 그 결과 문무왕 재위 기간에만 12회나 사신이 파견될 정도로 활발한 교류가 맺어지게 되었는 바, 이러한 이유에서인지 당시 일본은 백제의 요청에 대해 별다른 반응을 보이지 않았다.

한편, 신라는 백제를 지원하는 당나라 군대와 정면으로 맞서며 전투를 계속해 나갔다. 『삼국사기』 문무왕 본기에 의하면, 676년 11월 신라가 금강하구의 기벌포에서 당나라 설인귀 군대와 싸워 승리하는 모습이 마지막으로 보일 때까지 고구려지역과 백제지역에서 전투는 끊이지 않고 이어지고 있다. 그 과정에서 신라는 자신들의 반당적(反唐的) 행위에 대한 문책과 설득을 목적으로 대당총관(大唐摠管) 설인귀가 신라의 승려 임윤법사(琳潤法師)를 통해 671년 7월에 보내온 서신에 대하여 한 치의 양보도 없이 당나라에 대한 서운한 감정과 백제에 대한 자신들의 단호한 입장을 밝히는 답서를 전달하면서 곧바로 사비성까지 진격하여 그곳에 소부리주(所夫里州)를 설치하고 아찬(阿湌) 진왕(眞王)을 도독으로 임명하였다. 그리고 이후에도 백제지역에 대한 군사행동과 그것이 부득이할 수밖에 없었다는 내용의 사죄문을 당나라 조정에 보내는 행위를 병행하면서 신라는 백제의 옛 땅을 계속 점거해 들어갔다.

이상과 같은 신라의 행동에 대하여, 당나라는 674년 정월에 문무왕의 관작(官爵)을 삭탈하고 당시 중국에 있던 그의 동생 김인문(金仁問)을

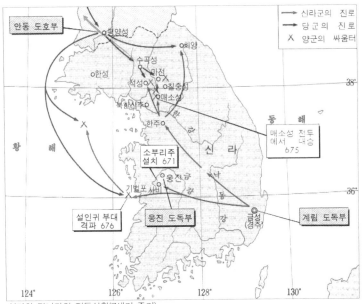

신라와 당나라의 전투상황(7세기 중기)

신라왕으로 삼아 귀국하게 하는 동시에 유인궤를 시켜 신라를 공격하
도록 하는 강경한 입장을 한 때 보여주었다. 그러나 675년 2월 유인궤
는 칠중성(七重城)을 격파한 뒤 곧 귀국했고, 이어서 문무왕이 공물을
바치며 두 차례에 걸쳐 사죄하자 강경책은 양보정책으로 바뀌어 당나
라는 문무왕을 용서하고 왕의 관직도 회복시켜 주었으며 김인문은 임
해군공(臨海郡公)으로 고쳐서 봉하였다. 다만 신라는 이후에도 백제와
고구려 지역에서 군사 활동을 멈추지 않았고 그 때마다 당나라의 대처

도 뒤따랐는데, 이 무렵 당나라는 당군(唐軍)보다 주로 말갈이나 거란 군을 이용하는 등 적극적인 대처모습을 보여주지 않고 있다. 그러다가 676년 11월 기벌포의 싸움이 있은 뒤로는 신라와 중국과의 전쟁기사가 더 이상 눈에 띄지 않는다. 결국 이 때에 이르러 당과 신라 사이의 전쟁 은 마무리된 것으로 받아들여도 좋을 것 같다.

지금까지의 내용을 정리하면, 신라의 백제지역에 대한 군사작전은 성 공적으로 수행되었음을 알게 된다. 그리고 상황이 이와 같이 변하면서 부여륭을 중심으로 재편성되었던 웅진도독부 체제하의 백제는 사실상 붕괴되고 말았는데, 부여륭이 신라의 공격을 피해 언제 백제지역을 떠 나 중국으로 건너갔는지 자세한 사정은 알 수 없다. 다만, 671년 7월 신라가 부여를 중심으로 소부리주를 설치하여 백제지역을 자신들의 정 식 지방행정단위로 삼았다는 것은 이 지역에서의 주도권을 신라가 완 전히 장악하게 되었다는 의미로 받아들일 수 있고, 그렇다면 이 때 이 미 부여륭은 백제를 떠난 상태에 있었던 것이 아닐까 추측할 뿐이다.

따라서 이후에도 백제의 고성성(古省城)이나 가림성(加林城), 기벌포 등에서 전투가 있었기는 하지만, 이는 최후까지 버티며 저항한 세력들 의 마지막 남은 불씨가 꺼져가는 모습을 연상시키기에 웅진도독부 체 제 하에서의 백제의 실질적인 수명은 671년 7월까지 유지된 것으로 보 아야 하지 않을까 생각한다.

『자치통감』 당기의 고종 의봉 원년(676) 2월조와 2년 2월조 및 『구당 서』 고종본기의 의봉 2년 2월조와 백제전 등에는 신라와 당나라의 전쟁이 거의 끝나갈 무렵부터 당나라가 한반도 문제를 어떻게 처리해 나가고 있었는가 알게 해주는 내용이 자리잡고 있다.

이를 살펴보면, 먼저 한반도에 관료로 와 있던 중국인들의 관직을 모두 파(罷)한 당나라는 676년 2월에 안동도호부와 웅진도독부도 새롭게 정리한 것으로 나온다. 즉, 안동도호부는 평양에서 요동(遼東)의 고성(故城)으로 옮기고 웅진도독부는 만주 건안(建安)의 고성(故城)으로 옮겼는데, 중국 땅에 옮겨와 서주(徐州)나 연주(兗州) 등에 흩어져 살던 백제의 유민들을 모두 이곳 건안에 머물게 했다고 한다. 그리고 기벌포 싸움에서 당나라 설인귀 군대가 패배하고 물러난 지 3개월 쯤 지난 677년 2월에는 이미 당에 끌려와 공부상서(工部尙書)의 벼슬을 받고 있던 고구려의 보장왕, 즉 고장(高藏)을 '요동주도독(遼東州都督)'으로 삼고 '조선군왕(朝鮮郡王)'에 봉한 뒤, 중국에 와 있던 고구려사람들과 함께 요동으로 돌려보내 고구려유민을 안집(安輯)하게 했다. 또한 사농경(司農卿) 부여륭도 '광록대부태상원외경겸웅진주도독대방군왕(光祿大夫太常員外卿兼熊津州都督帶方郡王)'으로 삼고는 본국으로 돌아가 백제유민을 안집(安輯)시키도록 하는 동시에 안동도호부를 신성(新城)으로 옮겨 이를 통솔하게 했다고 하는데, 결과는 모두 실패한 것으로 나온다. 고장은 요동에 도착하자마자 말갈과 함께 반란을 꾀하다가 곧 소환되어 공주(邛州)로 유배당하고는 그곳에서 죽었고, 부여륭은 백제지역이 이미 신라의 차지가 되어서 그곳에 들어가 왕으로서의 역할을 실제로 수행하기 힘들었기 때문에 고구려의 국경지역에 임시로 머물도록 명령을 받았으며 백제의 옛 땅에는 끝내 들어가지 못했다는 내용이 보인다. 또 부여륭이 682년에 죽자 당의 측천무후는 그의 손자 부여경(扶餘敬)에게 대방군왕의 자리를 이어받게 했다고도 한다. 그러나 『구당서』와 『삼국사기』에 '그 땅은 이미 신라와 발해와 말갈이 나누어 갖게 되어 백제의 국계(國系)는 마침내 끊어지고 말았다'고 기록되어 있듯이 이는 실행력이 없는 허명(虛名)일 뿐이었다.

4) 백제멸망의 원인과 결과

웅진도독부 시기의 백제가 신라의 공격 앞에서 허무하게 무너질 수밖에 없었던 직접적인 원인은 물론 나·당 연합군의 공격을 받아 백제의 군사적인 기반이 이미 모두 허물어진 상태에 있었다는 데에서 찾아야 할 것이다. 그러나 이러한 문제는 웅진도독부가 출범할 당시부터 안고 있던 것이었고, 그리하여 자체의 군사력만으로는 신라와 맞설 수 없었기 때문에 부여륭은 꾸준히 친당적(親唐的)인 활동을 통해 당 고종의 신임을 얻고 당나라의 군사력을 자신들 편으로 끌어들이기 위해 노력하였다. 이러한 결과로 의자왕 때에는 당나라가 신라 편에 서서 백제를 공격했지만, 웅진도독부 체제 하에서는 백제 편에 서서 신라를 공격하게 되었다. 따라서 당나라가 신라와의 전쟁을 효과적으로 이끌어 승리했다면, 아마도 백제와 신라의 입장은 뒤바뀌었을지도 모른다.

이와 같이 본다면, 웅진도독부 시기의 백제가 멸망한 것은 당나라가 신라와의 전쟁에서 패배한 탓으로 돌릴 수도 있다. 결국, 백제멸망의 원인을 알기 위해서는 당나라가 왜 신라에게 패배할 수밖에 없었나 하는 문제도 고찰해 볼 필요가 있는데, 이 문제는 내부적인 측면과 외부적인 측면의 두 방향에서 접근이 가능할 것 같다. 다만 어느 측면에서 보더라도 일단은 신라와의 전쟁 당시에 당나라가 처해있던 상황이 예전과 많이 달라져 있었다는 데에서부터 논의가 출발해야 하리라고 본다.

먼저, 내부적인 측면에서는 보급과 지원의 어려움이 컸다는 것을 원인으로 지적하고 싶다. 예전에 백제나 고구려를 공격할 때는 신라가 당나라 군대의 보급품 조달 및 지원군 파병 등의 역할을 충분히 해주었지만, 이제는 그 신라와 싸우게 되었으니 자연히 지원물품 등의 조달에 곤란을 겪어 효과적인 전투가 어렵게 된 것은 당연하다 하겠다. 백제와 고구려는 오랜 기간 전쟁을 겪어왔고, 또 패전국으로 수난을 당하면서 백성의 생활이나 군사적인 기반이 모두 무너진 상태에 있었기 때문에 과거의 신라와 같은 지원을 이들에게 기대하기는 힘든 형편이었다.

다음, 외부적인 측면에서는 중국을 둘러싼 국제관계가 당나라에게 상당히 불리하게 변해가고 있었다는 사실을 지적해야 할 것 같은데, 아마도 이것이 당나라가 신라와의 전쟁을 지속적으로 수행하기 힘들게 만든 결정적인 요인으로 작용하지 않았을까 생각한다.

660년 7월부터 676년 11월까지 16년 5개월 동안 당나라는 군사적으로 한반도 문제에 관심을 집중시켰는데, 이러한 상황은 서돌궐의 여러 부족과 타림분지의 소국가들이 당나라의 통제로부터 벗어날 수 있는 가능성을 심어주었다. 그리고 이러한 가능성이 현실화되기까지 그 배후에는 토번(吐蕃)이 자리잡고 있었다. 토번은 당나라의 관심이 한반도로 모아지는 틈을 이용하여 타림분지나 천산산맥(天山山脈), 청해고원(靑海高原) 등 실크로드가 통하는 모든 지역에서 영향력을 확산시켜 나가고 있었다. 따라서 당시의 국제관계 속에서 당나라가 겪게 된 어려움을 이해하기 위해서는 토번의 움직임을 살펴볼 필요가 있다.

당나라와 토번 사이에서 완충지역 역할을 담당한 토욕혼(吐谷渾)의 보호임무를 맡았던 소정방이 한반도 전선(戰線)에 투입되면서 토번은 660년 8월 곧바로 토욕혼을 공격하였다. 당시 토욕혼은 당나라에게 도움을 요청했으나 한반도 문제에 관심이 쏠려 있던 당 고종은 이를 받아들이지 않았다. 토욕혼은 결국 당나라가 고구려 정벌을 단행하던 667년 토번에게 완전히 병합되었고, 그리하여 당나라와 토번 사이에 완충지대가 없어짐으로써 양국 간의 전쟁은 격화될 수밖에 없었다. 당나라가 지배하던 실크로드 지역에 대한 토번의 본격적인 공격은 669년 9월 토번이 타림분지를 급습하면서 시작되었고, 이후 당과 토번은 30여 년간 전쟁을 지속시켜 나갔다. 당 고종은 토번의 공격을 막기 위해 670년 4월에는 한반도 지역을 관할하던 설인귀를 이 전선에 투입시키기도 했는데, 그 해 7월 토번은 설인귀의 10만 대군을 청해의 대비천(大非川)에서 전멸시킴으로써 향후 당나라는 군대의 주력을 서역(西域)으로 돌리지 않으면 안될 상황에 놓이게 되었다.

나 · 당 전쟁의 종결을 신라가 매소성(買肖城) 전투에서 승리한 산물로 보기도 한다. 그러나 676년 토번의 내분을 틈타 당나라의 토번에 대한 총 공세가 가해질 때, 675년 9월 29일 매소성 전투에서 물러난 이근행(李謹行)은 사실 중국의 서쪽 끝이라 할 수 있는 청해(靑海)까지 이동하여 토번과의 전쟁에서 선봉을 맡음으로써 대승을 거두고 있다. 이러한 이근행의 활동모습은 나 · 당 전쟁이 매소성 전투의 결과에 의해 종결되었다고 단순하게 결론지을 수만은 없게 한다.

결국, 중국을 둘러싼 국제상황이 토번으로 인해 상기한 바와 같이 변했기 때문에 당나라 군대는 한반도에서 철수하였고, 그에 따라 웅진도독부는 완전히 해체되었으며 백제를 재건하려던 부여륭의 의도는 실패로 끝났고, 신라의 삼국통일은 가능하게 되었다고 보아도 좋겠다. 바꾸어 말하면, 서역에서 일어난 변화가 신라의 삼국통일에 커다란 도움을 주었다고 할 수 있는 것이다. 만일 당나라가 예전과 같이 한반도 문제에 적극적으로 간섭할 수 있는 상황이 계속되었더라면 중국의 힘을 이용해 다시 백제를 재건하려던 부여륭의 의도는 성공을 거두었을지도 모른다. 그렇다면 아마도 한반도의 이후 역사는 백제를 중심으로 하여 새롭게 전개되어 나가지 않았을까 여겨지기에 필자에게는 이 대목이 백제 역사의 안타까운 한 부분으로 받아들여지기도 한다.

마지막으로, 지금까지의 내용을 종합하여 정리해 보면, 백제가 정치적인 독립국가로서 지니고 있던 생명력은 의자왕 정권의 붕괴와 함께 끝났다고 할 수 있으며, 그리하여 일반적으로 백제 멸망의 시기는 660년 7월 18일로 받아들여지고 있다. 『자치통감』 당기의 고종 용삭 2년

(662) 7월조의 기사 중 '주상(당 고종)께서 고구려를 멸하기 위해 먼저 백제를 토벌하고는 병사를 주둔시켜 그곳을 지키게 하면서 심복으로 만들었다'고 한 부분은 의자왕의 항복 이후 백제가 자주권을 상실한 내용을 지적하고 있어서 주목된다. 『고려사』와 같은 후대의 역사서에서 신라와 당나라가 협공하여 백제를 멸망시켰다고 설명하고 있는 것도 자주권 상실이라는 정치적인 의미가 그 속에 강하게 담겨있다고 생각한다.

그런데, 백제의 부흥운동기 및 그 이후의 시기에 진행된 백제지역에 대한 당나라의 통치내용은 기미정책의 전형을 보여주는 것으로서 신라에 대한 당나라의 기본적인 방침과 별다른 차별성이 없었다. 그리고 이러한 속에서 당나라의 힘과 권위가 배경으로 자리잡고 있었으며, 공식적으로 백제왕이 아니라 웅진도독으로서의 지위이기는 했지만, 백제의 명맥은 671년 7월 사비성에 소부리주가 설치되기 이전까지 부여륭에 의해 유지되어 내려온 것이 사실이다. 671년 신라의 문무왕이 작성한 「답설인귀서」나 『일본서기』 천지천황 10년(671) 6월의 백제사신 파견 기록에 보면, 신라나 일본은 이 때까지도 여전히 '백제'라는 국명을 사용하며 백제의 존재를 인정하는 발언을 하고 있는 모습이 눈에 띄어 주목된다.

물론 의자왕이 항복한 660년 7월 18일은 백제가 외부세력에 의해 강제로 정권을 교체당하여 몰락의 길로 들어설 수밖에 없었던 불행한 날이기는 하다. 그러나 당나라의 기미정책이 지니고 있는 성격 또는 웅진도독부 체제로 지탱되고 있기는 하지만 주변 국가로부터 여전히 '백제'라는 이름으로 불리며 그 존재를 인정받고 있던 상황논리로 보면, 그렇다고 하여 백제 자체가 이 때에 멸망해서 없어졌다고 이야기하기는 어렵다. 영토국가로서의 백제의 모습이 역사상에서 완전히 사라지는 것은 신라가 사비성에 소부리주를 설치하고 도독을 임명하여 백제지역에 대한 직접적인 영향력을 행사하기 시작한 시기부터라고 할 수도 있는 만큼, 백제의 멸망을 671년 7월로 보는 시각 또한 성립될 수 있다는 점을 지적하고 싶다. 동시에 이와 같은 논리를 따른다면 백제의 멸망은 나·당 연합군의 협공 때문이 아니라 결국은 신라에 의해서 초래되었다고 볼 수도 있겠다.

이후 신라는 투항해 온 백제의 관료들을 그 관위(官位)에 따라 신라의 관료로 편입시키기도 하고, 백제에서 숭배의 대상으로 삼던 백제지역의 여러 산(山)들을 신라에서도 국가적인 차원에서 제사지내는 등 백제인들의 정신적 유산을 어느 정도 존속시켜주는 정책을 취함으로써, 백제유민의 반신라적(反新羅的) 감정을 완화시키려 노력하였다. 그러나 신라의 이러한 노력에도 불구하고 백제의 유민들은 나름대로 백제인으로서의 독자적인 의식과 긍지를 잃지 않고 있었던 것으로도 나타난다.

통일신라의 경덕왕과 혜공왕 시대(742~779)에 활동하였고 전북 김제의 금산사를 중창하였으며 백제유민들에게 정신적으로 많은 영향을 미친 것으로 알려져 있는 진표(眞表)가 『송고승전(宋高僧傳)』의 진표전에는 백제인이라 기록되어 있다. 이는 결국 백제가 멸망한 지 100여년

이 지났음에도 그 때까지 진표 스스로가 백제인임을 자처했거나 백제
유민임을 강조했기 때문에 이와 같이 기록되었을 것으로 판단된다.
822년 공주에서는 웅천주도독(熊川州都督)으로 있던 김헌창(金憲昌)이
반란을 일으키고 있는데, 표면적인 이유는 그의 아버지가 왕이 되지 못
한 것에 대한 불만으로 나타나고 있다. 그러나 그가 공주에서 반란을
일으킬 수 있었다는 것은 결국 예전에 백제의 수도였던 이 지역 백제유
민들의 신라에 대한 감정이 여전히 좋지 않았고, 따라서 김헌창이 이러
한 지역감정을 이용해 신라정부를 전복하려 했던 것이 아닐까 여겨지
기도 한다.

한편 후삼국시대 공주지역의 동향을 보면, 처음에는 후백제의 견훤
쪽에 가담했다가 궁예가 흥기하자 공주장군(公州將軍) 홍기(弘奇)는
905년 궁예의 휘하로 들어갔지만 918년 왕건이 새로운 왕으로 등극하
면서 공주는 이후 견훤이 고려에 항복할 때까지 다시 후백제의 수중에
있게 되었다. 물론 공주만이 아니라 옛 백제지역이 대부분 후백제에 가
담하였다.

이상의 내용은 이 지역 백제유민들의 신라에 대한 반감과 백제인으로
서의 공동체의식이 오랜 기간 동안 지속되어 내려왔음을 보여준다.

산유화가와 의자왕의 후예들

　국가의 이익을 위해 강대국인 중국의 당 나라와 줄다리기 외교를 펼칠 수밖에 없었던 의자왕이나 부여륭의 정치활동은 오늘날 국제사회에서 국가간에 전개되고 있는 외교전, 즉 핵문제를 둘러싼 북한과 미국과의 관계 또는 국제적인 문제아로 낙인찍히며 이미 미국과 한바탕 전쟁을 치룬 뒤 허무하게 무너진 이라크의 후세인 정권 등을 떠올리게도 한다.

　여기에서는 백제 멸망의 안타까움을 담고 오늘날까지 전해오고 있는 산유화가(山有花歌)나 의자왕의 정신적인 후예로 자처한 견훤의 후백제 건국 내용 및 혈연적인 후손으로 알려져 있는 부여서씨(扶餘徐氏)의 존재를 조사해 봄으로써 역사의 현실과의 연결성에 대한 문제도 생각해 보려 한다.

1. 백제의 패망과 인생의 무상함을 노래한 산유화가

1) 산유화가의 연원(淵源)과 전파 경로 문제

산유화(山有花)라는 낱말은 우리에게 무척이나 익숙해 있다. 1925년에 간행된 김소월(金素月)의 시집 『진달래꽃』에 수록되어 있는 '산유화'는 지금도 우리가 애송하고 있다. 또 이것을 가사로 하여 만든 가곡으로서의 '산유화'는 1947년에 발간된 김순남(金順男)의 가곡집 『산유화』의 대표작으로서 많은 사람들이 즐겨 부르는 가곡의 하나이다. 그러나 여기에서 다루려는 산유화가는 이와 다른 것이다.

우리 주변에서는 오래 전부터 알게 모르게 전통 민요로서의 산유화가가 불려져 왔다. 그동안 조사된 결과를 보면 그 연원은 시간적으로 백제 때까지 거슬러 올라갈 정도로 오래되었음을 알게 되는데, 연원이 오래된 만큼 분포범위도 넓고 전해 내려오는 가사 또한 다양함을 볼 수 있다. 여기에서는 전통 민요로서의 산유화가에 대한 올바른 이해를 위하여 그 연원과 전파 경로에 대한 문제를 먼저 살펴본 다음, 현재까지 전해오고 있는 각 지역 산유화가의 내용 분류 및 부여를 중심으로 하여 불려지고 있는 산유화가, 즉 백제의 패망과 인생의 무상함을 주요내용으로 삼고 있는 산유화가의 역사적 의의를 찾아보는 것으로 하겠다.

산유화가에 대한 관심과 연구는 이미 오래 전부터 있어 왔는데, 특히 공주대학교 조재훈(趙載勳) 교수는 산유화가의 기원(起源)이나 내용, 역사적인 의미 등을 다루고 있어서 주목된다.[29] 이하에서는 주로 조재훈 교수의 연구내용을 본서의 의도에 맞게 다시 정리하는 방법으로 문제를 풀어나가 보겠다.

산유화가에 대한 내용을 전하는 가장 오래 된 기록은 임영(林泳)과 이사명(李師命)의 글이 아닐까 생각한다. 임영은 조선 중기의 현종(顯宗)과 숙종(肅宗) 때에 활동한 문신으로, 그의 문집인『창계집(滄溪集)』권(卷) 1에는 '산유화는 백제의 구곡(舊曲)인데 음(音)은 있으나 사(詞 : 가사)는 없다' 라는 설명이 보인다. 임영과 같은 시대에 살았던 포암(蒲庵) 이사명 역시 산유화가는 백제 때의 가요라고 지적하고 있다. 다만, 내용상에서는 임영과 달리 이 노래가 당시에도 봄과 여름에 농부와 아낙네들 사이에서 불려졌다는 것과 남녀간의 사랑을 내용으로 하고 있으면서도 음조가 처절하고 슬퍼서 듣는 자는 눈물을 흘리지 않을 수 없다고 하였다. 또 조선 말기의 순종(純宗) 2년(1908)에 간행된『증보문헌비고(增補文獻備考)』예문고(藝文考) 21의 부가곡류(附歌曲類)에도 백제가요로서의 산유화가에 대하여 '산유화가는 남녀가 서로 사랑하는 내용을 담고 있으며 음조가 처절하고 슬픈 것이 반려(伴侶)나 옥수(玉樹)와 같다' 라는 간략한 설명을 덧붙여 놓았다. 정확한 시기는 알 수 없지만, 조선시대에 현감을 지낸 윤창산(尹昶山)의 글에서도 산유화가가 백제의 노래라는 것과 백제의 유민들이 불렀고 백제의 궁궐이 폐허가 된 1천 년을 탄식하는 내용이 들어있어서 듣는 이로 하여금 계속 눈물 짓게 한다는 설명이 보인다.

산유화가를 백제의 가요로 보는 점은 이들 모두 마찬가지인데, 가사의 구체적인 성격에서는 많은 차이가 보인다. 그러나 음조만 있고 가사는 없다고 한 임영의 『창계집』, 가사는 남녀간의 사랑을 주제로 하고 있지만 음조는 슬펐다고 하여 서로 어울리지 않는 모순을 보여주는 이사명의 글과 『증보문헌비고』 예문고의 내용, 백제의 패망을 노래한 백제유민들의 슬픈 노래라는 윤창산의 설명 속에는 무언가 각기 숨은 내막이 자리잡고 있는 것 같아서, 이들 중 어느 것도 쉽게 무시해 버릴 수 없게 하고 있다.

한편 『증보문헌비고』에는 백제가요로서의 산유화가 외에 또 하나의 산유화가에 대한 기록이 있다. 즉, 악고(樂考)의 속악부조(俗樂部條)에는, 조선 숙종의 무인(戊寅) 연간(1698)에 경북 선산(善山) 지역에서 향낭(香娘)이라는 여인이 재혼하라는 부모의 강요를 물리치고 수절하기 위해 산유화가를 지어 땅에 써놓고는 낙동강에 몸을 던져 죽었는데, 이것이 세상에 전해오는 산유화곡이라고 소개해 놓았다. 향낭이 지었다는 산유화가에 대한 내용은 『증보문헌비고』의 악고 외에도 많은 사람들에 의해서 기록되어 전해 오는데, 노랫소리가 처절하고 슬픈 원가(怨歌)라는 점에서 대체로 일치하고 있다. 아마도 숙종 때에는 향낭의 산유화가가 널리 퍼져 불리었고, 그리하여 그 무렵부터 여러 사람들이 이러한 산유화가에 관심을 갖고 나름대로 연구하여 그 결과를 기록해 놓은 것이 오늘날까지 남겨지게 되지 않았을까 여겨지기도 한다.

산유화가의 연원에 대한 견해는 크게 두 가지로 나눌 수 있다. 하나는 백제의 가요라는 것이고, 다른 하나는 조선 숙종 때 향낭의 작품이라는 것이다. 전자(前者)는 다시 백제시대 이래로 불리어 내려온 백제 고유의 가요라는 견해와 백제가 망한 후에 만들어진 백제유민들의 노래라는 견해로 나뉘어진다. 이러한 큰 줄기의 견해로부터 작은 줄기의 다양한 주장이 만들어지고 있는 것 같은데, 그 주장이 설득력을 갖기 위해서는 무엇보다도 먼저 위에 소개한 사료들에 대한 충분한 이해가 뒷받침되어 있지 않으면 안 된다.

조선시대의 사료를 이용하여 백제시대를 말하는 것은 사료적인 한계가 너무 크다. 그러나 이보다 시대를 더 거슬러 올라가는 다른 자료는 찾을 수 없고 우리 주변에는 오늘날 불리는 산유화가만이 자리잡고 있다. 결국 산유화가에 대한 이해는 이들 간접사료를 이용할 수밖에 없는 것이 현실이다. 산유화가를 왜 백제의 가요로 파악하고 있는지 이들 자료에는 구체적인 설명이 없다. 그러나, 그들은 무엇인가 나름대로의 근거를 가지고 있었을 것이 분명하고, 현재는 그것을 부정할만한 다른 증거도 없을 뿐만 아니라 부여지방에서 오늘날까지 불리고 있는 산유화가는 주요내용이 바로 백제의 패망에 관한 것이다.

따라서 이들 자료의 기록은 일단 받아들여야 할 것 같고, 그렇다면 산유화가의 연원은 백제시대까지 거슬러 올라가는 것으로 보아야 하겠다. 다시 말해, 산유화가는 백제시대 이후 오랜 기간을 전승되어 내려온 민요라고 할 수 있겠는데, 이러한 과정에서 시대와 지역에 따라 달라질 수 있는 민중들의 생활체험과 정서가 반영되어 오늘날 우리에게 익숙한 김소월의 시나 김순남의 가곡으로서의 '산유화' 처럼 새로운 형태의 산유화가들이 속속 등장하게 된 것이 아닐까 판단된다. 조선 숙종 때 향낭이 지었다는 산유화가 역시 그것을 산유화가의 연원으로 파악하기보다는 산유화가의 원줄기에서 갈라져 나온 작품 중의 하나로 보아야 자연스러울 것 같다.

민중들 속에서 전승되어 내려온 민요는 그 안에 늘 변화와 생동감이 자리하고 있기 때문에, 그것을 하나의 고정된 틀 속에서 파악할 수는 없다. 산유화가 역시 유동적인 민중들의 생활과 정서 속에서 끊임없이 재생산되어 내려왔다고 보아도 전혀 이상할 것이 없다. 음조만 있고 가사는 없다고 한 임영의 설명이나 남녀의 사랑을 노래한 내용이라고 하면서도 음조가 처절하고 슬프다고 한 이사명 및 『증보문헌비고』의 설명, 백제패망의 허망함을 표현하고 있는 백제유민의 슬픈 노래라는 윤창산의 설명 등이 등장하게 된 것도 결국은 산유화가가 민요로서 지니고 있는 변화와 생동감 때문에 나타나게 된 현상이 아닐까 하는 것이 필자의 생각이다.

다만, 산유화가의 연원을 백제의 가요에서 찾는 경우 제기되고 있는 두 가지 견해, 즉 백제시대 이래로 불리어 내려온 백제의 전통적인 가요라는 견해와 백제가 패망한 후에 만들어진 백제유민들의 노래라는 견해 중 어느 것을 선택해야 하는가는 아직 숙제로 남아 있다. 그러나 필자가 본서에서 분명하게 지적해 놓고 싶은 것은 부여지방에서 현재 불리고 있는 산유화가는 백제가 패망한 후 백제유민들의 손에 의해서 만들어졌거나 또는 새롭게 다듬어진 것으로 보아야 한다는 사실이다.

그리고 오늘날에는 이를 중심으로 하여 각 지역에서 다양한 형태와 내용을 갖춘 산유화가 계통의 노래가 전해 오고 있다.

가사가 '메나리꽃'으로 나오는 민요의 경우도 산유화가와 같은 성격의 노래로 나타난다. 사실 산유화는 산에 피는 모든 꽃을 의미하는 '메나리' 또는 '메나리꽃'의 한역(漢譯)으로 보는 것이 가장 자연스럽다. 그렇다면 이 노래가 한문(漢文)을 이용한 문화나 문자생활과는 거리가 먼 농민들에 의해서 주로 불려졌다는 것을 생각할 때, 오히려 '메나리'가 원래의 명칭으로 먼저 존재했고 '산유화'는 뒤에 이를 한자로 다듬어 만든 고급언어로 나타나게 되었다고 볼 수도 있겠다. 현존하는 이들 노래는 대개가 농사지을 때 부르는 농요(農謠)인데, 분포지역을 보면 충남의 부여와 예산 지방, 경북의 선산 지방, 평안남도 강서 지방에서 발견된다. 경기지방에도 '경기메나리'가 있다는 기록은 보이나 실제의 노래는 찾지 못한 상태이다.

그러면, 산유화가의 연원이 백제시대까지 거슬러 올라갈 수 있다고 앞에서 지적한 내용과 이들 분포지역을 연결시키는 경우, 이 노래의 전파 경로는 백제의 옛 땅이었던 충남의 부여와 예산 또는 경기를 중심으로 하여 경북의 선산이나 평남의 강서 지방으로 퍼져나가게 되었다고 보아야 할 것 같다. 다만 부여·예산·경기 지방 사이의 상호관계는 분명하게 말하기 힘들다. 조재훈 교수는 부여에서 예산이나 경기 지방으로 전파되었다고 보고 있으며, 백제시대의 문화 중심지가 부여였다는 것을 생각하면 그럴 가능성도 크다. 그러나 경기지방은 현존하는 노래를 찾을 수 없으므로 제외한다 하더라도, 부여와 예산의 경우는 노래 가사를 가지고 볼 때 반대의 경우도 얼마든지 가능하다는 것을 알 수 있다.

먼저 현재까지 수집되어 있는 가사의 내용을 비교해 보면,[30] 예산의 노래는 부여보다 훨씬 원시적이라는 점을 느낄 수 있다. 예산은 노랫말 자체도 '메나리꽃'으로 되어 있고 내용도 단순하며 간략한데 비해, 부여의 노랫말은 메나리꽃의 고급언어라고 할 수 있는 '산유화'로 되어 있고 내용도 상당히 다듬어졌을 뿐만 아니라 그 안에는 구체적인 역사 사실이 많이 반영되어 들어가 있다.

다음으로 이들 노래의 성격이 농사지을 때 부르는 농요라는 점에 주목한다면, 이 노래가 반드시 문화중심지에서 만들어져 지방으로 전파되었다고 보기는 어렵다는 사실이다. 반대로 농사일이 이루어지는 노동현장인 지방에서 자연발생적으로 불리던 노래가 수도(首都) 지역으로까지 전달되어 영향을 줌으로써 더 고급화되기에 이르렀다고 볼 수도 있겠는데, 오히려 이러한 가능성이 컸을 것이라 여겨지기도 한다.

그렇다면 이 노래의 이동 경로는 지금까지의 인식과 달리 예산에서 부여로, 그리고 부여에서 주변의 다른 지역으로 전파되었다고 볼 수도 있고, 아니면 예산이나 경기 지방도 백제의 옛 땅이었던 것은 분명하므로 이들 농촌지역 중 어느 하나를 출발점으로 하여 부여를 포함한 사방의 여러 지역으로 제각기 퍼져 나갔는데, 그 중에서도 부여 지방의 것이 그 지역의 선진적인 문화로 인해 보다 더 고급화되기에 이르렀다고 보는 것 또한 불가능하지만은 않다. 그리고 이러한 견해가 성립될 수 있다면, 연원문제 역시 백제 패망 후 백제의 유민들이 그것을 처음으로 만들었다고 보기보다는 그 이전 시대부터 백제지역의 농민들에 의해 불려지던 것이 주변 지역으로 전파되면서 그 지역의 상황에 따라 이후 여러 가지로 변화와 발전을 거치며 이어져 내려왔다고 보아야 하지 않을까 생각된다.

2) 산유화가의 내용분류와 부여지방 산유화가의 역사적 의의

산유화가 계통의 민요는 모두 공동체의 생산과 맞물려 있는 노동요라는 점에서 공통성이 있고, 그렇기 때문에 생명력도 그만큼 강하여 농촌 사회에서 오랜 기간 지속되어 내려올 수 있었다고 판단된다. 산유화가나 메나리라는 이름으로 문헌에 전하는 민요들을 내용별로 분류한 조재훈 교수의 연구에 의하면, 현존하는 노래는 크게 네 가지 유형으로 나누어보는 것이 가능하다.

첫째는 백제 멸망을 바탕으로 세상사에 대해 짙은 무상감(無常感)을 나타내고 있는 농요(農謠)로서 충남 부여지방에서 불리는 것이고, 둘째는 정치적인 냄새가 묻어있지 않은 순수한 농요이면서도 인생사에 대한 옅은 무상감이 배어 있는 노래로서 충남 예산과 경북 선산 지방에서 불리는 것이 이에 속한다. 셋째는 남녀간의 사랑을 바탕으로 한 농요로서 평남 강서 지방의 것이 이에 해당하는데, 바로 뒤에 소개할 부여지방 나무꾼의 노래에도 남녀 사이의 애정에 대한 표현이 나타나 있다.

넷째는 농요가 아닌 나무꾼의 노래, 즉 초동가(樵童歌)로서 부여지방에서 전하는 것이다. 이 노래 역시 노동요라는 점에서는 앞의 세 유형과 같지만 농사(農事)가 아닌 나무하는 일을 내용으로 하고 있다.

이들 여러 유형의 노래가 어떠한 경로를 통해 전파되었고, 또 서로 어떠한 영향을 주고받았는지는 앞에서 지적한 것처럼 정확하게 말할 수 없다. 다만, 노랫말의 내용이나 이 노래들의 성격이 주로 농사지을 때 부르는 노동요라는 것을 감안하면, 지금까지의 인식과 달리 이들 노래가 예산과 같은 옛 백제의 농촌지역에서 출현하여 사방으로 확산되지 않았을까 여겨지기는 한다. 오늘날 부여에서 들을 수 있는 산유화가 계통의 노래도 백제유민들이 그것을 처음으로 만들어 내었다기보다는 백제의 패망이라는 엄청난 역사적 충격을 경험한 그들이 그 경험을 이미 알고 있는 기존의 노래에 덧붙여서 새로 손질하여 출현시킨 2차적 성격의 노래로 보아야 자연스럽다. 그리고 이러한 의미에서 부여지방의 산유화가에는 백제 멸망이라는 역사적 사건을 바라보는 백제유민들의 역사인식이 배어있다고 볼 수 있기 때문에 다른 지역의 것과는 차별성이 있다.

현재 부여국악원을 중심으로 애창되고 있는 산유화가는 1982년에 충청남도 무형문화제 제4호로 지정되었다. 이 산유화가의 전수계보는 임윤필(林允弼), 김학수(金學洙), 홍준기(洪俊基)를 거쳐 현재 부여국악원장으로 있는 박홍남(朴弘男), 김영구(金永九)로 이어지는 계통과 부여군 세도면에 거주하는 이병호(李炳豪), 조택구(趙宅九)로 이어지는 계

통의 두 줄기로 나뉘는데, 세도면에서 고(故) 홍준기씨에 의해 명맥을
유지해 오던 산유화가가 박홍남씨와 고 이병호씨에게로 이어져 본격적
으로 보급되기 시작한 것은 1970년대 중반으로 알려져 있다. 이 외에
부여지방의 산유화가로는 1930년대 초에서 1960년대 중반에 걸쳐 조
사되어 전해오는 것도 있다. 필자의 관심은 산유화가 속에서 백제유민
들의 백제 멸망에 대한 역사인식을 찾아보는 것이므로, 이와 관계가 있
는 노래가사는 시기구분 없이 조사된 것 모두를 고찰대상에 포함시키
기로 하겠다. 부여에서는 다양한 종류의 노래가사가 눈에 띄는데, 그
내용을 소개하면 다음과 같다.

① 산유화야 산유화야 궁야평 너른들에 논도 많고 밭도 많다. 씨 뿌리고 모 옮기어
   충실하니 가꾸어서 성실하게 맺어보세.
   (후렴) 에헤에 아에헤 에에헤 에헤여로 상사뒤이이여
   산유화야 산유화야 입포에 남당산은 어이 그리 유정튼고 매년 팔월 십육일은 웬
   아낙네 다모인다 무슨 모의가 있다든고.
   산유화야 산유화야 사비강 맑은 물에 고기 낚는 어옹들아 웬갖 고기 다 낚아도 경
   치일랑 낚지 마소 강산 풍경 좋을시고.
   산유화야 산유화야 이런 말이 웬 말이냐 용-머리를 생각하면 구룡포에 버렸으니
   슬프구나 어화벗님 구국충성 못 다했네.
   산유화야 산유화야 왕당의— 버꿍새는 어이 그리 지저귀냐 겉잎은 자자지고 속잎
   은 나라고 지저귄다.

산유화야 산유화야 한줌 두줌 심는 모는 왼갖 정성 다 들이고 한 발 두 발 옮긴 발길 천리마를 비할소냐 용천마도 못당하네

산유화야 산유화야 오초동남 가는 배는 순풍에 돛을 달고 북을 둥둥 울리면서 어기야 저어가니 원포귀범 어아니냐.

산유화야 산유화야 농사는 천하의 대본이라 괄세 마소 괄세를 마 농사일을 괄세 마소 만신천자도 밥을 먹네.

산유화야 산유화야 이별 별자 네 설어마소 만날 봉자 또 다시 있네 명년 8월 십육일에 악수논정 다시 하세.

② 산유화혜(山有花兮) 산유화야 저 꽃피어 농사일 시작하야 저 꽃 지더락 필역(畢役)하세.

(후렴) 얼럴럴 상사뒤 어여뒤여 상사뒤

산유화혜 산유화야 저 꽃 피어 번화함을 자랑마라 구십춘광(九十春光) 잠깐 간다.

취령봉(鷲靈峯)에 날뜨고 사비강(泗沘江)에 달 진다. 저 달 떠서 들에 나와 저 달 져서 집에 돌아간다.

농사 짓는 일 바쁘건만은 부모처자 구제하니 뉘 손을 기다릴고.

부소산(扶蘇山)이 높아 있고 구룡포(九龍浦)(가) 깊어있다. 부소산도 평지(平地) 되고 구룡포도 평원(平原)되니 세상일 뉘가 알고.

③ 산유해혜 산유화혜 적룡 죽은지 오래였만 백마강수는 만고에 푸르도다.

(후렴) 얼널널 상사뒤야 어여뒤여 상사뒤야

산유홰혜 산유화혜 꽃 떨어진 지 오래였만 낙화암 달빛 천루에 밝어라.

산유홰혜 산유화혜 부소산 높아 있고 구룡포는 깊어 있다.

산유홰혜 산유화혜 부소산도 평지 되고 구룡포도 평원이라.

산유홰혜 산유화혜 취령봉에 해가 뜨고 사비강에 달이 진다.

산유홰혜 산유화혜 저 해가 떠서 들에 나가 저 달 저서 집에 온다.

산유홰혜 산유화혜 저 꽃 필때 농사 짓고 저 꽃 질 때 타작하세.

산유홰혜 산유화혜 농사 짓기 힘들건만 부모처자 어이하리.

산유홰혜 산유화혜 번화함을 자랑마소 구십춘광 덧없에라.

④ 동무들아 어서 모이라 공마당에 공도 치고 나무 하러 가세 만약에 하나라도 빠지
   면 큰 벌을 받으리라.

농자(農者)는 천하지대본(天下之大本)인데 우리들은 나무하는 것이 대본(大本)이

라 어서 가세 나무하러 가세.

저 달 따서 대장(大將)이 되고 견우직녀는 호군이 되고 태성을 불러 행군취택하

라.

저 건너 백만진군(百萬陣軍)으로 승부결단 하리라 어소오소 어서모이소

뽕 따러 가세 뽕 따러 가세 뽕도 따고 임도 만나보세 깽매풍깽 어헐널널 상사뒤

야.

위의 노래 가운데 ①은 오늘날 부여국악원을 중심으로 불리고 있는
산유화가 중 '긴 모심기 소리'이고, ②·③·④는 1964년에 편찬된

부여 산유화가의 공연 모습. 긴 모심기 소리(긴 산유화가)와 함께 모심기 하는 모습

『부여군지(扶餘郡誌)』와 1961년에 출판된 임동권(任東權)의 『한국민요집(韓國民謠集)』에 소개되어 있는 것인데, ①·②·③과 ④ 사이에는 몇 가지 차이가 보인다. 우선 ①·②·③은 농민의 노래이고 ④는 나무꾼의 노래라는 점이 다르고, 내용상에서도 ①·②·③은 백제의 멸망을 바탕으로 한 삶의 무상함을 표현하고 있는데 비해 ④는 나·당 연합군과의 싸움을 연상시키는 호전적인 의지와 남녀간의 애정을 바탕으로 한 삶의 의지를 나타내고 있다. 그러면서도 동시에 이들 모든 노래가 백제멸망과 관련하여 각기 나름대로의 정치적인 냄새와 역사의식을 그 안에 담고 있다는 점에서는 유사성도 찾아볼 수가 있으니, 이것이 부여 지방에서 불려져 내려온 산유화가 계통 노래의 공통적인 특징이라고

보아도 좋을 것 같다.

요즈음 불리고 있는 산유화가는 '긴 모심기 소리', '자진 모심기 소리', '긴 김매기 소리', '자진 김매기 소리', '바심 소리', '나비질 소리', '곳간에 쌓는 소리', '맺음 소리' 등 8소리로 엮어져 하나의 완성된 체계를 보여준다는 점에서 주목받을만하며, 이중 ①에서 소개한 '긴 모심기 소리'와 두 번째의 '자진 모심기 소리' 일부 및 뒤에서 소개할 '맺음 소리' 등에서 이 노래가 잃어버린 왕국을 그리는 백제유민의 애가(哀歌)임을 느껴볼 수가 있다. 그러나 표현기법 상에서는 ①과 이전에 조사된 ② · ③의 내용이 서로 다르게 나타나고 있어서 그 사이에 어느 정도의 변화가 있었다는 것도 알게 해준다. 이는 산유화가의 가사나 노래방법이 전수자에 따라 조금씩 다른 형태로 전해져 내려왔기 때문에 나타나게 된 현상으로 판단되는데, 그래도 가사의 전체적인 분위기 속에 백제멸망과 관련된 역사의식이 짙게 배어있다는 점에서 차이가 없는 것을 보면 산유화가 나름대로의 일정한 틀과 정신은 공유하고 있었다고 여겨진다.

이들 노래가 누구에 의해서 언제, 어떻게 만들어졌는지 밝히기는 어렵다. 그러나 백제의 멸망을 내용으로 담고 있는 것을 보면, 백제와 직접 또는 간접으로 관계를 맺고 있는 백제의 유민이나 백제의 일에 관심을 가진 사람들에 의해서 만들어졌고 불려져 내려왔으리라는 사실은 쉽게 짐작할 수 있다.

이미 앞에서 살펴보았듯이 백제의 유민들은 한국 역사상 유례를 찾아보기 힘든 3년여에 걸친 부흥운동을 전개한 바가 있고, 웅진도독부 체제 하의 백제인들도 백제의 옛 영광을 되찾기 위해 나름대로 부단한 노력을 기울였었다. 다시 말해 찬란했던 백제문화가 하루아침에 무너져 버린 무참한 전화(戰禍) 앞에서 살아남은 백제의 유민들은 깊은 한과 무상감을 느꼈을 것이고, 동시에 잃어버린 백제의 옛 모습에 대한 그리움과 애절한 슬픔도 지님으로써 부흥운동에 참여하게 된 것으로 볼 수 있겠는데, 그 부흥운동은 실패했지만 그 속에 담겨 있는 정신만은 그대로 산유화가에 실려 오늘날까지 전해오게 되었다고 해도 이상할 것이 없다. 그리고 이러한 의미에서 부여지방의 산유화가는 백제 후손들의 노래라고 할 수가 있을 것이다.

산유화, 즉 야생화가 피어 있는 곳이면서 ④의 노래에 보이는 나무꾼들이 활동하는 장소이기도 한 산과 언덕은 정복자의 영역으로부터 일단 벗어난 공간으로서 피난민과 부흥운동군의 활동장소였을 수도 있기에, 이 노래들은 백제부흥운동과 관련하여 무엇인가 상당히 큰 역사적인 사연을 그 속에 숨겨놓고 있는 것 같기도 하다. 부여지방 산유화가의 명맥을 지켜온 세도면 근처에 백마강과 유왕산(留王山)이 위치해 있는 것 역시 우연으로 보이지 않는다. 유왕산에서는 매년 음력 8월 16일과 17일 양일 간 '유왕산 추모제'를 거행하는데, 시기를 왜 이 때로 잡았는지 의문이기는 하지만 의자왕이 당나라로 잡혀갈 때 이곳에 백제 유민들이 모여 통곡하면서 이별했다는 전설이 전해오는 이 비극의 현장과 산유화가의 전승(傳承) 장소가 서로 가까이 위치해 있을 뿐 아니라 ①의 노래가사 속에 보이는 남당산이 바로 유왕산을 가리키는 것도 역사적인 필연으로 받아들여진다.

여하튼, 백제멸망의 안타까움과 이로부터 느꼈을 당시 사람들의 비애 및 삶에 대한 무상감 등은 산유화가라는 민요를 통해 부여지방에서 면면히 이어져 오늘날까지도 우리가 백제멸망의 역사적인 사건을 잊지 않고 기억하도록 해주고 있다. 이러한 면에서 부여지방의 산유화가가 백제 멸망과 관련하여 지니고 있는 역사적인 의의는 상당히 큰 것이라고 할 수 있겠다.

마지막으로 여기에 필자의 개인적인 견해 하나를 덧붙여 놓고 싶다. 즉, 백제의 멸망과 관련하여 산유화가에 나타나 있는 역사인식은 적어도 백제가 멸망할 당시와 거의 비슷한 시기에 살던 백제 사람들에 의해서 형성된 것이고, 그것이 노래 속에 담겨서 그 노래와 함께 오늘날까지 전해 내려왔다고 볼 수도 있다는 것이다. 그리고 이와 같은 생각을 가지고 위에 소개한 노래들을 살펴보면, 그 속에 세상사에 대한 짙은 무상감은 배어 있지만, 이외에 백제 말기의 사회상황에 대한 실망감이나 의자왕을 중심으로 한 위정자들에 대한 비난성 발언 또는 원망·야유·고통·공격 등과 같은 부정적인 인상을 심어주는 구절은 찾아볼 수가 없다. 오히려 요즈음 불리는 산유화가의 마지막 '맺음 소리'는 '산유화야 산유화야 우리 성군 만만세요'라고 하여 의자왕에 대한 성원의 목소리를 담고 있어 주목된다. 다시 말해, 백제의 멸망을 바라보는 시각이 고려시대나 조선시대의 의자왕에 대한 비난적 성격이 짙은 글과 시, 아니면 백제 멸망의 내용을 삼천궁녀 등과 연결시키며 부정적인 논평조로 다루고 있는 오늘날의 대중가요 등과는 매우 다르다는 것을 느껴볼 수가 있다.

결국, 이러한 차이는 멸망 당시의 백제가 처해 있던 정치사회 상황에 대한 백제인들의 인식이 실제로 그렇게 부정적이지 않았기 때문에 나타나게 된 현상이라고 여겨진다. 그렇다면 백제의 멸망 원인을 의자왕 말기의 각종 내부모순으로 돌리고 있는 후대의 기록이나 전설들은 적어도 백제멸망 당시의 백제인들이 지니고 있던 백제에 대한 인식과는 관계가 없는 가필(加筆)의 결과라는 것도 알 수 있을 뿐만 아니라, 사실 백제는 멸망 직전까지 내부적으로 특별한 문제 없이 번영을 누리다가 외부세력의 군사적인 공격 앞에서 어느 날 갑자기 자취도 없이 사라져 버렸기 때문에 백제 유민들은 그만큼 더 짙은 무상감을 느끼게 되었으리라는 결론에 도달하게 된다.

2. 후백제 견훤의 등장과 비운의 땅 황산벌

1) 견훤의 출신과 성장 배경

견훤(甄萱)은 통일신라 말기의 사회혼란을 틈타서 지금의 광주(光州)인 무진주(武珍州)를 점령한 뒤, 서기 900년에 이르러서는 옛 백제의 원한을 설욕한다는 기치 아래 스스로 백제의 왕이라 일컬으며 완산주(完山州), 즉 현재의 전주(全州)에 도읍한 인물이다. 백제를 멸망시킨 신라를 부정하며 백제의 재건을 기치로 내건 견훤의 후백제 건국은 또 하나의 백제부흥운동이라 부를 수 있을 것 같다. 견훤의 이러한 모습은 백제가 멸망한 이후에도 백제를 생각하는 후대인들의 감정이 오랜 기간 식지 않고 있었음을 보여주는 예로서 받아들여지기 때문에, 이하에서는 이에 대한 문제를 좀더 자세히 살펴보려고 한다.

『삼국유사』 기이 제2, 후백제 견훤조에는 견훤의 출신에 관한 기록으로 『삼국사(三國史)』 견훤전, 『이제가기(李磾家記)』, 『고기(古記)』 등 세 가지를 소개해 놓고 있는데 그 내용이 각기 다르다.

『삼국사』 견훤전에는 그가 경북 상주(尙州) 가은현(加恩縣) 사람으로 함통(咸通) 8년(867)에 태어났고, 원래 성(姓)은 이(李)였으나 뒤에 견(甄)으로 고쳤으며, 아버지 아자개(阿慈介)는 농사 지어 생활하다가 광계(光啓) 연간(885~887)에 스스로 장군(將軍)이 되었다고 나와 있다. 또 아자개에게는 네 명의 아들이 있었는데, 그 중에서 견훤이 가장 뛰어나고 지략이 많았다고 되어 있다. 이에 비해 『이제가기』에는 복잡한 세계(世系)의 전승내용을 소개하면서 견훤의 아버지 아자개가 신라 왕실의 혈통을 이어받았다는 것과 첫째 부인은 상원부인(上院夫人), 둘째 부인은 남원부인(南院夫人)이라는 것, 아들 다섯과 딸 하나를 낳았는데 그 맏아들이 견훤이라는 것 등의 내용이 나와 있다. 한편 『고기』에는 그의 탄생설화가 소개되어 있다. 전남 광주(光州) 북촌(北村)의 어느 부자에게 딸이 한 명 있었다. 하루는 그 딸이 아버지에게 자줏빛 옷을 입은 남자가 밤만 되면 침실에 들어와 자고 간다고 하기에, 긴 실을 바늘에 꿰어 그 남자 옷에 꽂아두도록 하고는 다음날 그 실이 간 곳을 찾아보니 북쪽 담 밑에 있는 큰 지렁이 허리에 꽂혀 있었고, 이로부터 태기가 있어 사내아이를 낳았는데 나이 15세가 되자 스스로 견훤이라 일컬었다는 내용이다.

이상의 내용을 정리해 보면, 견훤의 출생지로는 경북 상주 가은현과 전남 광주 북촌의 두 가지 설이 있고, 출신성분은 일반 농민의 아들이라는 설과 신라왕실의 후손이라는 설로 나뉘어 있음을 알 수 있다. 이처럼 견훤에 대한 내용은 자료마다 다르게 나타나고 있는데, 이와 같이 서로 다른 기록들로 인해 과거에는 견훤의 출생지나 출신성분을 둘러싸고 다양한 주장이 제기된 바 있지만, 지금은 대개 『삼국사』 견훤전의 내용을 따르는 것으로 의견이 모아지고 있다.

『삼국유사』 견훤조에 소개되어 있는 세 종류의 기록은 모두 나름대로의 역사성을 그 안에 지니고 있을 것이라 여겨지지만, 사료의 현실성이라는 측면에서는 『이제가기』와 『고기』의 기록이 『삼국사』 견훤전의 기록을 따라 갈 수가 없다. 즉, 『이제가기』와 『고기』의 내용들은 주로 전설과 비현실적인 설화를 바탕으로 하여 쓰여진 것이므로 사실성보다는 그들이 지닌 역사적인 의미를 중시해야 하는 사료라고 생각한다. 또 경북 상주지방에는 백마와 아차마을에 얽힌 이야기처럼 현재도 견훤과 관련된 전설들이 남아 있고, 심지어 견훤의 조상은 백제인이었는데 나라가 망한 후 가은현 땅으로 피난해 와 살았다는 이야기도 지역민들 사이에 전해 온다고 한다. 뿐만 아니라 상주에는 견훤의 위패를 모신 사당이 있어서 지금도 이곳에서 매년 정월 보름과 시월 보름에 동고사를 올리고 있다고도 한다.[31] 따라서 위에 소개한 견훤에 관한 사료들의 성격, 그리고 각종 전설과 사당 등이 전해 오고 있는 상주지방의 오늘날 모습 등을 통하여 볼 때, 『삼국사』 견훤전의 기록은 다른 기록들보다 신뢰도가 그만큼 높다고 하겠다.

그렇다면 견훤은 경북 상주의 가은현에서 867년에 농부의 아들로 태어났다고 할 수가 있다. 그리고 그가 20세 전후의 나이로 성장했을 때인 885년에서 887년 사이의 시기, 이 시기는 통일신라 말기의 농민반란이 전국적으로 확산되어 나가기 바로 직전의 시기인데, 이 때 아버지 아자개는 스스로 장군이라 칭할 정도로 나름대로의 지역적인 기반과 영향력을 갖추게 된 것으로 보인다. 이로 인해 견훤을 상주지방 호족(豪族)의 아들로 보는 견해도 있지만, 견훤이 태어날 때부터 그의 아버지가 호족적인 기반을 갖추고 있었다기보다는 그가 태어난 이후에 갖추게 된 것으로 보아야 할 것 같다. 어쨌든 그의 출생시기가 867년으로 나타나고 있는 것을 보면, 그는 신라가 부여에 소부리주를 설치한 671년으로부터 196년이라는 오랜 기간이 경과하여 사람들의 뇌리에서 백제의 일이 잊혀지고도 남았을 시기에 이 세상에 태어난 셈이다.

견훤의 어린 시절에 관한 기록으로는 다음과 같은 내용들이 눈에 띈다. 고려 충렬왕(忠烈王) 13년(1287)에 이승휴(李承休)가 지은 『제왕운기(帝王韻紀)』 후백제기에는 견훤을 찬미하여 '새가 와서 덮어주고 범이 와서 젖먹이다'라고 노래한 내용이 있고, 『삼국사기』와 『삼국유사』

의 견훤에 대한 기록 중에는 그의 어머니가 들에서 밭을 갈던 남편에게 밥을 가져다 주려고 포대기에 싸여있는 견훤을 수풀 아래 놓아두었는데, 호랑이가 와서 젖을 먹였으므로 마을 사람들은 이 말을 듣고 이상하게 여겼다는 내용과 아이가 장성하자 몸과 모습이 웅장하고 기이했으며 뜻이 커서 남에게 얽매이지 않고 비범했다고 하는 마치 호랑이의 기상을 연상시키는 내용이 있다. 또 『삼국유사』에서 소개하고 있는 『삼국사』 견훤전의 내용, 즉 아자개에게는 아들 네 명이 있는데, 그 중에서 견훤이 가장 뛰어나고 지략이 많았다는 내용도 보인다. 이 외에 그의 어린 시절을 알게 해주는 다른 기록은 없다.

그러나 이들 기록만을 가지고도 견훤의 어린 시절 모습을 상상해 볼 수 있을 것 같다. 새가 와서 덮어주었다거나 호랑이가 와서 젖을 먹여주었다는 기록은 사실로 인정받기 힘든 것이지만, 이를 포함하여 전해오는 기록들 모두가 어린 시절의 견훤이 그 지역 사람들로부터 범상치 않은 면모를 지닌 아이로 주목받고 있었던 것은 분명하다는 사실을 알게 해준다. 결국, 견훤은 타고난 그릇 자체가 상주지방에서의 활동만으로는 만족할 수 없는 큰 인물로 태어났기에, 자신의 운명을 부모와 집과 고향에 맡기기보다 넓은 세상 속으로 나아가 스스로 앞길을 개척하는 선택을 하게 된 것으로 받아들여진다.

사람이 집과 고향을 떠나게 되는 이유로는 두 경우를 예상해 볼 수 있다. 하나는 미래지향적으로 자신의 발전을 이루기 위한 경우이고, 다른 하나는 가족이나 마을 사람들과의 사이에 불화가 발생했을 경우이다.

아자개에게 두 명의 부인이 있었다는 것과 견훤은 그의 맏아들이었다는 『이제가기』의 기록, 그리고 견훤이 900년에 후백제를 건국했음에도 918년 9월에 아자개가 왕건(王建)에게 투항하고 있는 것으로 나타나는 『고려사』의 기록 등을 떠올려 보면, 견훤이 집을 떠나게 된 배경으로서 가족간의 불화도 생각할 수 있을 것이다. 사실 그동안의 연구내용 중에는 견훤이 토착기반이 있는 상주를 떠나 전라도지역을 반란의 무대로 택하게 된 주된 까닭을 아자개의 후계구도에서 남원부인의 소생인 이복동생들에게 밀려났기 때문이라고 보는 견해도 있다. 그러나 그가 뜻을 세우고 집을 떠나 종군(從軍)하여 처음 도착한 곳이 신라의 수도이며 그 시대의 정치·문화 중심지인 경주라는 것과 당시 견훤이나 그 동생들의 나이가 후계구도를 신경쓸 만큼 많지 않았다는 것을 염두에 둔다면, 견훤가족 내부에 불화가 일어난 것은 한참 뒤의 일로 여겨지며, 그가 고향을 떠날 당시에는 말 그대로 젊은 나이에 청운의 뜻을 품고 가족들의 기대를 한 몸에 지닌 채 출발했다고 보아야 하겠다. 분명한 증거는 없지만, 그가 출향(出鄕)을 결심하기까지 부모나 형제의 권유도 한 몫 했으리라고 보는 것이 필자의 생각이다.

견훤이 고향을 떠날 때의 정확한 나이는 알 수 없다. 단지 『삼국유사』에 소개되어 있는 『고기』의 기록 중 '나이 15세가 되자 스스로 견훤이라 일컬었다'는 내용 및 15세면 호적에 정남(丁男)으로 등재되고 국역(國役)을 지게 되는 나이이기 때문에, 이러한 것을 근거로 하여 15세 무렵에 홀로서기를 시도하여 집을 떠나지 않았을까 하는 추측이 있을 뿐이다.

견훤은 일단 경주에 도착했지만, 이곳에 오래 머물지 못하고 언제인지 분명치는 않으나 다시 서남해안, 즉 전라도 남해안의 변방으로 이동하여 그곳 수비를 맡게 된 것으로 나타난다. 『삼국사기』와 『삼국유사』의 기록에 따르면, 당시 견훤은 '창을 베개로 삼아 잠을 자면서 적을 기다렸고, 용기가 항상 다른 군사들보다 앞서서 그 공로로 비장(裨將)이 되었다'라고 하였듯이, 어려운 현실을 오히려 자신의 발전기반으로 이용할 줄 아는 의욕적인 삶의 모습을 보여주고 있다. 이 때 견훤은 주로 해안지방에 출몰하는 해적들과의 사이에서 많은 실전(實戰) 경험을 쌓았을 것으로 판단된다. 그리고, 이러한 경험을 통하여 견훤은 개인적으로 자신의 전투능력을 향상시킴으로써 한 명의 뛰어난 무인으로 다시 태어나게 되었을 뿐만 아니라, 용기와 지혜로 수많은 난관을 극복해 나가는 과정에서 공로를 인정받아 군인으로서의 지위도 비장으로까지 승진하기에 이르렀던 것이다.

이상의 내용을 보면, 견훤은 아마도 애초부터 군인으로서의 생애에 자신의 승부를 걸었던 것이 아닐까 여겨지기도 한다. 전라도 남해안 변방에서의 생활은 그가 군인으로 성장하는데 필요한 첫 번째 발판을 마련해준 장소라는 점에서 중요한 의미를 부여해 줄 수 있을 것 같다. 비장이라는 지위는 장군 밑에 소속되어 있는 부장(副將)을 가리키기 때문에 지휘권에 제한이 있었겠지만, 훗날 견훤이 나름대로의 세력을 규합해 반란을 일으키고 있는 것을 보면 자신에게 소속된 일정한 부대를 거느리고 어느 정도는 독립적인 활동도 가능했던 것으로 보인다. 견훤이 이러한 비장으로까지 승진했다는 것은 이후 큰 변수가 발생하지 않는 한 군인으로서의 그의 앞길에 상당한 정도의 발전 가능성이 자리잡게 되었음을 의미하는 것으로 받아들여도 좋지 않을까 생각한다.

따라서 집으로부터 멀리 떨어진 전라도 남해안 지방의 외로운 객지에서 견훤은 부모나 가족, 고향의 도움 없이 스스로의 노력에 의해서 자신의 성장기반을 마련해 가고 있었다는 사실을 알 수가 있다.

2) 후백제 건국과 비운의 땅 황산벌

『삼국사기』 견훤전에는 견훤이 반란을 일으킨 시기가 892년으로 나와 있지만, 『삼국유사』 견훤조에서는 889년으로 소개하면서 동시에 892년으로 보는 설도 있다는 지적을 덧붙여 놓았다. 다른 분명한 증거가 발견되고 있지 않기 때문에 이들 기록만으로 견훤이 반란을 일으킨 정확한 시기가 언제라고 말하기는 어려운 상황이다. 다만, 두 사료의 내용을 비교해 보면 아무래도 『삼국유사』의 기록이 보다 세밀한 고증의 결과를 밝히고 있다는 느낌을 주기 때문에, 본서에서는 889년에 견훤이 처음 반란을 일으킨 것으로 보려 한다. 그렇다면 견훤의 나이는 당시 23세가 되었을 때이다.

23세라면 견훤이 집을 떠난지 8년 정도 지난 시기이다. 그래도 아직은 어린 나이이고 그 무렵 견훤은 비장으로까지 승진하여 앞날에 대한 전망도 밝은 편이었는데 왜 이 때 반란을 일으키게 되었을까 궁금해진다. 『삼국사기』나 『삼국유사』에는 통일신라 말기 정치의 부패와 위정자들의 문란한 생활, 그리고 기근(饑饉) 등으로 백성들의 생활이 어려워져 각지에서 반란이 일어나자 견훤도 이러한 분위기에 휩쓸린 것으로만 나와 있다. 그러나 이러한 내용을 가지고는 앞길이 창창한 청년 장교가 왜 애초에 품고 있던 자신의 모든 꿈과 지위를 포기한 채 진압대상인 반란의 대열에 뛰어들게 되었는지 근본적인 이유를 설명할 수가 없다. 무엇인가 다른 내막이 숨어 있을 것 같은데, 이와 관련하여 이 무렵 견훤의 주변에서 일어나고 있는 변화 가운데 눈길을 끄는 것이 그의 아버지 아자개의 움직임이다.

아자개는 885년에서 887년 사이에 스스로 장군이라 칭한 것으로 나와 있다. 그가 무엇 때문에, 그리고 무엇을 목적으로 이러한 행동을 취했는지 자세한 사정은 알 수 없으나, 신라 중심의 질서에서 벗어나 자신의 독자적인 영역을 만들어 놓고 활동하기 시작한 것은 분명한 사실로 받아들여진다. 견훤이 처음 반란을 일으킨 시기가 889년이라면 시간상으로 2년에서 4년 정도의 차이가 나는데, 이와 같은 시간 차이는 두 사건 사이에 무언가 연결성이 있다는 것을 느끼게 해준다.

견훤은 비록 비장으로까지 승진했다 하지만 변방으로 밀려나 고생하고 있는 현재 처지와 신라 말기의 걷잡을 수 없는 사회혼란을 목격하며 내심으로는 실망감과 회의를 느끼고 있었을지도 모른다. 그러나 아직은 독자적인 활동역량이나 결단력이 충분히 갖추어졌다고 보기 힘든 나이였기에 그를 움직이도록 만든 결정적인 요인은 역시 외부로부터 들려오는 아버지의 소식이 아니었을까 생각한다. 즉, 아버지까지 반신라적(反新羅的)인 활동에 가담하였다는 고향의 소식을 듣게 되면서 더 이상 신라에 대해 어떤 기대도 하기 힘들게 되었음을 깨달았을 것이고, 그리하여 그 때까지 쌓아온 모든 것을 포기한 채 새로운 활로를 찾게 된 것이라 여겨진다. 이러한 이유로 견훤이 반란을 결심한 것은 아버지의 영향이 중요했다고 보고 싶다. 사실 견훤이 반란을 일으킨 초기에는 고향의 아버지와 긴밀한 연결을 이루며 활동하지 않았을까 판단되기도 한다. 오늘날까지 상주지방에 견훤산성으로 알려진 성이 존재하고 있는 것이나 906년 왕건이 궁예의 명을 받고 상주지역 사화진(沙火鎭)을 공격해왔을 때 견훤의 후백제 군대가 그 방어전투에 개입하고 있는 모습 등은 견훤과 아자개의 연결 가능성을 암시해 주는 것이라 하겠다.

반란의 대열에 뛰어든 이후 견훤의 앞길은 순탄하게 열려간 것으로 나타난다. 그가 처음에 서남지방의 주(州)·현(縣)을 공격하기 시작했을 때부터 이르는 곳마다 많은 사람들이 호응하여 한 달 사이에 5천명의 무리가 모여들었다고 하며, 이를 발판으로 그는 어렵지 않게 지금의 광주인 무진주(武珍州)까지 손에 넣은 것으로 나와 있다. 시기적으로는 이 때가 892년이 아닐까 생각한다. 견훤은 무진주를 장악한 뒤 스스로를 왕이라고 부르지는 않았지만, 그가 '신라서면도통지휘병마제치지절도독전무공등주군사행전주자사겸어사중승상주국한남군개국공식읍2천호'(新羅西面都統指揮兵馬制置持節都督全武公等州軍事行全州刺史兼御史中丞上柱國漢南郡開國公食邑二千戶)라는 긴 이름의 벼슬을 만들어 사용하고 있는 것을 보면, 이곳에 머물면서 이후 약 45년 동안 지속되는 후백제 건국의 기틀을 확고하게 다져나가고 있었음을 알게 해준다. 그리고 북부지방으로의 진출에 계속 힘을 기울여 8년 뒤인 900년에 오면 완산주(完山州), 즉 현재의 전주(全州)를 손에 넣게 된다.

『삼국사기』 견훤전에 의하면, 견훤은 전주를 점령한 뒤 본격적으로 이곳을 도읍지로 삼고 스스로를 후백제왕이라 칭하면서 모든 관서(官署)를 설치하고 관직을 나누어 정함으로써 독립된 국가로서의 면모를 갖춘 후백제 왕조를 탄생시킨 것으로 나와 있다. 이 때는 견훤이 34세가 되는 해이며 반란을 일으킨 지 11년째가 되는 시기이다. 다만 역사서에는 이전 시대의 백제와 구분하기 위해 후백제라는 이름으로 소개되어 있으나, 견훤이 실제로 내세운 것은 백제왕이었을 것으로 본다.

견훤은 후백제를 건국하면서 곧 오월(吳越)이나 후당(後唐) 등 중국과의 교류에도 힘을 기울여 자신의 정통성 확보에 노력한 것으로 나타나는데, 924년 12월 후당에 사신을 보냈을 때의 예를 보면 후당에서 그에게 '검교태위겸시중판백제군사'(檢校太尉兼侍中判百濟軍事)의 벼슬을 주고 이전대로 '지절도독전무공등주군사행전주자사해동서면도통지휘병마제치등사백제왕식읍2천5백호'(持節都督全武公等州軍事行全州刺史海東西面都統指揮兵馬制置等事百濟王食邑二千五百戶)를 인정해주었다고 하여, 그가 스스로 백제왕이라 칭하고 있었음을 알게 해준다. 여하튼 견훤의 관심이 중국과의 교류에까지 미치고 있다는 것은, 그가 단순히 무력에만 의존한 반란집단의 우두머리가 아니라 지식인들의 참여를 이끌어내면서 새로운 국가형성을 준비하는 혁명세력이었음을 알게 해준다.

　견훤은 후백제 건국 후 자신의 영향력을 국내외로 증대시켜 나가면서 국가경영에 힘을 기울였고, 또 많은 부분에서 성공을 거두었다. 『삼국사기』 견훤전에서 두드러져 보이는 내용을 뽑아보면, 920년에 신라의 대야성(大耶城)을 함락시켰고, 924년 12월에는 신라의 거창(居昌) 등 20여개의 성(城)을 빼앗았으며, 927년 10월에 와서는 신라의 왕도인 경주를 침입하여 경애왕을 죽게 만들고 경순왕을 신라왕으로 세운 뒤 귀환했는데, 그 뒤 대구지방에서 벌어진 공산(公山) 전투에서는 고려의 군대를 대파(大破)시켜 고려 태조 왕건도 겨우 몸만 빠져나와 도망갈 정도의 승리를 거두었다. 그리고는 927년 12월 왕건에게 편지를 보내 자신이 원하는 것은 '평양성의 문루에 활을 걸어 놓고 내 말에게 패강 (浿江 : 대동강)의 물을 먹게 하는 것이다'라는 호연지기를 보여주기도 하였다. 이상의 내용들은 견훤이 한 때 후삼국 통일의 가능성도 거머쥐게 되었다고 할 정도의 성공을 거두고 있었음을 알게 해준다.

　견훤이 이와 같이 성공적인 결과를 거두고 있었다는 것은 그가 그만큼 강력한 군사력을 지니고 있었기 때문일 것이다. 그러나 보다 근본적으로는 그러한 군사력을 뒷받침해줄 뿐만 아니라 또 그 군사력 자체를 만들어주는 원천이 민심이라는 것을 생각할 때, 견훤이 민심을 자기에게로 끌어 모으는데 그만큼 성공하였다고 볼 수도 있겠다. 견훤이 민심 회유를 위해 상당히 효과적인 방법을 활용하고 있었음은 몇 가지 예를 통해서도 증명이 가능하다.

첫째, 견훤이 『이제가기』에 신라왕실의 먼 후손으로 묘사되어 있는 것을 하나의 예로 지적하고 싶다. 이러한 소문이 퍼져나가는 경우 신라의 군대나 친신라적(親新羅的)인 인물들의 견훤에 대한 적대감을 약화시킬 수 있을 뿐만 아니라, 현실에 회의적인 민심을 끌어 모으는 데에도 어느 정도의 효과를 기대할 수가 있을 것이다. 또한 견훤 자신의 정통성을 일반 백성들에게 인식시키는 데에도 도움을 줄 수가 있을 것이다. 따라서 견훤을 신라왕실과 연결시키는 내용이 『이제가기』에 기록되기까지의 배경에는 견훤 세력의 정치적인 술수가 그 안에 숨겨있다고 보아도 좋을 것 같다. 『삼국사기』 궁예전에서 궁예를 신라의 왕자로 기록하고 있는 것이나, 『고려사』에 보이는 왕건의 가계에 관한 설화에서 왕건의 먼 조상이 신라의 성골장군(聖骨將軍) 호경(虎景)이라 하고 있는 내용 등도 모두 같은 선상에서 이해되어야 하지 않을까 생각한다.

둘째, 『고기』의 견훤에 대한 출생설화에서 그의 출생지가 광주로 나타나고 있는 것도 주목해볼 필요가 있다. 광주는 견훤이 반란 초기에 8년 정도 머물면서 자신의 성장기반을 다진 중요한 장소이다. 당시 견훤에게 가장 시급한 과제는 광주지방의 민심을 끌어 모으는 일이었을 것이다. 따라서 이를 위해 여러 가지 방법이 모색되었으리라 보는데, 그 중에서 이 지역의 사람들에게 동향출신으로서의 동료의식을 불어넣어주는 것보다 더 효과적인 방법은 찾아내기 힘들었을 것이다. 물론 견훤의 입장을 다른 각도에서 보면, 광주는 자신을 새롭게 탄생시켜준 또 하나의 고향과 같은 곳이기도 하므로 광주지역 사람들과는 동향출신이 가질 수 있는 동료의식을 지니게 되었고, 그러다 보니 광주를 출생지로 하는 설화가 등장했을 수도 있다. 그러나 이보다는 광주의 민심을 얻기 위한 방법으로 만들어진 설화일 가능성이 더 클 것이라 여겨진다. 그러면서도 동시에 자신의 출생을 신비화시켜 일반인들과의 사이에 차별성을 부여함으로써 스스로의 권위를 확보할 필요가 있었기 때문에, 결국 『고기』의 기록과 같이 지렁이까지 등장하는 신비한 내용을 만들어 유포시키게 된 것이 아닐까 판단된다.

셋째, 필자가 가장 중시하고 싶은 부분이기도 한데, 견훤이 백제지역에서 광범위한 민심의 지지를 얻어 강력한 세력을 형성할 수 있도록 만들어 준 결정적인 요인은 무엇보다도 그가 의자왕의 정신적인 후예임을 자처하고 나섰다는 사실에서 찾아야 할 것이다. 견훤이 전주에서 후백제의 출범을 정식으로 선포하던 때의 모습을 『삼국사기』 견훤전에서 찾아보면 다음과 같다.

(견)훤이 서쪽으로 순행하여 완산주(完山州)에 이르니, 주민(州民)이 위로하며 맞아들이므로 (견)훤은 인심을 얻은 것을 기뻐하며 좌우에게 말하기를 '내가 삼국의 시초를 살펴보니 마한(馬韓)이 먼저 일어나고 뒤에 혁거세(赫居世)가 일어났다. 그러므로 진한(辰韓)과 변한(弁韓)은 그것(마한)을 뒤따라 일어난 것이다. 이에 백제는 금마산(金馬山)에서 개국하여 6백여년이나 내려왔는데 …… 당 고종이 신라의 청에 의하여 장군 소정방으로 하여금 선병(船兵) 13만명을 거느리고 바다를 건너오게

했고, 신라의 김유신은 있는 군사를 다 동원하여 황산(黃山)을 거쳐 사비(泗沘)에 이르러서는 당병(唐兵)과 연합하여 백제를 쳐서 멸망시켰다. 이제 내가 완산에 도읍을 세우고 의자(왕)의 묵은 원한을 풀어주어야 하지 않겠는가'라고 하면서 마침내 스스로를 후백제왕이라 칭하고 관직(官職)을 설치하여 나누어 주었으니, 이 때가 당나라 광화(光化) 3년(900)이고 신라의 효공왕 4년이다.

견훤 스스로가 의자왕의 정신적인 후계자임을 자처하고 있는 내용이 눈에 띈다. 결국 견훤은 자신의 정통성을 인정받는 방법으로 옛 백제와의 연결성, 즉 자신의 행동은 의자왕의 쌓인 원한을 풀어주기 위한 것이며 동시에 옛 백제의 재건을 위한 것이고, 그리하여 나라의 이름까지도 계승한다는 명분을 내세우고 있는 것이다. 물론 백제가 오늘날의 익산지역에 위치해 있는 것으로 여겨지는 금마산에서 개국했다는 설명은 잘못된 것이지만, 이 역시 전주지방을 중심으로 한 민심을 선동하기 위해 계획적으로 짜여진 각본일 수도 있다.

이상과 같은 여러 가지 방법, 그 중에서도 특히 셋째 방법이 옛 백제의 영역이었던 충남과 전라도 지역에 광범위하게 흩어져 있는 민심을 끌어 모으는데 결정적인 역할을 함으로써 견훤의 후백제 왕조는 급속한 발전을 이룩할 수 있었던 것이라 판단된다.

시기적으로 보면, 이 때는 의자왕이 당나라에 항복한 660년으로부터 240년이라는 오랜 시간이 경과했을 무렵이다. 따라서 견훤이 의자왕에 대해서 어느 정도의 지식을 지니고 있었는지, 또 어떠한 생각을 품고 있었는지 정확하게 말하기는 어렵다. 사실 겉으로 의자왕을 계승한다고 내세우고 있지만, 실제로는 의자왕이나 백제 또는 백제유민에 대해 강한 애착심을 가지고 있었다기보다 정략적인 차원에서 이와 같은 발언과 방침을 채택하였을 가능성이 더 클 수도 있다. 견훤을 혈연적으로 신라왕실과 연결시켜 놓은 『이제가기』나 지렁이의 후손으로 묘사해 놓은 『고기』의 내용들이 사실성과는 아무 관계 없이 정치적인 필요성에 의해서 만들어진 것과 마찬가지의 현상이라고 볼 수도 있는 것이다.

다만, 여기에서 분명하게 지적해 놓고 싶은 사실은 당시 이 지역 사람들의 의자왕에 대한 인식이 나빴다면 견훤이 의자왕의 뒤를 잇는다는 구호를 내걸지는 못했을 것이라는 점이다. 바꾸어 말하면, 240년이라는 오랜 기간이 지난 이 때까지도 옛 백제지역 주민들의 의자왕에 대한 인식은 좋았고, 그리하여 이러한 민심을 알고 견훤도 그 속으로 파고들어 성공을 거두었다고 보아야 한다는 것이다. 따라서 우리는 견훤의 예를 통해서도 의자왕에 대한 재평가를 시도해 볼 수가 있겠는데, 『삼국사기』 의자왕 본기에 부정적으로 묘사되어 있는 의자왕 말기의 정치에 대한 기록들과 달리 백제지역 주민들에게는 의자왕에 대한 인식이 상당히 오랜 기간 동안 긍정적인 추억으로 남아서 전해 내려왔음을 알게 해준다. 즉, 옛 백제지역에서 의자왕은 타도의 대상이 되어야 할 폭군이 아니라 다시 모시고 싶은 그리움의 대상으로 자리잡고 있을 만큼 의자왕의 내치는 성공적인 것이었다고 평가해 줄 수가 있겠다.

한편, 후백제의 급속한 발전에도 불구하고 견훤은 내부적인 가족문제로 인해 이러한 발전의 마지막 결실을 거두어들이는 데에는 실패하였다.

918년 왕건에게 투항한 것으로 『고려사』에 나오는 상주의 적수(賊帥) 아자개(阿字盖)는 『삼국사』 견훤전이나 『이제가기』에 견훤의 아버지로 나오는 장군 아자개(阿慈介)와 한문은 다르지만 동일한 인물로 여겨진다. 적수와 장군으로 나타나고 있는 지위의 유사성 및 상주라는 지역의 동일성, 그리고 아자개라는 이름의 발음 상의 동일성 등으로 볼 때 같은 인물이라고 생각할 수밖에 없다. 어떤 이유인지는 분명하지 않으나 918년에 견훤의 집안에 불화가 생겨서 아자개가 그의 아들 견훤과 결별을 하고 왕건에게 투항한 것이다. 견훤이 이에 대해 어떠한 반응을 보였는지 전해오는 기록은 없지만, 그가 심리적으로 상당한 충격을 받고 배신감을 느꼈을 것은 분명하다.

가족 내부의 불화는 여기에서 끝난 것이 아니라, 자신의 후계자 선정을 둘러싸고는 자식들과의 사이에서 더 큰 문제가 발생하였다. 견훤에게는 아들 10여 명이 있었는데, 큰 아들 신검(神劍)보다 이복동생인 넷째 아들 금강(金剛)을 총애하여 그를 후계자로 생각하고 있었다. 이에 신검과 그의 두 동생이 반발하여 935년 3월 견훤을 금산사(金山寺)에 유폐시키고 금강을 죽인 뒤 신검이 왕위를 차지하는 사건이 일어난 것이다. 그리고 이와 같은 내분 속에서 같은 해 6월에 견훤은 아버지 아자개처럼 자신도 고려의 왕건에게 망명하고는 다시 왕건과 함께 내분으로 약해진 후백제의 신검군대를 공격하는 인륜파괴적인 모습까지 보여주게 되었다.

936년 9월 견훤까지 참여한 고려군의 대공세 앞에서 신검군대는 경
북 선산지역의 일리천(一利川) 전투에서 패배한 뒤 계백장군의 한이 서
려있는 황산벌로 후퇴하여 이곳에서 최후의 저항을 하다가, 결국 신검
이 고려군에게 항복함으로써 후백제 왕조는 정식으로 출범한 지 36년
만에 그 막을 내리게 되었다. 견훤이 처음 반란의 기치를 든 때부터는
48년만의 일이다. 그리고 견훤도 당시 70세라는 고령의 나이에 평생의
꿈이 물거품으로 변해버린 좌절감과 자신의 생각과는 완전히 다르게
변해가고 있는 현실 앞에서 울분을 삭이지 못한 때문인지 수일 후에 마
지막 거처로 삼고 있던 황산(黃山)의 어느 불사(佛寺)에서 파란 많은 생
애를 끝마쳤다. 견훤의 최후는, 아버지 아자개와의 불화로 아자개가 왕
건에게 항복해 간 것처럼 자신도 맏아들 신검과의 불화로 왕건에게 귀
순하여 자신이 세운 후백제 왕조 멸망의 견인차 역할을 스스로 담당한
것으로 나타나고 있어서, 우리로 하여금 역사에 있어서의 인과응보를
느껴보도록 해주고도 있다.

끝으로 여기에 한 가지 지적해 놓고 싶은 내용이 있다. 고려군과 후백
제 신검군대가 마지막 전투를 벌인 장소를 황산벌이 아닌 전북 익산의
미륵산성이나 전북 완주군 고산현의 용계산성으로 보는 견해도 있는
데, 이는 『고려사』의 기록 '아군이 (적을) 추격하여 황산군에 이르렀는
데, 탄령을 넘어 마성에 진을 쳤다(我師追至黃山郡踰炭嶺駐營馬城)' 라
고 한 내용의 해석문제와 김정호가 『대동지지(大東地誌)』에서 '마성은

고산현 용계의 옛 성이다'(馬城 : 高山縣龍溪古城)라고 기록해 놓은 내용을 참고로 하여 나온 주장들이다. 그러나 『대동지지』의 기록은 사료의 평가와 적용문제에서 의견차이가 나올 수 있으므로 일단 보류하고, 『고려사』의 기록만을 가지고 보면 고려의 군대가 황산군에 도착한 뒤의 상황을 설명한 것으로 보아야 자연스럽다. 즉 탄령과 마성은 모두 황산군에 속해 있는 장소로 받아들여야 한다는 것이다. 『삼국유사』 견훤조에도 이 당시의 상황에 대한 기록이 남아 있는데, 그곳에는 분명히 '백제군이 패배하여 황산의 탄현에 이르렀는데, 신검은 두 동생과 장군 부달, 능환 등 40여명과 함께 항복하였다'(百濟軍潰北至黃山炭峴神劍與二弟將軍富達能奐等四十餘人出降)라고 하여 후백제군이 황산의 탄현에서 항복한 것으로 나와 있다. 따라서 후백제가 패망하기 이전 고려군과 마지막으로 전투를 벌인 곳은 계백장군이 신라의 대군과 끝까지 싸우다 전사한 바로 그 비운의 현장 황산벌이었던 것이다.

지금까지의 내용을 정리하면, 견훤은 의자왕의 정신적인 후계자임을 자처하는 방법으로 광범위한 민심의 지지를 얻음으로써 우리로 하여금 의자왕에 대한 인식을 새롭게 해볼 수 있는 또 하나의 계기를 만들어 주었다. 그러나 실제 생활모습에서는 두 사람 사이에 많은 차이가 느껴진다. 대내적인 정치에서는 성공했으나 대외문제에 실패하여 정권의 붕괴를 가져온 의자왕과 달리 견훤은 대외문제에서는 그런대로 성공적이었으나 내부적인 가족문제의 실패로 왕조의 붕괴를 맞게 되었다. 따라서 의자왕과 견훤은 비교사적인 입장에서 우리의 흥미를 끌기도 한

논산시 연무읍 금곡리 '모청이' 마을 뒷산에 위치해 있는 견훤의 묘로 전해오는 봉분의 모습. 후백제를 세운 견훤은 황간 견씨의 시조이기도 한데, 현재 별다른 유적이 남아있지 않은 후백제의 자취를 느껴볼 수 있는 유일한 곳이다.

다. 그러나 우연인지 필연인지 백제와 후백제 모두 황산벌전투에서의 패배가 왕조 멸망의 계기로 작용했다는 점에서는 공통성도 느껴볼 수가 있다. 오늘날까지 주변에 계백장군과 견훤왕의 것으로 알려진 무덤이 자리잡고 있으며, 또 고려의 태조 왕건이 후백제 신검군을 물리치고 삼국을 통일한 기념으로 세웠다는 사찰 개태사가 위치해 있는 황산벌은 백제사에서 두 번에 걸쳐 왕조의 멸망을 가져오게 한 영원한 비운의 현장이자 역사적인 장소로서 우리 앞에 남아있는 것이다.

3. 의자왕의 후예 부여서씨의 오늘

1) 사료 상에 나타난 의자왕의 후손들

의자왕의 후손에 관한 기록은 우리나라와 중국, 일본의 역사서 곳곳에서 찾아볼 수 있는데, 사료마다 설명하는 내용에 차이가 나거나 설명이 없이 이름만 남아 있는 예도 있어서 그들의 실체를 파악하기 어려운 경우가 많다. 특히 『일본서기』는 인명(人名)의 사용이 매우 복잡하여 이해에 혼선을 야기시키는 주범으로 되고 있기도 하다. 이러한 이유로 의자왕의 후손에 대한 이해를 둘러싸고는 아직까지 혼란을 겪는 부분이 적지 않다. 이곳에서는 이러한 혼란을 바로 잡고 실체에 좀더 접근하기 위해 지금까지 제시된 견해와 사료 상의 기록을 연결시켜 가며 문제점을 정리해 보기로 하겠다.

먼저, 의자왕 후손들의 인원수와 관련되어 있는 문제부터 검토해 보기로 한다.

『삼국사기』 의자왕 본기에는 657년 1월에 왕서자(王庶子) 41명을 좌평으로 삼고 식읍(食邑)을 주었다는 기록이 있는데, 연구자들 중에는 별다른 의심 없이 41명 모두를 의자왕의 서자로 보는 견해도 있다. 그러나 655년 이후 의자왕의 정치개혁에 대해 살펴보면서 지적했듯이, 의자왕의 나이를 생각하면 41명 모두를 의자왕의 서자로 보는 것은 불가능하다. 이 기록은 의자왕이 정치개혁을 추진하면서 자신의 정치노선에 협조적인 인물들, 그 중에서도 특히 자신은 물론 이전시대 모든 왕들의 서자출신 및 그 주변의 인물까지 많이 등용했기 때문에 그 상황을 표현한 것이라고 보아야만 하겠다. 우연에 의한 것인지 아니면 의도적인 왜곡인지 알 수는 없지만, 『삼국사기』의 편찬자가 마치 의자왕이 자신의 서자 41명을 특별대우한 것처럼 오해받기 쉽게 기록해 놓음으로써 지금까지도 이것이 혼란의 원인으로 작용하고 있는 것이다.

한편 의자왕이 중국의 낙양으로 끌려갈 때의 상황을 보면, 「대당평백제국비명」에는 의자왕 및 태자 륭 그리고 외왕 부여효를 비롯한 13명이 대수령 대좌평 사타천복(沙吒千福), 국변성(國辯成) 이하 7백여 명과 함께 간 것으로 나와 있다. 중국으로 끌려간 일반 백성들은 여기에 포함되어 있지 않은 것 같은데, 기록의 순서와 외왕 부여효를 대표로 내세워 함께 다룬 논법 등을 통하여 볼 때 13명으로 표현되고 있는 대상은 모두 의자왕의 아들로 보아도 좋을 것 같다. 다시 말해 이 기록은 의자왕이 항복한 후 당나라로 끌려간 의자왕의 아들이 태자 륭까지를 합하면 14명이었음을 알게 해 준다.

『일본서기』 제명천황 6년(660) 7월조에서도 「이길련박덕서」에 기록되어 있는 이 사건의 내용을 소개해 놓았는데, 낙양에 도착한 백제왕이하 태자 륭 등 여러 왕자 13인과 대좌평 사택천복(沙宅千福), 국변성(國辨成) 이하 37인, 모두 합해 50여 인이 11월 1일 조당으로 나아갔다고 되어있다. 한문 이름에 약간의 차이가 보이나 「대당평백제국비명」의 인명(人名)으로 이해하면 될 것 같고, 여기에서 주목해보고 싶은 내용은 의자왕의 아들이 태자 륭까지 합해 13명으로 되어 있다는 사실이다. 즉, 「대당평백제국비명」과 『일본서기』의 두 기록을 비교할 때 전체 인원수에서 상당한 차이가 있고, 왕자의 수에서도 1명의 차이가 보인다.

이러한 차이는 기록자들이 지니고 있는 정보의 차이에서 비롯된 것일 수도 있지만, 이보다는 각 기록자가 다루고 있는 상황 자체가 다르기 때문에 나타나게 된 차이로 받아들여야 훨씬 자연스럽다. 즉, 「대당평백제국비명」의 기록은 포로로 잡혀간 왕과 왕자 및 관료와 그 가족들의 전체 인원수를 적어놓은 것이고, 「이길련박덕서」는 낙양에 도착한 뒤 당나라 조정에 나아가 당 고종을 알현한 인원수를 기록한 것이므로 차이가 나타날 수밖에 없다고 하겠다.

『일본서기』 제명천황 6년 10월조에는 7월 13일에 의자왕과 그의 처 은고(恩古), 그의 아들 륭 등 50여명이 소정방의 포로가 되어 당나라로 보내졌다는 설명문을 덧붙여 놓고 있어서, 포로로 붙잡혀간 전체 인원이 50여명인 것처럼 여겨지게도 한다. 그러나 이 기록은 앞 부분의 7월조에 소개되어 있는 「이길련박덕서」의 내용을 한번 더 간략화시켜 손질해 놓은 것으로 보이기 때문에, 포로로 잡혀온 수많은 사람 중에서 50여명이 대표로 당 고종을 만났고, 그 중의 13명이 태자륭을 포함한 왕자들이었다는 해석은 충분히 성립될 수 있다고 본다.

다만, 왕자의 수에서 두 자료가 1명의 차이를 보이는 이유는 두 가지 가능성이 있을 수 있다. 하나는 기록자의 표현방법 상의 문제로 인해 발생한 차이로 볼 수가 있을 것이다. 사실은 같은 인원수인데 둘 중의 하나가 표현을 잘못하여 차이가 나오게 되었을 가능성이다. 1명 정도의 차이는 기록자가 표현을 어떻게 해놓는가에 따라서 얼마든지 발생할 가능성이 있다. 또 하나는 실제로 14명 중에서 13명만이 당 고종을 알현했기에 그것이 그대로 기록되었으리라는 해석도 가능하다. 두 가지 가능성을 모두 무시할 수 없는 상황이지만, 위의 두 사료 사이에 분명히 1명의 차이가 있는 것이 현실이므로 본서에서는 이러한 사료의 내용에 따르기로 하겠다.

따라서, 부여륭을 포함하여 포로로 잡혀간 전체 왕자의 수는 「대당평백제국비명」의 기록에 따라 14명으로 보고, 그 중 13명이 의자왕과 함께 당 고종을 알현하는 50여 명의 대열에 참여했으며 1명은 다른 포로들과 함께 밖에서 대기하고 있었다고 보면 어떨까 하는 것이 필자의 생각이다. 의자왕이 항복할 당시 백제지역에 있었던 의자왕의 왕자들은 거의 모두 포로로 되었을 터인데, 그들에 대한 구체적인 정보는 없지만 적자와 서자를 포함하여 14명으로 받아들여야 하지 않을까 생각한다. 이 외에 일본에 파견되어 간 왕자도 있을 수 있으므로 의자왕에게는 최소한 적자와 서자를 포함하여 14명 이상의 왕자가 있었다고 보아야 할 것 같다.

다음, 사료 상에 이름이 나타나고 있는 의자왕의 후손들을 검색해 보면, 부여륭과 그의 아들 문사(文思) 및 손자 경(敬)의 이름과 함께 효(孝)·태(泰)·연(演)·풍(豊)·용(勇) 등의 이름이 눈에 띈다. 이 밖에도 부여강신(扶餘康信)·숭(崇)·풍장(豊璋)·규해(糺解)·교기(翹

岐)·선광(禪廣)·새성(塞城)·새상(塞上) 등의 이름이 더 보이는데, 다소 의견차이가 있는 부분도 있지만 대개는 앞에 소개한 인물들에게 붙여진 또 다른 이름에 불과한 것으로 나타나고 있다. 이하에서는 이들 이름을 통하여 의자왕의 후손으로 보이는 인물들의 정체와 존재성에 대한 문제를 다루어 보도록 하겠다.

부여륭의 경우는 앞에서 충분한 설명이 있었기 때문에, 여기에서는 그가 의자왕의 적장자로서 의자왕이 당나라에 항복할 때까지 태자의 자리를 지키고 있었다는 것과 이후에는 웅진도독으로서 백제가 신라에게 완전히 멸망할 때까지 백제의 위상을 되찾기 위해 노력한 인물이었다는 사실만 지적하고 넘어가겠다. 부여강신과 숭이란 이름은 부여륭의 또 다른 호칭으로 보아야 한다는 내용 역시 앞에서 지적하였다.

문사는 『삼국사기』에 효의 아들로 기록되어 있지만, 사실은 『구당서』 소정방전이나 『자치통감』에 나타나 있듯이 의자왕의 적손(嫡孫)이자 부여륭의 아들이었음이 분명하다는 것도 앞에서 언급하였다. 또 부여륭의 손자로서 부여경의 이름이 『구당서』 백제전이나 『삼국사기』 의자왕 본기 등에 보이는데, 당나라로부터 대방군왕의 자격을 부여받은 부여륭이 죽자 측천무후는 손자인 부여경에게 그 자리를 이어받게 했다는 내용이다. 그러나 단순히 손자라는 표현만 보이기 때문에 그의 존재에 대해 정확히 말하기는 어렵다. 그가 적손(嫡孫)이어서 부여륭의 지위를 계승한 것인지, 아니면 적서(嫡庶) 관계 없이 계승자가 그 사람 한 명밖에 없었는지, 또 문사와 부여경은 부자(父子) 관계인지, 아니면 부여경의 아버지는 문사가 아닌 부여륭의 또 다른 아들인지 등의 여부를 밝힐 수가 없다. 다만 한 가지 분명한 사실은, 문사가 아버지인 부여륭보다 일찍 죽었거나 또는 건강이 아주 좋지 않았을 수도 있고 혹시 부여륭에게 다른 아들들이 더 있었다면 그들 역시 문사와 마찬가지 처지였기에, 형식적인 것이기는 했지만 의자왕에게서 이어져 내려오는 백제왕실의 적통(嫡統)은 부여륭으로부터 그의 아들이 아닌 손자 부여경에게로 이어지게 되었다는 것이다.

소정방에게 포로로 잡혀간 의자왕의 왕자들 이름이 가장 많이 거론되고 있는 사료는 『삼국사기』의 의자왕 본기이다. 그곳에는 태자 효, 왕자 태, 륭, 연의 순서로 4명의 이름이 나온다. 또 같은 책, 김인문전에는 태자 효, 왕자 태의 순서로 2명의 이름이 보인다. 따라서 이들 『삼국사기』의 기록을 중시하는 사람들은 '효태자설'과 부여륭이 의자왕의 세 번째 아들이라는 주장을 내놓기까지 이른 것이다. 그러나 의자왕의 실상을 설명하는 부분에서 밝혀 놓았듯이 부여륭에 관한 『삼국사기』의 기록은 왜곡이 매우 심하다는 사실을 잊어서는 안 된다.

일본이나 중국의 모든 역사서 및 우리나라의 『삼국유사』 등에서는 부여륭이 태자로 되어있고, 특히 『삼국유사』에서는 효를 태자로 보는 경우도 있지만 이는 잘못이라는 지적까지 해 놓았다. 이러한 가운데 「대당평백제국비명」에는 태자 륭, 외왕(外王) 여효(餘孝)의 순서로 2명이 기록되어 있고, 『구당서』나 『신당서』의 백제전에는 태자 륭, 소왕(小王) 효, 연 등 3명이 순서대로 나타나며, 『책부원귀』 자부(子部)의 장수부(將帥部)에는 태자 륭, 소왕 효, 연, 손(孫) 문사의 순서로 되어 있어서 의자왕의 손자인 문사의 이름까지 보인다.

이들 기록에서 드러나듯이 왕자들의 왕실 서열은 태자인 부여륭이 가장 높았다고 보아야 하겠다. 이 외에 효는 외왕 또는 소왕으로 나타나는데, 연의 경우도 소왕이란 칭호 다음에 효와 구분 없이 나란히 소개되어 있어서 연 역시 소왕의 지위를 지니고 있었다고 보아야 할 것 같다. 태자와 소왕과 손자라는 칭호의 구별을 두면서 소왕의 자리에 효와 연을 위치시켜 놓고 있는 『책부원귀』의 기록은 두 사람이 모두 소왕이었다는 사실을 보다 직접적으로 보여준다. 의자왕의 차자(次子)로서 마지막까지 사비성을 방어하다가 스스로 왕이라 자처하여 문사의 불만을 사게 되었다는 태의 경우도 그가 의자왕의 둘째 아들이라면 효나 연과 마찬가지로 소왕의 지위를 지니고 있었을 터인데, 중국의 역사서에는 그의 이름이 포로로 된 다른 왕자들의 이름과 함께 거론되고 있지 않다. 아마도 그가 의자왕과 부여륭을 무시하고 스스로 왕이라 자처했던 것이 원인이 되어 당나라나 의자왕, 부여륭 등으로부터 소외당함으로써 이러한 현상이 나타나게 되지 않았을까 여겨지기도 한다. 포로가 된 14명의 왕자들 중 13명만 낙양의 조당에서 당 고종을 알현하고 1명은 밖에서 대기하고 있었을 가능성이 있다는 내용을 위에서 지적한 바 있는데, 이 1명의 왕자가 혹시 태가 아니었을까 짐작도 해보지만 뚜렷한 증거는 없다.

태가 의자왕의 둘째 아들이라고 한다면 왕자들의 서열은 『삼국사기』

의 내용과 달리 효와 륭의 위치를 바꾸어서 부여륭·태·효·연의 순서로 되어야 할 것 같고, 그렇다면 효는 의자왕의 셋째 아들인 셈이다. 그러나 한 가지 간과할 수 없는 것은 『삼국사기』에서 효를 왜 태자라고 기록해 놓았을까 하는 문제이다. 무엇인가 나름대로의 이유가 있을 법하다.

먼저 생각해 볼 수 있는 이유는 친신라적(親新羅的)인 성향으로 인해 부여륭에게 적대감을 지니게 된 『삼국사기』의 편찬자가 태자로서의 륭의 존재를 거론하고 싶지 않았을 수도 있다는 것이다. 그리하여 차자인 태는 사비성 방어전 때의 행적이 너무 뚜렷하여 내세우기가 어려웠기 때문에, 셋째인 효를 륭대신 태자로 기록해 놓지 않았을까 하는 해석도 나올 만하다. 또 하나의 가능성은 효가 적자(嫡子)가 아니라 서자(庶子)일 수도 있다는 것인데, 그의 나이가 적자이며 태자인 륭보다 많아서 나이로 보면 위이기 때문에 『삼국사기』의 편찬자가 그를 태자로 표현하는 잘못 또는 왜곡을 범했을 수도 있다. 이러한 가능성은 일본에 파견된 부여풍에게도 적용시킬 수 있는 것이어서 앞의 경우보다는 현실성이 큰 것으로 받아들여지기도 한다.

아무튼 부여륭 외에도 13명 정도에 달하는 의자왕의 왕자들이 중국으로 붙잡혀간 것은 분명한데, 이들 중 태자인 부여륭을 제외한 나머지 사람들에 대한 정보는 사료상에서 거의 찾을 수 없다. 때문에 그들의 나이나 서열문제, 상호간의 관계 또는 중국에 끌려간 이후 어떠한 생활을 했는가 하는 문제 등에 대해서 우리는 현재 어떤 설명도 할 수 없다.

중국으로 끌려간 경우와 반대로 일본으로 건너가 생활한 의자왕의 왕자로도 풍과 용의 이름이 눈에 띈다. 이 중 풍과 관련된 기록으로서 『일본서기』 서명(舒明) 3년(631) 3월조에 '백제왕 의자가 왕자 풍장(豊章)을 인질로 들여보냈다'라는 내용이 있는데, 시기적으로는 이때가 백제의 무왕 32년에 해당하지만 내용은 의자왕의 통치행위로 되어 있어서 그 안에 모순을 담고 있다.

풍은 일본의 역사서에서 이름이 풍장이나 규해로도 나타나고 있으며, 이에 대한 사료검토와 논증은 지금까지 많은 연구자들에 의해서 이루어져 왔다. 때문에 여기에서는 그대로 믿고 따라도 되리라고 생각한다. 다만 교기의 경우도 풍과 동일인물로 보는 견해가 있는데, 이는 받아들이기 힘들 것 같다. 바로 다음에 살펴보겠지만 풍은 의자왕의 아들로 보이는데 반해 교기는 『일본서기』 황극(皇極) 원년 2월조에 '제왕자아교기(弟王子兒 翹岐)'라고 나오듯이 의자왕 동생의 아들, 즉 조카로 여겨지기 때문이다.

『일본서기』 서명 3년 3월조의 기록이 지니고 있는 모순은 지금까지 세 가지 정도의 다른 견해를 만들어 낸 것 같다. 첫째는 서명 3년에 보이는 풍장(豊章)과 뒤의 시기에 나타나는 풍장(豊璋)은 한문이 약간 다른 것까지를 감안하여 동명이인(同名異人)으로 보아야 한다는 것이고, 둘째는 기록내용보다 이 때의 시기를 중시하여 풍을 무왕의 아들로 보는 것이며, 셋째는 시기보다 내용을 중시하여 의자왕의 아들로 보는 것이다. 이들 견해 중 어느 것을 취사선택할지는 입장에 따라 다르겠지만, 필자가 보기에 가장 설득력이 있는 것은 역시 마지막 견해가 아닐까 생각한다.

첫째의 견해처럼 무왕이나 의자왕 시대의 왕자들 속에서 같은 이름을 가진 두 사람의 존재를 가정한다는 것은 그 자체가 너무 무리한 발상이라고 보아야 할 것 같다. 다음으로 문헌 기록에서 나타날 수 있는 실수의 가능성도 생각해 볼 필요가 있다. 만일 의도적인 왜곡이 아니라면 특정한 사건의 내용 자체를 완전히 다른 글자나 내용으로 바꾸어 기록해 놓는 것보다 시기적인 순서를 잘못 판단하거나 실수로 다른 위치에 기록해 놓을 위험성이 훨씬 클 것으로 보이기 때문이다. 문제가 되는 서명 3년은 신묘(辛卯) 년이므로 이것을 의자왕 3년(643)에 해당하는 계묘(癸卯) 년의 착오일 것으로 보는 견해도 이미 제기되고 있는데, 이러한 시기적인 착오의 가능성이 다른 가능성보다 설득력이 큰 것으로 받아들여진다. 뿐만 아니라 『속일본기(續日本紀)』의 천평신호(天平神護) 2년(766) 6월조에서는 과거의 사실을 기록하면서 '의자왕이 그 아들 풍장왕 및 선광왕을 들여보내 (천황을) 모시게 했었다'(義慈王遣其子豊璋王及禪廣王入侍)라고 하여 구체적이면서도 분명하게 풍장을 의자왕의 아들로 밝혀놓고 있기 때문에, 우리는 풍을 의자왕의 아들로 보지 않을 수가 없는 것이다.

그렇다면 풍은 의자왕의 왕자로서 서명 3년이 아닌 의자왕 3년, 즉 643년 3월에 의자왕의 또 다른 아들 선광과 함께 일본으로 파견되었다고 보아도 좋을 것 같다. 이후 풍에 대한 기록은 풍장이나 규해라는 이름으로도 일본 역사서에 종종 나타난다. 그에 관한 기록 가운데 주목해 볼만한 내용을 뽑아보면 다음과 같다.

① (『일본서기』 황극 2년 : 643년 11월조) 백제의 태자 여풍(餘豊)이 벌통 4개를 삼 륜산(三輪山)에 놓아 길렀으나 끝내 번식하지 않았다.

② (『일본서기』 백치 원년: 650년 2월조) 백제군(百濟君) 풍장(豊璋), 그 아우 새성 (塞城), 충승(忠勝) …… 등을 거느리고 중정(中庭)에 나갔다.

③ (『일본서기』 제명 6년 : 660년 10월조) 왕자 풍장(豊璋) 및 처자와 그 숙부(叔父) 충승(忠勝) 등을 보냈다. …… 혹본(或本)에서는 말하기를 '천황이 풍장을 세워 왕으로 삼고 새상(塞上)으로 하여금 보좌하게 하여 예로써 보냈다' 라고 하였다.

④ (『일본서기』 제명 7년 : 661년 4월조) 백제의 복신(福信)이 사신을 보내 표(表)를 올려 왕자 규해(糺解)를 마중하려고 청하였다. 승려 도현(道顯)의 『일본세기(日 本世記)』에 이르기를 '백제의 복신이 글을 올려 그 임금 규해를 동조(東朝)에 청 하였다' 고 한다.

⑤ (『구당서』 유인궤전 : 664년의 일) (유)인궤가 표(表)를 올려 말하길 '…… 여풍 (餘豊)은 북(北 : 고구려)에 있고, 여용(餘勇)은 남(南 : 일본)에 있습니다. …… '라고 하였다. 부여용(扶餘勇)이란 자는 부여륭의 동생인데, 이 때 도망하여 왜

국에 가 있으면서 부여풍과 호응하였으므로 유인궤가 표를 올려 그것을 말하였
다.

⑥ (『속일본기』천평신호 2년 : 766년 6월조) …… 백제왕 경복(敬福)이 죽었다. 그
선조는 백제국 의자왕으로부터 나왔다. …… 의자왕이 그 아들 풍장왕(豊璋王)
과 선광왕(禪廣王)을 들여보내 (천황을) 모시게 했었다. …… 의자왕의 군대가
당나라에 항복하고 그 신하 좌평 복신이 …… 멀리서 풍장을 맞아들였는데 ……
구원군이 불리하여 풍장이 배를 타고 고구려로 도망갔기 때문에 선광도 귀국(歸
國)하지 못했다. 등원조정(藤原朝廷)에서는 (그에게) 사호(賜號)하여 백제왕이
라 불렀고 …… 아들인 백제왕 창성(昌成)은 어려서 아버지를 따라 귀조(歸朝: 일
본조정에 옴)했는데 아버지보다 먼저 죽었다. …… 경복이란 자는 그의 셋째 아
들이다.

부여풍이 백강구전투에서 패배하고 고구려로 도망했다가 고구려가
당나라에게 정복당할 때 사로잡혀 영남지방으로 유배를 가 그곳에서
말년을 불행하게 보낸 내용에 대해서는 앞에서 다룬 바 있다. 그러나
부여륭을 비롯한 다른 왕자들과 풍과의 관계에 대해서는 지금까지 알
려진 것이 없다.

위 인용문을 보면, 풍은 643년 11월의 기록에는 태자로까지 언급되고
있고, 그의 동생으로 새성이라는 이름이 나오는데, ③·⑤·⑥에 나타
나고 있는 새상·부여용·선광·선광왕 등도 모두 새성의 또 다른 이

름으로 밝혀져 있다. 백제부흥운동이 실패한 직후에 '백제왕 선광왕(善光王) 등을 난파(難波)에 거주하게 했다'는 내용도 보이는 바, 이 경우의 선광왕 역시 새성을 가리키는 것으로 파악되고 있다. 여하튼 새성, 즉 부여용은 부여풍의 동생이자 부여륭의 동생이기도 하다. ⑥의 내용과 같이 그는 부여풍과 함께 일본에 파견되었으며, 의자왕 정권이 무너진 뒤에는 부여풍을 돕다가 그것이 실패하자 일본에 영구히 정착한 것 같다. 그러면서 일본조정으로부터 그 자신은 물론 후손들까지 백제왕이란 칭호를 부여받는 등 상당한 혜택을 누리며 생활한 것으로 나타난다.

이 외에 풍왕이 백강구 전투에서 패배하고 도망친 후 당나라에 항복한 부여충승(扶餘忠勝)과 충지(忠志)도 『구당서』의 유인궤전이나 백제전에서는 위왕자(僞王子), 즉 거짓 왕자라고 표현해 놓고 있어서 주목된다. 위(僞)라는 글자는 정통성을 인정하지 않으려 할 때 흔히 사용되는 것이므로 이들 역시 백제의 왕자임을 알 수 있다. ②에서는 풍의 동생인 새성 다음에 충승의 이름이 나오고 있어서 그 역시 풍의 동생으로 오해할 수 있게도 하지만, 이는 『일본서기』 편찬자가 이름배치에 신경 쓰지 않아서 나타나게 된 현상으로 여겨지고, 실제로는 ③의 내용처럼 충승은 부여풍의 숙부임이 분명하다. 따라서 충승과 충지는 의자왕의 왕자가 아니라 무왕의 왕자라는 것을 알 수가 있겠다.

끝으로, 부여풍과 부여륭의 관계에 대해 언급해 보고 싶다. 이들의 관계를 밝혀줄만한 직접적인 증거는 찾기 어려우나 위 인용문의 내용을 통해 나름대로 정리는 해볼 수 있을 것 같다.

먼저 주목해볼 필요가 있는 내용은 그가 태자라고 기록되어 있는 사실 및 그 시기가 부여륭이 태자로 책봉받기 바로 직전의 해인 643년 11월이라는 것이다. 이를 통해 의자왕의 태자가 정해지기 이전에는 주변에서 풍을 태자로 인식하고 있었던 것이 아닐까 풀이해 볼 수도 있겠으며, 동시에 그의 나이가 왕자들 중에서 가장 많았기에 이러한 상황이 벌어지지 않았을까 여겨지게도 한다. 의자왕이 그를 일본으로 보낸 직후에 부여륭을 태자로 임명한 것도 우연으로 비치지 않는다. 아무래도 태자책봉을 위해 준비된 수순에 따라서 이루어진 일이 아닐까 싶다.

그렇다면 부여풍은 태자책봉에서 동생인 부여륭에게 밀려난 셈이다. 의자왕은 왜 이와 같은 결정을 했을까. 분명한 증거는 없으나 풍은 왕자 중에서 나이가 가장 많았다 해도 서자이기 때문에 태자책봉에서 밀려났고, 적자 중에서 장자인 부여륭을 태자로 삼으려 할 때 혹시 있을지도 모를 반발을 예방한다는 차원에서 외교적인 임무를 부여하는 형식으로 그를 일본에 파견했다고 보는 것이 그래도 타당성이 있지 않을까 생각한다. 이 경우 풍과 함께 일본으로 보내진 선광왕, 즉 부여용도 서자출신의 왕자로 받아들여야 할 것 같다.

다음으로는 복신과 도침을 중심으로 한 백제부흥운동군이 일본에 가 있던 풍을 불러와 왕으로 추대하고 있는 사실도 다시 한번 주목해볼 필요가 있겠다.

일본에는 부여충승이나 충지와 같이 의자왕의 동생으로 보이는 무왕의 왕자들도 있었다. 그런데 무왕의 조카로 여겨지는 복신이 일본에 사람을 보내 부여풍을 왕으로 삼겠다는 의사를 밝히고 실행에 옮긴 것이나, 부여충승과 충지 역시 이에 응하여 풍을 보좌해 귀국한 것으로 나타나고 있는 이유는 부여풍이 적서(嫡庶)의 구분 없이 의자왕의 모든 왕자들 중에서 나이가 가장 많은 장자였기 때문이 아니었을까 판단되기도 한다. 그러면서도 풍왕이 백강구전투에서 패전한 후 고구려로 도망갔을 때, 일본으로 건너가 풍왕과 서로 호응했던 부여용과는 달리 부여충승과 충지는 풍왕과의 관계를 끊고 부여륭이 몸담고 있던 당나라 군대에게 항복했는데, 이러한 현상 역시 풍왕이 지니고 있던 서자라는 한계 때문에 나타나게 된 결과가 아닐까 여겨지기도 한다.

이상의 내용을 정리해 보면, 의자왕의 왕자들 가운데 가장 나이가 많은 인물은 부여풍이었지만 그는 서자였고, 적자 중에서는 부여륭이 장자였기에 태자로 책봉되었던 것이라 판단된다. 따라서 의자왕의 정권이 붕괴된 후 풍왕을 옹립한 백제부흥운동군의 활동은 처음부터 한계를 지닐 수밖에 없었고, 결과적으로 부여륭이 등장하자 정체성에 혼란을 겪는 과정에서 내분까지 일어나 쉽게 무너진 것이 아닐까 하는 해석도 앞부분에서 제시한 바 있다.

이후 의자왕의 후손들은 중국과 일본, 그리고 통일신라가 지배하는 한반도 곳곳에 흩어져서 제각기 생활하게 되었는데, 중국과 일본에서는 형식적으로나마 그 후손들에게 어느 정도의 정치적인 대우도 해준 것으로 나타나고 있지만, 오랜 세월이 흐르는 동안 그 모습은 역사 속에서 사라져 찾아볼 수 없게 되었다. 『자치통감』당기 고종 의봉 2년 (677) 2월조에 보이듯이, '부여씨(扶餘氏)는 마침내 망했다'는 기록 속에서 우리는 의자왕 후손들의 허망한 역사적 결말을 느껴보게 된다.

2)『부여서씨세보』와 부여서씨의 오늘

견훤이 의자왕의 정신적인 후예임을 자처했다면 오늘날 우리 주변에서 만날 수 있는 부여서씨는 의자왕의 혈연적인 후손으로 주목받고 있다. 본서에서는 의자왕에 대한 평가의 마지막 단계로서, 『부여서씨세보』에 나타나 있는 부여서씨와 의자왕과의 혈연적인 연결성을 내세우는 입장을 중시하여, 의자왕이 결코 역사 속에 묻혀서 사라져버린 잊혀진 인물이 아니라 그의 후손들에 의해 되살아나서 오늘날까지도 역사적인 자부심을 잃지 않은 존재로 우리 앞에 자리잡고 있다는 사실을 지적해 보고 싶다.

부여서씨의 유래와 본관에 대한 설명은 두 계통으로 나뉘어 전해오고 있다. 하나는 『조선씨족통보(朝鮮氏族統譜)』의 내용인데, 부여서씨도 다른 서씨들과 마찬가지로 경기도의 이천서씨(利川徐氏)로부터 나뉘어져 나왔다는 것이다. 이 경우 부여서씨의 1세조인 서존(徐存)은 이천서씨의 시조로서 신라 효공왕 때에 활동한 인물인 서신일(徐神逸)의 6대 후손으로 말해지고 있다. 또 하나는 『만성대동보(萬姓大同譜)』의 내용인데, 그 시조는 의자왕의 아들인 부여륭이고, 나라가 망해 그가 당나라로 들어갔을 때 당 고종이 성(姓)을 서(徐)로 고쳐 하사한 뒤 웅진도독에 임명하여 본국으로 보냈다고 되어 있다. 다만, 그 뒤의 후손들에 대한 내용은 끊어져 있어서 알 수가 없고, 고려시대에 병부상서(兵部尙書)를 지낸 서존이 중시조로 기록된 다음부터의 세계(世系)가 나와 있어서 부여를 본관으로 하는 부여서씨가 정식으로 성립된 것은 고려시대 이후의 일이라는 사실을 알게 해준다.

이상과 같이 서로 다르게 나타나고 있는 부여서씨의 유래에 대한 설명을 어떻게 받아들여야 할 것인가의 문제는 역사학적인 연구방법론에서 볼 때 다양한 논의를 불러일으킬 수 있다. 그러나 여기에서는 이러한 접근방법보다 일단 『부여서씨세보』에 나오는 설명을 중심으로 하여 논의를 전개해 나가기로 하겠다.

1996년에 편찬된 『부여서씨세보』에는 조선 숙종 때인 1683년부터 1996년까지 쓰여진 10편의 서문과 다양한 종류의 신도비문(神道碑文) 및 묘지명(墓誌銘)이 수록되어 있는데, 그 내용 중에는 의자왕의 아들 륭이 당 고종으로부터 서씨 성을 하사받고 웅진도독으로 오면서 부여서씨가 시작되었다는 내용을 비롯하여 백제 왕실과의 연결성을 언급하는 글들이 많이 눈에 띈다.

1925년에 쓰여진 「보계변(譜系辨)」에서는 서씨의 연원을 기자(箕子)의 40대 후손인 기준(箕準)이나 단군시대의 여수기(余守己)로 설명하는 내용의 비과학성을 지적하는 동시에 부여서씨를 이천서씨의 계보 안에 포함시켜 바라보는 태도도 잘못되었음을 거론하고 있다. 즉, 부여서씨의 독자적인 성격에 대한 강조와 함께 계통이 백제의 부여씨에서 나와서 뒤에 변하여 서씨가 되었기 때문에 옛 성을 본관으로 삼게 되었다는 내용이다. 또 1760년과 1920년에 각각 쓰여진 두 종류의 「부여서씨본계(扶餘徐氏本系)」에 보면, 의자왕이 당나라에서 죽은 뒤 당 고종은 의자왕의 아들 륭에게 성을 서씨로 고쳐 하사하고 웅진도독으로 삼아 본국으로 보냈다는 내용을 끝 부분에 써놓고 있다. 이에 비해 1978년 10월에 건립된 「백제문화비문(百濟文化碑文)」에는, 통일신라 이후 부여씨(扶餘氏)가 부여씨(夫余氏)로 변하고, 다시 부여씨(夫余氏)가 서씨(徐氏)로 전승(傳承)한 것이 문헌이나 일반인들의 통념이라고 설명한 내용도 있다.

이들 기록은 부여서씨의 후손이나 그들과 밀접한 관계에 있는 사람들에 의해서 쓰여진 것이며, 이로부터 부여서씨가 의자왕의 후손으로서 지니고 있는 강한 역사의식도 느껴볼 수가 있다. 우리는 『부여서씨세보』에 나타나 있는 이러한 백제 의자왕과 관련되어 있는 부여서씨의 역사의식을 존중해 주어야 함은 물론이고 이를 통해 의자왕에 대한 인식도 새롭게 해볼 필요가 있다고 본다.

그러나 『부여서씨세보』의 내용 속에는 역사사실에 비추어 볼 때 수정되어야 할 부분도 몇 가지 눈에 띄기에 집고 넘어가야 할 것 같다.

우선, 「백제역대왕실세계도(百濟歷代王室世系圖)」를 보면 아마 『삼국사기』를 참고로 한 것 같은데, 의자왕의 왕자들 순서를 효·태·륭·연·풍의 순서로 배치하고 문사는 효의 아들로 연결지어 놓았으며, 륭은 셋째 아들로서 태자라 표시하였고, 풍은 다섯째 아들의 자리에 위치시키고는 충승과 충지를 풍의 아들로 기록해 놓았다. 이러한 내용은 바로 앞에서 살펴 보았듯이 사료 상에 나타나고 있는 의자왕 후손들의 모습과는 많은 차이가 있기 때문에 가능한 선까지는 바로잡아 놓아야 할 것으로 본다.

첫째, 사료 상에는 의자왕의 왕자로서 백제부흥운동이 실패한 뒤 일본에 정착한 부여용과 대방군왕의 자리를 마지막으로 이어받은 부여륭의 손자 부여강의 이름도 보이는데, 이들이 『부여서씨세보』의 「백제역대왕실세계도」에는 누락되어 있다. 추가시켜야 할 내용으로 보인다.

둘째, 왕자들의 서열 배치에도 문제가 있다. 륭은 의자왕의 적장자임이 분명하고, 그로 인해 태자에 책봉된 것이기 때문에 왕자들 중에서는 제일 앞에 위치시켜야 할 것으로 본다. 효는 첫째가 아니라 셋째 아들일 가능성도 있지만, 그보다는 풍처럼 의자왕의 서자일 가능성이 더 크며, 나이관계는 분명하게 밝히기 어려우나 풍이 효보다는 많았을 것으로 판단된다. 그리고 륭과 풍 중에서 누구의 나이가 많았을까 하는 문제도 정확히 말할 수는 없으나 풍이 많았을 가능성이 크며, 륭과 효의 경우도 가능성만 가지고 따지면 효의 나이가 약간 많았을 수 있다. 결국 적서(嫡庶)의 구분 없이 나이를 가지고 보면 풍·효·륭·태·연의 순서로 배치시킬 수도 있어서, 부여륭이 왕자들 중에서 나이로는 세 번째 순위일 가능성 또한 없지 않다. 다만, 이것은 말 그대로 가능성만 가지고 계산해 본 것일 뿐 실제 사실이 그렇다는 것은 아니다. 일본에 정착한 부여용의 경우도 서자일 가능성이 큰 것으로 여겨지는데, 그의 나

이와 관계된 문제는 부여풍이나 륭보다 적었다는 것 외에 다른 내용은 알 길이 없다.

여하튼 부여륭의 경우만을 가지고 보면, 태자의 자리에 오르고 있는 모습에서도 알 수 있듯이 그는 의자왕의 적장자로서 왕자들 중에서 서열이 가장 앞서는 위치에 있었던 것은 분명하다. 따라서 「백제역대왕실세계도」에서도 그의 위치는 풍이나 효보다 앞에 두어야 할 것으로 판단되며, 가능성을 가지고 볼 때 풍과 효·용 등은 서자로 구분시켜서 별도로 다루어야 하지 않을까 하는 생각이 든다.

셋째, 문사나 충승, 충지 등의 세계(世系)가 잘못 연결되었다는 것이다. 문사는 의자왕의 적손(嫡孫)으로서 부여륭의 아들이므로 효가 아닌 륭에게로 연결시켜야 하고, 충승과 충지는 풍의 아들이 아니라 숙부이기 때문에 무왕의 아들로서 의자왕과 나란히 위치시켜 놓아야 하리라고 본다.

다음, 「분파계도」에서 시조 서륭(徐隆)에 대한 설명문을 보면, 서륭은 의자왕의 아들로 태자책봉이 되었는데, 나라가 망한 후 당나라에 들어갔을 때 당 고종이 본래의 성인 '부여(扶餘)'를 '서(徐)'로 바꾸어주고 웅진도독으로 삼아 본국으로 돌려보냈다는 내용과 그 뒤로 수세대(數世代)를 알지 못하여 병부상서 서존(徐存)을 1세조(世祖)로 삼았다는 내용을 기록해 놓고 있다. 1986년에 편찬된 세보의 「분파계도」에서는 좀더 구체적으로 서륭을 의자왕의 셋째 아들로 거론하고 있다.

여기에서도 부여륭의 왕자로서의 서열문제가 우선 눈에 거슬린다. 위에서 지적한 바와 같이 왕자들을 나이 순서로만 보면 부여륭이 세 번째일 수도 있으나, 이는 어디까지나 그럴 가능성이 있다는 것이지 사실이 정확하게 그렇다는 것은 아니다. 게다가 왕자들 사이에는 적자와 서자의 문제가 또 자리잡고 있기 때문에, 부여륭의 왕실서열을 말할 때는 적장자라는 말로 표현해 놓는 것이 보다 좋지 않을까 생각한다.

또 한 가지는 당 고종이 성을 부여씨에서 서씨로 바꾸어 주었다는 내용 역시 선뜻 받아들여지지 않는다. 앞에서 부여륭이나 그의 아들 문사, 손자 부여경, 그리고 동생 부여용 등에 관한 중국 역사서의 기록을 살펴본 바에 따르면, 당 고종이 부여씨를 서씨로 고쳐서 하사했다는 내용을 증명할만한 증거는 물론이고 어떤 조그마한 단서도 찾을 수 없을 뿐만 아니라 그와 비슷한 분위기도 느껴볼 수가 없다. 이러한 상태에서 고종 및 측천무후 시기나 그 이후의 당·송 시대에 쓰여진 모든 중국의 역사서에서는 변함없이 백제왕실의 성을 '부여'로 내세우며 사용하고 있다. 따라서 당 고종이 부여씨를 서씨로 고쳐서 하사했다는 설명은 역사적인 사실에 근거를 둔 것이 아님도 알 수가 있겠다.

『부여서씨세보』 속에서 찾아 볼 수 있는 부여서씨의 유래에 관한 내용으로는 두 가지가 눈에 띈다.

첫째는 방금 소개한 바와 같이 당 고종이 부여씨를 서씨로 고쳐서 하사했다는 것인데, 오늘날 족보를 다루는 거의 모든 책에서는 부여서씨의 연원을 소개할 때 이 내용을 일반화시켜서 거론하고 있다. 다만, 당 고종 및 그 이후의 시대에 쓰여진 어떠한 역사기록을 찾아보아도 이러

백제문화에 대한 올바른 인식과 계승을 위해 1978년 10월에 세운 「백제문화비」. 현재 국립부여박물관 경내에 있다.

한 사실을 뒷받침해줄만한 근거는 눈에 띄지 않는다. 이와 같은 상태에서 중국의 모든 역사서들은 백제왕실의 인물들에 대한 내용을 기록할 때 변치 않고 부여씨로 표현하고 있어서 당 고종이 부여씨를 서씨로 바꾸어주었다는 주장은 사실상 받아들이기 어렵다.

둘째는 「백제문화비문」에 새겨져 있는 내용으로서 통일신라 이후 부여씨(扶餘氏)가 부여씨(夫余氏)로 변하고, 다시 부여씨(夫余氏)가 서씨(徐氏)로 변하여 이어져 내려왔다는 설명인데, 오히려 이러한 지적이 역사적인 사실성을 반영하고 있지 않을까 사료된다.

백제가 망한 뒤 한반도에 살아남아 있던 백제왕실의 후손들, 즉 부여씨 입장에서 볼 때 통일신라시대는 다른 사람의 이목(耳目)을 피해 은둔생활을 하지 않으면 안 되는 암울한 시기였다고 할 수 있을 것 같다. 스스로 떠안을 수밖에 없었을 왕조패망에 대한 죄책감 및 『삼국사기』 의자왕 본기에 나타나는 바와 같이 백제왕실을 향해 쏟아지는 수많은 비난과 모욕적인 발언들이 난무하는 왜곡된 시대분위기 속에서 완전히 무너져 버린 자존심은 부여씨의 존재의미 자체를 삭감시켰을 법도 하다. 견훤이 백제왕을 자처하던 후삼국시대의 상황 또한 백제지역에서 부여씨의 존재의미를 깎아내리기는 마찬가지였을 것이다. 따라서 그들 나름대로 새로운 돌파구를 찾지 않으면 안 되었을 상황 앞에서 성씨의 한문까지 약간씩 변형시켜가며 현실참여를 모색한 결과가 결국 오늘날의 부여서씨로까지 변화했을 것이라고 보는 논법은 충분히 성립될 수 있다고 본다.

물론 이러한 변화과정을 증명해줄 수 있는 사료상의 증거는 없다. 그러나 필자의 성씨인 남원양씨를 비롯한 우리나라와 중국의 거의 모든 성씨들 역시 그 연원을 사료 상으로 분명하게 증명해낼 수 있는 경우는 흔치 않다. 그리고 사실은 이것이 대개의 족보가 지니고 있는 공통적인 약점이기도 하기 때문에 부여서씨의 경우에만 분명한 증거제시를 요구

할 수도 없는 형편이고, 또 증거가 없다고 하여 족보 상의 내용을 무조건 무시해도 안 되리라고 본다. 단지, 당 고종이 부여씨를 서씨로 바꾸어 하사했다는 내용은 부여서씨의 입장에서 과거의 백제왕실과 자신들과의 연결성을 강조하기 위한 근거로 삼기 위해 만들어낸 것이 아닐까 판단되기도 하는데, 이로부터 백제왕실을 향한 강한 애착과 그들 나름대로의 역사의식도 느껴볼 수 있지만, 이러한 주장은 역사적인 시각을 가지고 보면 설득력을 갖기보다 오히려 의혹만 증폭시키는 역효과를 불러일으킬 위험성이 더 크다고 하겠다.

그러면, 마지막으로 부여지방에서 의자왕이나 백제의 멸망과 관련하여 이루어지고 있는 여러 가지 행사 및 그러한 속에서 의자왕의 후손으로서 부여서씨가 보여주고 있는 활동모습을 살펴보며 본서의 내용을 끝맺기로 하겠다.

부여지방의 민속문화행사 가운데 백제의 멸망과 관련되어 있는 것은 그 수가 적지 않다. 매년 정기적으로 거행되는 행사로는 은산 별신제, 충화 팔충제, 유왕산 추모제, 임천 충혼제, 부소산의 삼충제와 궁녀제, 계백장군동상 앞에서 행해지는 오천결사대 충혼제, 능산리 왕릉에서 거행되는 백제대왕제 등이 눈에 띄며 전통 민속놀이로서 산유화가의 공연도 주목되고, 현재는 백제대왕행차도 관광진흥 차원에서 다각도로 모색되고 있다. 이 외의 문화사업으로 위에서 소개한 바 있는 백제문화비 건립이나 의자왕 및 부여륭의 영혼을 위로하기 위해 2000년 9월에 중국 낙양에서 영토(靈土)를 모셔와 능산리 능원에 단(壇)을 마련하고 봉안한 일도 있다.

이들 각종 행사와 사업은 각각의 추진위원회나 기능보유자를 중심으로 하여 진행되지만, 백제문화제행사 등과 연계되어 뜻있는 많은 군민들의 참여도 큰 역할을 하고 있으며, 부여서씨 또한 그러한 가운데에서 다양한 형태의 참여모습을 보여주고 있다. 그들의 활동내용 중에서 가장 주목을 끄는 것은 역시 백제대왕제가 아닐까 생각한다.

백제대왕제란 부여로 천도한 이후의 백제 대왕, 즉 성왕 · 위덕왕 · 혜왕 · 법왕 · 무왕 · 의자왕 등 6명의 대왕에 대한 제사를 가리킨다. 이를 주관하는 부여군개발위원회 서명선 위원장의 말에 따르면, 이 제사는 능산리 능원에서 이미 20년 넘게 행해져 왔다고 한다. 또 제례순서를 보면, 초헌관은 부여군수, 아헌관은 부여군개발위원장, 종헌관은 부여서씨종친회장이 맡는 것으로 정해져 있는데, 이 때 부여서씨 문중의 수많은 사람들이 참여함으로써 백제대왕제는 부여서씨종친회와 같은 성격도 띠게 되었다고 한다. 이는 백제왕실에 대한 부여서씨의 혈연적인 동질감이 그만큼 강하게 자리잡고 있음을 보여주는 것이기도 하다.

여하튼, 의자왕 및 백제멸망 당시의 상황과 관련하여 오늘날 행해지고 있는 각종 민속이나 문화행사를 여기에서 하나하나 소개할 필요는 없으리라고 보지만, 이러한 다양한 행사와 활동모습 자체가 곧 백제는 역사 속에 묻혀 사라진 왕조가 아니라 오늘날에도 여전히 우리 옆에서 살아 숨쉬며 그 발전했던 문화내용과 멸망 당시의 아픈 상처를 기억하고 되새겨 보도록 해주고 있는 것이다.

백제 멸망의 역사적 의미

1. 노파심과 제언

 본서는 의자왕과 백제 멸망에 대한 재평가라는 대전제 위에서 의자왕
및 그 아들 부여륭의 실제 정치활동 모습과 그로 인해 야기된 동아시아
국제관계의 변화 내용을 살펴보았고, 이를 바탕으로 기존 평가의 문제
점에 대한 지적과 함께 새로운 평가를 제시해 보았다.

 의자왕과 백제의 멸망에 관한 현존 사료는 양적으로나 질적인 내용에
있어서나 충분하지 못할 뿐만 아니라 그 안에 여러 가지 문제를 내포하
고 있는 등 상황이 매우 열악한 편이다. 따라서 이러한 상황 속에서 의
자왕이나 부여륭을 완전히 분석해 내기는 불가능하다고 볼 수도 있다.
그렇다 보니 이 분야에 관심을 갖고 있는 연구자들 역시 백가쟁명(百家
爭鳴)의 견해를 내놓고 있는 것이 사실이며, 본고 또한 이에 하나의 견
해를 더 보태는 것으로 끝나는 것이 아닐까 하는 노파심을 떨쳐버릴 수
없다.

그러나 사료적인 한계가 클수록 남아있는 사료에 대한 접근은 더욱 신중해야 할 것으로 본다. 본서는 이 부분에 가장 많은 신경을 썼다.

사료의 신뢰도 문제는 첫째 해당 사료 기록자의 성격 문제, 둘째 사료가 만들어진 시기적인 차이 문제, 셋째 사료 내용의 현실성 문제, 넷째 사료가 만들어질 당시의 배경과 시대 상황 문제에 의해 결정되어야 할 것으로 본다. 따라서 본서에서는 이러한 기준에 의해 의자왕과 부여륭 및 백제 멸망 관련 사료를 분석하였고, 그 결과 이들에 대한 기존의 평가는 많은 부분에서 왜곡된 역사관에 의해 이루어진 원사료의 한계를 벗어나지 못했음을 발견하였다.

본서에서 제시한 의자왕과 부여륭의 정치 및 그들에 대한 재평가의 내용이 혹시 이 분야에 그동안 관심을 기울여 온 다른 연구자들의 연구성과에 저촉됨으로써 새로운 풍파를 불러일으키는 것이 아닐까 염려되는 측면도 있지만, 선학의 질정이 있다면 겸허히 받아들이도록 하겠다.

2. 백제멸망의 역사적 의미

마지막으로 백제 멸망의 역사적 의미에 관한 문제를 의자왕 및 부여륭의 정치와 관련시켜 검토해 보면서 글을 마무리 짓기로 하겠다.

의자왕의 내치는 적대국인 신라로부터 강국이란 말을 들을 정도로 성공을 거두고 있었다. 그러나 외치에서는 동아시아의 새로운 강자로 군림하게 된 당나라의 권위를 인정하지 않고 독자 노선을 고집한 그의 자주적인 노력이 당시 중국을 중심으로 형성되어 있던 국제관계의 현실적인 한계를 극복하지 못하였기 때문에 자신의 몰락은 물론 더 나아가서는 백제의 멸망을 불러오게 되었던 것이다. 따라서 백제를 멸망시킨 승리자들에 의해 의자왕 내치의 문제점으로 묘사되어 오늘날까지 전해오고 있는 의자왕 개인의 무능력이나 폭정 등과 같은 도덕성 결핍을 강조한 역사기록은 그 바탕에 중국의 전통적인 천명사상이 깔려있는 것으로서 사실과는 거리가 먼 내용으로 받아들여야 하겠다.

의자왕 관련 사료의 분석을 통하여 필자가 얻게 된 결론은 당이라는 외부세력의 개입 및 이로 인해 심각한 국력의 위축을 가져온 백제에 대한 신라의 적극적 공세라는 외적인 요인이 백제 멸망의 중요한 요인으로 작용하였다는 것이다. 다만 이와 연결시켜 생각해 볼 수 있는 내적인 요인을 추가해 본다면 의자왕의 외교능력 문제와 그로 인한 외치의 실패를 지적해 볼 수는 있을 것 같다.

의자왕이 한 나라의 왕으로서 지니고 있던 대내적인 통치 능력은 인정받을 만하다고 본다. 그러나 수시로 변화하는 국제관계를 치밀하게 분석하여 효과적으로 대처하지 못했다는 점에서 의자왕의 한계를 느낄 수 있고, 이러한 점에서 대외적인 외교능력은 부족했다고 말할 수도 있다. 성충의 건의를 받아들이지 않아 백제가 망하게 되었다고 의자왕 스스로 후회하였다는 내용은 아마도 중국과의 외교 문제에서 뛰어난 식견을 지니고 있던 성충의 충언을 듣지 않고 배척한 과거의 잘못에 대해 왕 자신이 뼈아픈 고백을 한 말이라 보아도 좋겠다. 이 말은 오늘날까지 전해오는 의자왕에 의해 남겨진 유일한 말이기에 더욱 눈길을 끄는데, 의자왕의 이러한 능력문제가 백제를 패망의 길로 접어들게 한 내적인 원인이라고 해석해 볼 수는 있을 것이다.

『삼국사기』 의자왕 본기의 논찬에서도 지적하고 있듯이, 의자왕은 신라와의 원한을 풀라는 당나라 천자의 두 번에 걸친 권유도 따르지 않고 위반할 정도로 고집과 용기가 있었다. 따라서 의자왕은 중국 입장에서 볼 때 국제적인 문제아로 비칠 수 있었고, 그리하여 현존 사료에 보이는 바와 같이 행동이 도리에 어긋났다든지 대국에 죄를 지어 패망한 것이 당연하다는 평가도 나타나게 되었다고 본다.

그러나 백제 입장에서 볼 때는 사정이 달라진다. 의자왕이 신라에 대해 강경한 태도를 보일 수밖에 없었던 내면에는 백제와 신라 사이에 오래 전부터 해결되지 못하고 이어져 내려온 영토문제가 자리잡고 있었다. 그리고 이 문제는 양국 모두 양보할 수 없는 첨예한 사안이었기 때문에 이를 둘러싼 각축전도 그만큼 심하였으며, 이는 중국의 힘으로도 해결하기 힘든 뜨거운 감자와 같은 것이었다. 중국이 이러한 양국의 문제에 개입하여 신라에게 유리한 조건을 강요함으로써 의자왕은 결국 중국과 등을 지고 신라에 대한 강경책을 밀고 나갈 수밖에 없었던 것이다. 따라서 백제의 입장에서는 이러한 상황변화에 대한 책임과 원망을 중국 쪽으로 돌릴 수도 있는 일이었다.

이상과 같은 국제관계의 변화 외에, 의자왕 후기의 정치에서 농민경제의 파탄이나 위정자를 향한 원망 또는 반란의 징후 등 왕조 말기적

현상으로 볼 수 있는 내용은 찾아보기 힘들다. 유언비어성의 믿기 어려운 지적들은 산발적으로 보이지만 증거를 갖춘 구체적인 기록은 없다. 오히려 의자왕 정권의 붕괴 앞에서 계백장군과 같이 백제와 최후를 함께 하겠다는 비장한 각오나 소정방이 나이 많은 의자왕을 가두고 노략질하자 이에 반발해 백제부흥운동을 일으켰다는 흑치상지의 예처럼 각지에서 일어난 부흥운동으로 정복자들이 곤란을 겪는 상황이 기록으로 나타난다.

이러한 내용은 역시 의자왕의 정권이 붕괴되기 바로 전까지도 민심이 의자왕과 백제의 편에 서 있었음을 보여주는 것이라 하겠다. 따라서 백제의 멸망은 내부적인 문제보다 국제관계의 변화라는 새로운 시대상황 속에서 중국의 당이라는 외부세력의 개입 및 이를 적절히 활용한 신라의 백제에 대한 군사공격으로 인해 초래되었다고 보아야 할 것 같다.

부여륭을 중심으로 한 웅진도독부 체제의 성격을 검토하면서 알 수 있었듯이, 부여륭은 이러한 불리한 상황을 극복하기 위해 마지막까지 최선의 노력을 기울였던 인물이었다. 그러나 이미 신라 쪽으로 기울어 버린 한반도 역사의 대세를 한 개인의 힘으로 막아낼 수는 없었다. 공주를 중심으로 하는 웅진도독부 체제를 6년 9개월 동안 직접·간접으로 이끌면서 백제 최후의 남은 빛을 끝까지 발산시키다 사라져 간 부여륭의 존재는 거대한 역사의 흐름 속에서 무력한 것으로 남을 수밖에 없는 한 인간의 허무한 몸부림을 보는 것 같아 우리를 더욱 아프게 한다.

그리고 오랜 시간의 흐름 속에서 상황이 변해 한반도에 후삼국시대가 형성되자 백제는 한 번 더 새로운 모습으로 재건될 수 있는 기회를 맞이하였다. 금산사를 중창한 진표의 행적이나 공주지방에서 일어난 김헌창의 난, 그리고 산유화가와 같은 민요에서도 드러나듯이 의자왕과 백제의 멸망이라는 역사적 사건은 백제지역 주민들의 기억 속에서 늘 되새김질되며 그들이 백제인이라는 의식을 잊지 않게 해주었던 것으로 보인다. 따라서 의자왕의 명예회복과 백제의 부흥을 기치로 내걸며 백제지역 주민들의 대대적인 성원 속에서 봉기했던 후백제의 견훤은 후삼국 중에서 한 때 가장 강력한 세력을 형성함으로써 한반도는 백제의 이름 아래 통일될 수 있는 가능성으로 한 발 다가선 적도 있었다.

그러나, 결국 견훤은 왕위계승 문제를 둘러싼 부자간의 갈등으로 내분을 겪으면서 스스로 자멸의 길을 걷게 되었는 바, 운명의 신은 끝내 의자왕 시대 당당했던 백제의 모습이 우리 앞에 다시 재현되는 것을 허락하지 않았다. 한번 빗나간 화살은 다시 돌이키기 어렵다고 했던가.

각주

1. 蔣非非·王小甫 등 저,『中韓關係史』(古代卷)(北京：社會科學文獻出版社, 1998), 62쪽 및 다흘편집실 편,『한국사연표』(서울：다흘미디어, 2002), 83쪽 등 참조.

2. 楊昭全·何彤梅,『中國－朝鮮·韓國關係史』(天津人民出版社, 2001), 85쪽 참조.

3. 蔣非非·王小甫 등 저, 앞의 책, 61, 65, 70쪽에 나오는 표를 새롭게 정리하였다. 다만 신라의 경우 진(陳)에 사신을 파견한 시기가 본문에는 6회 소개되어 있으면서도 70쪽의 표에는 4회로 표시되어 있기에 6회로 바로 잡았다.

4. 盧泰敦,「高句麗의 漢水流域 喪失의 原因에 대하여」,『韓國史研究』, 13(1976. 7), 54쪽 참조.

5. 『수서』, 권 81, 백제전 및『삼국사기』, 권 20, 고구려본기 8, 영양왕 9년 9월조와 권 27, 백제본기 5, 위덕왕 45년 9월조, 그리고 무왕 8년 3월조 및 12년 2월조 참조.

6. 蔣非非·王小甫 등 저, 앞의 책, 107쪽에서는, 수 양제 당시 백제와 고구려의 치열한 교전 상황을 예로 들면서 양국이 은밀히 통했을 가능성은 거의 없다고 하여 『수서』의 기록을 반박하고 있는데, 이러한 주장은 받아들여도 좋으리라 본다. 다만, 백제가 두 마음(兩端)을 지녔다는 기록에 대해서도, 뒤에 살펴보겠지만 당나라 정관(貞觀) 초에 백제가 보여준 양면적인 태도 때문에, 수대(隋代)의 백제 역시 그러했을 것이란 추측 하에 기록이 이루어졌을 수 있다고 보면서 그 기록의 사실성을 의심하고 있는데, 백제와 신라의 악감정을 생각하면 수대에도 백제가 실재로 두 마음을 지녔을 가능성은 큰 것으로 여겨진다. 다시 말해 백제가 수나라의 입장을 무시하고 신라를 공격하거나, 또는 신라의 위협이 신경쓰여서 약속과 달리 고구려와의 전쟁에 군대를 보내지 않았을 수도 있으며, 이를 두고 『수서』나 『삼국사기』에서는 백제가 두 마음(兩端)을 지녔다고 평가했을 수도 있는 것이다.

7. 梁起錫, 「百濟扶餘隆 墓誌銘에 대한 檢討」, 『國史館論叢』, 62(1995), 135~136쪽 및 黃淸連 저, 金善昱 역, 「"扶餘隆墓誌"에서 본 唐代 韓中關係」, 『百濟史의 比較硏究』, 百濟硏究叢書 3집(忠南大學校 百濟硏究所, 1993), 274~279쪽 참조. 다만, 黃淸連은 위의 논문, 280쪽에서 의자왕이 후에 궁녀들과 음탕하게 주색에 빠졌다는 『삼국사기』의 또 다른 기록 및 의자왕의 성격을 부정적으로 평가하는 今西龍과 같은 학자의 견해를 받아들여 「부여륭 묘지명」

의 내용에 의문을 제기하면서, 차라리 의자왕을 우유부단하면서도 나라를 잃은 평범한 군주로 보아야 할 것이라는 주장을 내놓고 있는데, 뒤에 살펴보겠지만 이는 여러 가지 많은 문제를 내포하고 있는 당시 사료들에 대한 신중한 접근이 이루어지지 않는 경우에 나올 수 있는 견해를 대표하는 것이라 하겠다.

8. 송대의 사람들이 효시를 써서 의자왕을 찬양하고 있는 내용에 대해서는 張東翼, 『宋代麗史資料集錄』(서울대학교출판부, 2000), 583쪽의 의자왕과 관련된 자료 참조.

9. 『삼국사기』, 권 5, 신라본기 5, 선덕왕 14년 5월조. 다만 『구당서』, 권199 상, 백제전에서는 신라의 10성(城)을 습파(襲破)했다고 하여 빼앗은 성의 수에서 차이가 보이고, 같은 책, 신라전에서는 당나라가 고구려를 공격할 때 신라가 5만의 응원군을 보냈다고 되어 있어 신라가 동원했던 군대 수에서 또 차이가 나타나고도 있다.

10. 당 태종이 제안한 계책의 자세한 내용은 『삼국사기』, 권 5, 신라본기 5, 선덕왕 12년 9월조 참조.

11. 고종이 의자왕에게 보낸 국서의 내용은 위의 책, 권 28, 백제본기 6, 의자왕 11년조 참조.

12. 취리산 맹세문의 내용은 위의 책, 권 6, 신라본기 6, 문무왕 5년 8월조 참조.

13. 흥수의 건의 내용은 위의 책, 권 28, 백제본기 6, 의자왕 20년조 참조.

14. 金瑛河, 『韓國 古代社會의 軍事와 政治』(高麗大學校 民族文化研究院, 2002), 6쪽.

15. 『일본서기』, 제명천황 6년조에는 고구려 승려 도현이 지은 『일본세기(日本世紀)』의 내용으로서 "… 或曰 百濟自亡 由君大夫人妖女之無道 擅奪國柄 誅殺賢良 故召斯禍矣 可不愼歟 可不愼歟"라는 기사가 실려 있다. 이를 중심으로 백제의 멸망을 설명하는 견해도 있지만, 현량(賢良)을 주살(誅殺)했다거나 신라와의 잦은 전쟁으로 국력이 피폐하고 농민경제가 파탄에 빠졌다는 것을 보여주는 구체적인 증거는 아직까지 제시된 것이 없다.

16. E.O.라이샤워 지음, 조성을 옮김, 『중국 중세사회로의 여행 −라이샤워가 풀어쓴 엔닌의 일기−』(서울 : 도서출판 한울, 1991), 54쪽.

17. 『구당서』, 권 83, 소정방전과 『자치통감』, 권 200, 당기 16, 고종현경 5년 8월조에는 웅진강구(熊津江口)에서 수천인이 죽고 나머지는 도주하였다고 좀더 자세히 기록되어 있다. 다만 1만 여명의 사상자가 난 곳에 대해서는 도성 부근 20여리 쯤이라고 하여 『삼국사기』의 기록과는 차이가 보인다.

18. 『삼국사기』, 권 28, 백제본기 6, 의자왕 20년조에는 좀더 자세히 의자왕 및 태자 효(孝)와 왕자 태(泰)·륭(隆)·연(演) 및 대신장사(大臣將士) 88명과 백성 1만 2천 8백 7명을 데려갔다고 되어 있다.

19. 이도학, 『백제장군 흑치상지 평전 − 한 무장의 비장한 생애에 대한 변명』(서울 : 도서출판 주류성, 1996), 98~99쪽에는 의자왕의 항

복이 어떤 타협에 의해 이루어진 것이 아닐까 의문을 제기하면서 그러한 가능성을 엿볼 수 있게 해주는 몇 가지 예를 지적하고 있다.

20. 『삼국사기』, 권 5, 신라본기 5, 선덕왕 11년조에는 결사대 1만명을 거느리고 가 구원하려 했다고 되어 있어 동원 군대의 수에서 차이가 나타나고 있다.

21. 『일본서기』 천지즉위전기(天智卽位前紀)에는 풍왕의 귀국시기가 661년 9월로 나오고 천지천황 원년조에는 662년 5월 귀국한 것으로 되어 있다. 그런데 『구당서』 백제전에 의하면 부여풍은 이미 661년부터 활동한 것으로 나타나고 있고, 『일본서기』 천지천황 원년 3월조에 보이는 백제왕은 풍왕이 분명한 것으로 여겨지며, 또 『일본서기』 제명천황 6년 동10월조의 세주(細註)에는 일본이 왕자 풍장(豊璋) 및 처자와 그 숙부 충승(忠勝) 등을 보낸 시기가 7년(661)조에 보인다고 기록하고 있어서 풍왕의 귀국시기는 661년 9월로 파악하는 것이 타당함을 알 수 있다. 노중국, 「復興百濟國의 성립과 몰락」, 예산캠퍼스 신축이전 기념학술회의 『백제 부흥운동의 재조명』, 24쪽 및 이재석, 「백제 부흥운동과 야마토 정권」, 같은 책, 61~63쪽 참조.

22. 方香淑, 「百濟故土에 대한 唐의 支配體制」, 『李基白先生古稀紀念韓國史學論叢』(1994), 318쪽의 〈表1〉 내용 참조.

23. 위의 논문 참조.

24. 『삼국사기』, 권 6, 신라본기 6, 문무왕 상, 4년 2월조. 같은 책, 권

7, 신라본기 7, 문무왕 하, 11년 7월 26일조에도 이와 관련된 내용
이 보인다.

25. 위의 책, 권 6, 신라본기 6, 문무왕 상, 8년 9월 21일조에는 평양성
을 점령한 뒤 영공(英公) 이적(李勣)이 보장왕 및 왕자 복남(福男),
덕남(德男)과 대신 등 20여만 명을 데리고 당나라로 돌아갔다고 되
어 있다.

26. 위의 책, 권 6, 문무왕본기 상, 3년 5월조에는 손인사가 40만의 군
대를 거느리고 웅진부성으로 들어갔다고 되어 있으나, 『구당서』,
『신당서』, 『자치통감』 등의 중국 사료 및 『삼국사기』 권 28, 의자
왕 본기에는 7천명을 징발한 것으로 나와 있어 이를 따라야 하리라
고 본다.

27. 『구당서』, 권 84, 유인궤전 및 『자치통감』 권 201, 당기 17, 고종,
용삭 3년 9월조 참조.

28. 李道學, 「熊津都督府의 支配 조직과 對日本政策」, 『白山學報』,
34(1987), 86~88쪽 참조.

29. 趙載勳, 「"山有花歌"研究」, 『百濟文化』, 7 · 8合輯(1975. 12),
229~258쪽 및 「山有花歌의 傳統性」, 『百濟文化』, 25(1996. 12),
135~144쪽 참조.

30. 위의 논문들 241~245쪽과 143~144쪽에 각각 소개되어 있다.

31. 이도학, 『진훤이라 불러다오』(서울 : 푸른 역사, 1998), 96쪽과
289~290쪽 참조.